"剧说"工业互联网落地

企业数字化转型全栈演示

于 琪 ◎ 著

电子工业出版社
Publishing House of Electronics Industry
北京·BEIJING

内 容 简 介

"道、法、术、器"是一个从顶层到底层的做事框架,落实在工业互联网和企业数字化转型话题上:论"道"的概念书,市面上已经有很多;讲"器"的书市面上也很多,这类书主要描述如何实现某些功能的技术细节。工业互联网和企业数字化转型话题,聚焦描绘顶层概念和底层技术之间如何衔接的"法"和"术"反而显得更稀缺,也就是一套完整的实操框架和如何在具体项目中衔接商业和技术底层不容易阐述。

本书就是着眼于讲"法"和"术"的一本书,用人物情景对话和案例,衔接工业互联网主题中最顶层的概念和最底层的技术环节,讲解如何发现工业企业中的问题、如何针对发现的问题来立项一个工业互联网研发项目、如何将工业互联网产品开发出来解决问题这个全过程。

未经许可,不得以任何方式复制或抄袭本书之部分或全部内容。
版权所有,侵权必究。

图书在版编目(CIP)数据

"剧说"工业互联网落地:企业数字化转型全栈演示/于琪著.—北京:电子工业出版社,2022.10
ISBN 978-7-121-44307-7

Ⅰ. ①剧… Ⅱ. ①于… Ⅲ. ①数字技术—应用—工业企业管理 Ⅳ. ①F406-39

中国版本图书馆 CIP 数据核字(2022)第 171862 号

责任编辑:刘志红(lzhmails@163.com)　　特约编辑:张思博
印　　刷:三河市鑫金马印装有限公司
装　　订:三河市鑫金马印装有限公司
出版发行:电子工业出版社
　　　　　北京市海淀区万寿路 173 信箱　邮编:100036
开　　本:720×1 000　1/16　印张:15.75　字数:347 千字
版　　次:2022 年 10 月第 1 版
印　　次:2022 年 10 月第 1 次印刷
定　　价:98.00 元

凡所购买电子工业出版社图书有缺损问题,请向购买书店调换。若书店售缺,请与本社发行部联系,联系及邮购电话:(010)88254888,88258888。
质量投诉请发邮件至 zlts@phei.com.cn,盗版侵权举报请发邮件至 dbqq@phei.com.cn。
本书咨询联系方式:18614084788,lzhmails@163.com。

序

听闻于老师写完了这本书时，我满心欢喜，但又听他说因业余时间写这本书而无暇锻炼，体重增加了 10 斤，我深感内疚，实在是罪过罪过，因为书是我提议他写的，下次再也不敢提议让他写书了。

我和于老师是因书而认识的，因为看了他的上本书《落地生根——让智能制造回归价值》，当时被这本书的内容吸引，通过文字语气，觉得作者是一位平易近人、非常低调的良师益友，有 10 多年一线研发和管理经验，参与过多个行业的大型项目的开发和规划，于是产生了非认识一下不可的念头。通过我们"工业数字化落地生态技术交流合作群"里的群友介绍，终于认识了。我们初次联系就一聊如故，后来还特意一起搞了工业数字化的见面交流会。

关于工业数字化社群，有兴趣的读者可以通过邮箱（panguohua@qineng-control.com）给我们发问题进行交流，建立开放的工业数字化行业生态圈、助力更多的成员企业走向行业聚焦，这是我们的愿景。也可以通过问题的交流进一步协助企业解决数字化转型的实际困难，本书推荐人都是我们工业数字化社群的成员。

本书开创了两个第一，第一本关于智能制造如何系统性地落地的书，第一本以剧情对话的全新模式讲述工业互联网项目的书。把枯燥的技术通过茶会聊天的形式，通俗易懂地阐述出来。本书和现在媒体宣传上把智能制造、企业数字化转型讲得高大上截然相反，是智能制造行业中的一股清流。

本书结合现场场景，讲述一家公司如何开展工业互联网项目并建立自己的研发团队，详细阐述了工业互联网项目中可能遇到的问题。本书侧重于讲系统开发的一些问题，对于工业互联网和企业数字化转型在项目和研发这个颗粒度上怎么做提供了指导。企业数字化转型及智能制造的其他顶层问题可以看于老师之前写的《落地生根——让智能制造回归价值》这本书，其系统地阐述了企业数字化转型需要的各种管理软件工具和支撑条件。

——智能制造生态合作发起人　潘国华（工业软件圈内，人称"老潘"）

大咖推荐

小说般的阅读体验，务实的专业知识，生动的实施场景还原。

——深圳市讯鹏科技有限公司 总经理：瞿乐

全书剧情化设计，引人入胜；工具嵌入现场，干货满满；知识层次由浅入深，新老皆宜。这是企业 CIO 都应该人手一本的案头书！

——安徽质创未来数字科技有限公司（金牌质量-QMS） CEO：杜荣波

于琪老师的这本书以小说体形式，深入浅出地从企业智能制造诊断人员、方法、流程开始，对企业数字化转型路线进行了深入讨论；对企业信息化现状、未来企业信息化建设要点、企业数字化转型的路径做了明确的定义；明确告诉编制切实、可行的企业工业互联网落地方案（编制、评审等）方法论；详细探讨了商品化和自研的利弊，并论述了自研系统的需求定义、软件架构设计、项目迭代控制的方法论，全景式、通俗易懂地介绍了软件实现全过程，不仅是制造企业本身实现数字化转型的工具书，更是服务于制造业的广大中小软件企业的工具书，值得大力推荐。

——杭州众章数据科技有限公司 首席专家：章月洲 教授级高级工程师

深入浅出模拟演绎工厂数字化转型的全过程，扫除不少知识盲区，是甲乙双方都为之品鉴的好书。

——温州角马软件有限公司 CEO：方瑞杨

读得懂、记得住、可落地。这是一本企业数字化落地指导书，无论甲方还是乙方都可以从中找到一整套的数字化落地问题解决方案。作者花心思用案例故事串起全书知识体系，知识全面但并不枯燥，是非常不错的指导书。

——深圳中南新智造科技有限公司　总经理：郑铁锋

　　企业数字化转型怎么做？工业互联网项目如何落地？本书用一整套方法和工具给出了答案，并以实际案例进行解释和描述，"剧说"了一个完整的工业互联网故事，方案、工具、流程、方法等干货内容，干货满满又读起来饶有趣味。是一本值得您去阅读的书！

——数智化精益资深专家　杨显荣

　　经过几年来的推广应用，工业互联网在我国的热度很高，概念类书籍也很多。本书作者另辟蹊径，以讲故事的形式，将作者十几年的工作实践融入其中，讲述了如何帮助制造企业数字化转型，进行工业互联网项目研发的全过程。书中没有冗长的概念堆砌，没有复杂的技术知识，而是注重落地实践。各章节环环相扣，引人入胜，文字流畅，语言诙谐，是一本难得的针对工业互联网项目实操的佳作，值得推荐。

——e-works数字化企业网总编　CEO：黄培 博士

　　工业互联网这个对中国制造业来讲的大话题已经热闹好久了，但是真的能把这个事简单地讲清楚的书真的还没有。推荐这本书最重要的理由，是它代入感极强的"剧说"形式，在具象的制造场景里面，客观地把每个涉及的管理岗位，细致分工到具象化的人。从管理问题到组织问题，再到生产制造本身的问题，抽丝剥茧地呈现出来，可以说每一个想转型的企业都能从里面找到不同程度的缩影，最重要的是厘清属于自己的工业互联网落地思路。谢谢于老师的巧思，用这种形式让想转型的企业知道如何开始迈出第一步，以及如何面对接下来的路。

——广东精工智能系统有限公司　VP：葛娇娇

本书是于琪老师又一精心力作，从专业的角度将企业数字化转型进行剖析，以剧情的形式，将于老师工作中所见所闻进行了淬取，为正在和将要数字化转型的供需双方完美配合、项目百分百交付提供了可借鉴的案例支撑，强烈推荐给大家。

——青岛弘智信息科技有限公司　总经理：罗军榜

阅罢本书，爱不释卷，作者以"知行合一"的精神，从应用场景的痛点抽丝剥茧，以精益管理为本、流程思维为纲阐述工业物联网如何作用于客户的关键流程，并持续不断地创造价值。另外，对于有志于投入工业互联网产品研发的读者来说，本书展现了端到端的智能产品研发范例，犹如工业互联网之路标，为读者指引方向。以用户为本、以价值为依是最直接的收益。

——深圳华磊迅拓科技创始人CEO　总架构师：黄睿

本书以一家企业案例为蓝本，从企业数字化的选型规划到技术落地的各个环节娓娓道来，在问题分析、项目管理等方面给出了专业实用的指导，是一本不可多得的企业数字化实战教科书。

——宁波智数云联信息技术有限公司　总经理：斯振宇

理论+实践的典籍！站在企业的角度可以读懂为什么要数字化转型。

——无锡功恒精密机械制造有限公司　总经理：张文刚

这本书以案例的形式清晰地讲解了数字化转型的过程、注意点及使用的技术，对甲乙双方数字化转型实践都提供了非常好的借鉴既有思想性，又有良好的可操作性。

——苏州智享链信息科技有限公司　创始人：袁则国

难得的一本用场景、用读者听得懂的语言讲清楚企业如何落地数字化转型的书。非常适合正在做数字化转型、或者即将做数字化转型的企业，以及乙方软件公司顾问参考借鉴，本书对企业数字化转型具有可操作的指导意义。

——制简网络科技（上海）有限公司　总经理：刘　斌

没有经历过全生命周期的 IT 人员，可以从本书中收获很多；对于企业数字化转型也给予了灯塔参照。

——北京盛通印刷股份有限公司　平台研发总监：赵文攀

本书从实际场景出发，以剧情的模式推演企业数字化转型，简单易懂、非常接地气、操作性很强，是一本难得的实用型书籍，十分期待本书面世。

——广州速威智能系统科技有限公司　CEO：郭孔快

企业如何破解数字化转型的种种难题，如何跨过工业互联网落地的层层陷阱，究竟是理念价值优先，还是功能实用为王，是管理变革为重，还是业务导向为主，甲方自主开发，还是选择成熟平台、在工业互联网视角下 IT 和 OT 如何融合……这些企业数字化转型实践中关注的疑难杂症在本书中都能得到启示，更令人欣喜的是作者通过一个虚拟企业的数字化转型过程，通过一个个剧情场景进行了精彩的展现，剧中人物各具特色，各方立场泾渭分明，矛盾冲突此起彼伏，各种考量极具代表性，通过实际的剧情环节给读者以极强的代入式体验，让读者不断转换身份和视角，扮演不同角色思考具体问题利弊所在，如何抉择；本书不愧是一本企业数字化转型的实战类书籍，非常值得一读。

——武汉佰思杰科技有限公司　CEO：刘朱锋

前 言

2020—2021年的几个大新闻给未来世界和中国的制造业定了调子。

中国作为全球煤电第一大国，提供了全球70%以上的燃煤电厂资金。中国在2021年9月宣布"中国将大力支持发展中国家能源绿色低碳发展，不再新建境外煤电项目"。这意味着近几年承接了部分中国转移出去的低端制造业的发展中国家，比如越南、泰国等，今后的制造业成本难以降下来，制造业流出中国不容易。制造业的一大部分成本是能源，尤其是电力。这些年虽然光电、风电技术发展迅速，发电成本也越来越低，但是天气原因对这些技术影响太大，发出来的电因为没办法大规模存储，而且目前的电转氢气、电转甲烷没有成熟的大规模商用模式，所以光电、风电等所谓的"清洁能源"也就无法做到"削峰填谷"稳定输出而被称为"垃圾电"。工业需要既便宜又稳定的电力供应，火电站还是工业电的主要供给方式，哪怕是偶尔停电，都会导致制造的产品的价格丧失竞争力。因此，这条政策一出，意味着很多发展中国家无法抄中国工业化之路的作业，也意味着全球制造业对中国有路径依赖的现状难以短时间改变。

时间再往前推一年，在2020年9月的应对气候变化的《巴黎协定》中，我国提出"力争2030年前实现碳达峰、2060年前实现碳中和"，这是我国加快绿色低碳转型、实现绿色复苏发展的信号，意味着我国要坚定地迈向产业链的顶端。产业链越往顶端，单位能源消耗产生的GDP就越少，受碳限制的概率也就越低。这其实也与多年前一直提的"从制造业大国走向制造业强国"是相吻合的。

两个政策联系起来看，传达出的信息可以归纳为：中国将继续在全球的制造业中发挥关键作用，也将在全球高端先进的制造业中发挥越来越重要的作用。两个层面的信息对中国的工业都是一个利好信息，两个信息都利好高端先进制造业。

那么，接下来的关键就是如何让更多的中国企业进入"高端""先进"的头部。无疑，使用工业互联网技术赋能企业、促进企业的数字化转型，是实现这一目标的不二法门，毕竟，"科学技术是第一生产力"。就目前来看，发展最快的就是以互联网为代表的 IT 技术，使用互联网技术赋能工业领域，实现"IT+OT"的融合，从企业内部看就是"企业数字化转型"，是中国工业走向"高端""先进"的必然之路。

不要讲概念，关注可落地——这是我一直崇尚的观念。上一本书《落地生根——让智能制造回归价值》出版后，受到很多业内人士的关注，也证明了大家喜欢的是能把问题和内容讲得透彻的书，偏重实用。有一位业内好友，大家管他叫"老潘"，给了我一个建议："《落地生根——让智能制造回归价值》这本书写得很好，剖析了制造行业的很多痛点并提供了解决工具，真的不是在讲概念，而是具有可操作性。你能不能再出本新书，把制造工厂中遇到的问题，从头到尾怎么碰到的、怎么解决的，你书里提到的工具怎么使用、在什么情况下使用，结合案例写得更深入一些，这样不管甲方还是乙方，看了你的书都可以直接拿过来照着用了……"

这是一项很有挑战的工作。一方面，从发现问题到解决问题，在工业领域一般周期跨度很长，至少需要全程参与了几个为期两三年以上的项目才能了解；另一方面，如果只讲如何在甲方（制造企业）发现问题、乙方（工业软件和服务提供商）提供了怎样的软件或服务，即又落入了浅显的流水账式记录，达不到"拿过来照着用"的目的。所以，本书将讲解如何发现工业企业中的问题，如何针对发现的问题来确立一个工业互联网研发项目，如何将工业互联网产品开发出来用以解决问题。这也是我带项目、带产品、带团队多年经验的一个梳理和汇总。

干货不一定干讲——既要讲干货，又要讲得生动，这是另一个有挑战性的工作。本书尝试使用人物情景扮演和对话的方式，把各种理论、工具糅合在一起，这也是本书书名中"剧说"的来源。

"道、法、术、器"落实在技术领域："道"很容易，市面上可以找到一大堆讲工业互联网、智能制造、数字化转型等的概念书；"器"同样很容易，市面上可以找到一大堆讲组件、控制器、工业协议等技术细节的书籍；"法"和"术"不易，一套完整的实操框架和如何在具体项目中衔接商业和技术底层不容易讲述。除了知识层面的复杂性，项目一般涉及公司的商业机密，无法直接拿来做展示。本书中的项目案例也不是照搬公司实际的项目案例，而是根据真正项目虚拟出来的"仿真品"，一方面考虑到了公司利益，另一方面对讲清楚本书的内容有足够的价值。

在进入正文之前，还是要表达一下对家人和各位朋友的感谢，他们给予了我大力的支持。本书难免存在不足之处，诚挚希望读者批评指正。

作　者

2022 年 9 月

目　录

第 1 章　剧集一：为企业体检，需要请医生吗？ ·············001

  1.1　剧中的主要角色介绍···············002

  1.2　医之好治不病以为功？——专家的作用···············005

  1.3　医生万能？——"六不治"和"八个事实"···············009

  1.4　企业数字化转型是什么？···············010

  1.5　"IT+OT"和"工业互联网"又是指什么？···············016

第 2 章　剧集二：窥见企业痛点，诊断调研 ·············019

  2.1　标准工具——国标、推荐标准等···············019

  2.2　定性地发现制造企业的问题——看表象···············023

  2.3　定量地发现制造企业的问题——看价值流···············028

  2.4　价值流程图的局限性···············034

  2.5　总结并分析企业弱项···············038

第 3 章　剧集三：企业数字化路线图的讨论 ·············041

  3.1　不知道如何数字化，是因为不知道数字化后的企业是啥样···············041

3.2 如何制定数字化转型路线图的初稿……052

3.3 再次评审——自顶向下和自底向上……061

3.4 不折腾就是——正确的事要坚持做……062

第 4 章 剧集四：怎么才算一个工业互联网方案……064

4.1 可落地方案要有几个关键内容……064

4.2 深入地捋清楚流程……068

4.3 再思考"IT+OT"等概念……073

第 5 章 剧集五："利弊权衡"与"自主可控"
——是否要组建自己的研发部……079

5.1 自己研发的支撑条件——有应用量，能降成本……080

5.2 关键角色先到岗……086

5.3 研发路线图定义……087

5.4 组织结构和职责定义……091

5.5 部门制度和顶层流程定义……094

5.6 激励方式……100

第 6 章 剧集六：从路线图中的规划到产品需求……104

6.1 两张产品路线图……107

6.2 产品需求背后的核心逻辑……110

6.3 从产品立意到需求描述：3 步分解法……114

6.4 非功能性需求怎么体现在产品需求里……120

6.5 一个需求文档的主要章节 ·· 123

6.6 方法论的陷阱：止步于关键词 ··· 129

第 7 章 剧集七：从产品需求转化出研发项目需求 ························· 131

7.1 项目经理的"管理型"和"技术型" ······································ 134

7.2 从产品需求到开发需求 ··· 137

7.3 估算，要跟你见几次面 ··· 143

7.4 需求变更管理 ··· 149

7.5 研发项目计划制订 ··· 154

第 8 章 剧集八：产品研发的架构设计 ······································· 166

8.1 架构的工作只发生在设计阶段吗？ ····································· 166

8.2 架构的作用 ·· 168

8.3 做个架构设计，总共分几步 ··· 169

8.4 派别之争："功能派"与"重构派" ······································ 185

8.5 不急于开发，先验证关键技术风险点——POC 和原型的重要性 ······ 187

第 9 章 剧集九：项目管理与敏捷式开发过程 ······························ 190

9.1 用 WBS 进一步拆解有待细化的工作包 ································ 191

9.2 敏捷式开发方式中，流程怎么体现"敏捷" ·························· 195

9.3 敏捷开发中的测试工作怎么做 ··· 203

9.4 敏捷是一种弹性的方法，不要非左即右 ······························· 211

9.5 项目经理的十八般兵器 ··· 212

第 10 章　剧集十：研发项目转向维护项目及运维项目 ·················219

10.1　维护与运维的区别·················219
10.2　维护项目为何存在，维护项目的难点在哪？·················221
10.3　敏捷还适用维护项目吗？需要注意什么？·················224
10.4　DevOps，开发运维一体化·················227
10.5　敏捷还适用运维项目吗？·················232

第 11 章　总结·················234

第1章

剧集一：为企业体检，需要请医生吗？

旭霓公司是一家生产净水设备等以环保小家电产品为主营业务的公司，以ODM（Original Design Manufacturer，原始设计制造商）为主要经营模式的公司，公司员工1140人，2019年营业收入7.5亿元，营业成本5.6亿元，净资产4.1亿元。这是一家中型企业，属于体量较大的中型企业，近4年来保持10.2%的年平均增长率。

公司生产分为产品总装、精密冲压与加工、注塑成型加工、电气加工与成套等7个制造车间，制造车间之间涉及上下游关系的生产任务，各个车间之间独立核算。除制造车间之外，公司有行政部、财务部、客服售后、装备设计事业部、人力资源、市场部、采购部等9个支撑职能部门；工艺组、检修组、计划组、仓储管理、质检组等分布于各个制造车间。

旭霓公司一直在设备和自动化方面有较多投入，在前些年，这些投入的确给公司带来了极具性价比的回报。目前面临的问题是：

（1）各个制造车间主要工艺环节的自动化设备已经投入得差不多了，剩余环节要么市面上没有标准自动化设备，要么定制自动化设备的费用很高；

如果需要提升主要工艺环节的自动化水平，意味着大部分设备都要更换新的，不划算；

（2）依靠花钱买设备带来的利润回报率在下降，而且这几年产品的产量每年都在涨，但产品价格不涨，利润的增幅低于产品产量的增幅，并且这种增幅的不同步有逐年扩大的趋势。

1.1 剧中的主要角色介绍

有位朋友曾问我："我看过很多产品类或项目管理类的书籍，怎么感觉书上说得都挺好，一到现实情况就大不一样了？书上看的东西也用不上了？"

其实原因很简单。我们可以做个类比：很多玩游戏的人在游戏里叱咤风云，怎么到了现实就处处碰壁呢？因为游戏里不谈资源获取的限制性，想要某个装备只要完成某个任务就得到了，而装备怎么生产、怎么运输，甚至维修和保养等，这些需要花成本的因素都被直接跳过了。除此之外，也不谈组织架构调度的艰难性，你可以直接从大 Boss 开始做，其他人都听你的，至于怎么坐上大 Boss 的、跟人沟通是否存在"沟通漏斗效应"也不用关心，一切好像幼儿园过家家一样容易。

现实中的产品研发或项目，同样也不像书本中那样容易。哪怕是项目管理书籍，大多以管理知识为主要内容，而现实的研发工作其实并不是以产品或项目为中心，反倒是以人为中心。你很难跳过组织架构去调度额外的资源，也无法跳过某个负责具体工作的人把活直接干完。所以，如果要贴近现实状况来讲述工业互联网产品或项目的实现过程，就要通过具体的角色和角色所在的组织架构把整个过程讲清楚，这也是本节介绍本书中涉及的主要角色的原因。

"生活不是电视剧"，同样，"电视剧也不是生活"。本书中虽然通过工业互联网项目的角色、组织架构、流程等试图把整个研发过程展示给读者，但是依然不能准确刻画出现实研发过程的方方面面。在现实研发过程中，涉及很多澄清、误解、推诿、争执的地方，这些琐屑虽然是常态，也占据了大量的时间和精力，但却不是本书要描写的部分。本书通过角色扮演来完成工业互联网项目的过程，尽量描述一个可供参考的产品研发经历，这个经历中有对流程、企业数字化转型的思考和工业互联网方面的知识。

接下来，让我们开始介绍角色吧，为了便于读者快速记住这些在书中多处出现的名字，名字的谐音跟职责有关联。

张舵：旭霓公司的总经理，负责公司日常业务的经营管理，对重要业务、合同、战略等具有决策权，直接对公司董事会负责。张舵是旭霓公司的元老级人物。

吴健：公司的研发总监，负责制订公司整体的产品研发计划、改进与研发工作相关的规章制度和工作流程，制订、督导研发计划并控制研发成本。吴健原本是旭霓公司装备设计事业部的副总监，因公司推进企业数字化转型和落地工业互联网项目的需要被提拔，负责组建和管理新成立的研发部。

王经：公司研发部项目经理，负责研发部两个工业互联网项目的管理工作。王经是旭霓公司为了推进企业数字化转型和落地工业互联网项目从外部招聘来的。

孙品：公司研发部的产品经理，负责研发部物联网和私有云的需求定义、规划研发等产品管理工作。孙品同样也是旭霓公司为了推进企业数字化转型和落地工业互联网项目从外部招聘来的。

戴构：公司研发部的架构师，负责部门研发的工业软件的架构设计等工作。他同样是从外部招聘新进入旭霓公司的。

刘测：公司研发部的测试主管，负责部门研发的工业软件的功能测试、性能测试等与测试相关的工作。她也是从外部招聘新进入公司的。

杜量：公司研发部的质量经理，负责研发项目的质量管理工作，包括质量标准制定、质量数据收集、质量措施制定和质量跟踪等。他也是研发部的新成员。

李尚：对接公司研发部门的商务经理，负责管理研发部整体、每个研发项目的商务流程和商务数据，包括部门或项目的预算制定和控制、成本和花费统计等。她的组织关系在公司的财务部，研发部成立后负责专门对接研发部门的相关商务工作。

杨询：咨询专家，不是旭霓公司的员工，是旭霓公司邀请来实施企业诊断咨询和数字化转型规划的外部专家。

剧集一：为企业体检，需要请医生吗？ 第1章

这些是会出现在本书中的主要角色，我们可以画一张仅包含以上人物的组织架构关系图，如图1-1所示。

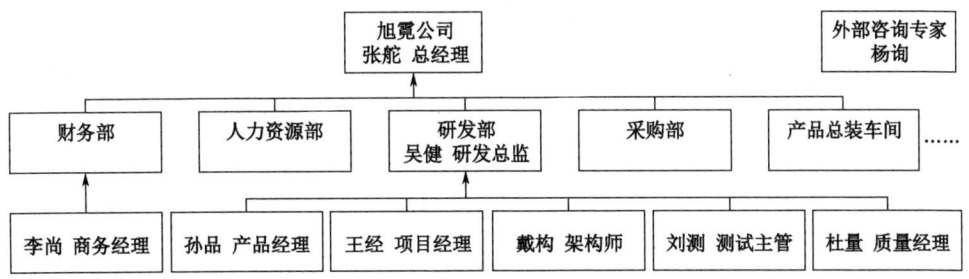

图1-1 本书中主要角色的组织关系图

1.2 医之好治不病以为功？——专家的作用

旭霓公司的总经理张舵很为公司的未来担忧，虽然近几年在他的带领下，公司保持着约10%的年平均增长率，产量的增加是主要因素，但是并非产品价格在涨，其实公司的利润率是在逐年下降的。以往公司能够增加产量主要依靠三方面：一是开拓市场，二是拿地扩建厂房和车间，三是购买自动化设备来增速生产。但现在这三方面都遇到了瓶颈：一方面，由于旭霓公司在净水小家电设备这个市场上已经占有较高的市场比例，加上竞争对手如雨后春笋般出现，能获得的市场份额逐渐趋于稳定；另一方面，现在拿地扩建厂房和车间是越来越难了，当地政府从关注企业营业额等规模数字已经转向关注企业"亩产"，也就是企业所占的每亩地能产出多少效益，并且，现在"碳达峰、碳中和"理念出来后，下一步应该是转向以"单位碳消耗企业能产出多少效益"作为评价指标。还有，公司前几年把主要工艺环节的自动化设备更换得差不多了，再投入钱单纯买设备带来的生产效

率提升，其效果已经不那么明显了。

近几年，"智能制造""工业互联网""企业数字化转型"等概念不绝于耳，张舵也听过不少讲座，看过很多的PPT，但是没真正用上，或者说没有真正体会到它们带来的好处。倒是很多设备厂商来推荐自家的设备，都说自己的公司有这方面的解决方案，但最终卖给旭霓公司的，基本还是那些设备，还有几个不能互联互通的软件放在那里，这几个软件因为跟公司的流程不匹配导致有不小的使用门槛，最终也没真正用起来。

张舵想：按说"智能制造""工业互联网""企业数字化转型"应该能给公司带来助益，毕竟科学技术是第一生产力嘛。但公司目前没得到这方面带来的好处，应该是没找对人，人找对了，事才能做好。市面上被称为"专家"的，其实水平参差不齐，且鱼龙混杂，怎么找到真专家是要做得第一件事。

有了这种想法，张舵留意了这方面的信息，通过同行做过项目的口碑、朋友推荐、人力资源部门利用社交和招聘软件核实的专家背景信息等渠道，最终确定了一名外部的咨询专家——杨询，邀约他来帮助公司迈出数字化转型之路的第一步。

张舵见杨询之前，邀请了公司的副总和几个部门的负责人一起见面。杨询在旭霓公司的会议室见到了张舵带领的管理团队，接下来他开始讲述为什么企业要做数字化转型、如何应用工业互联网技术等。

在讲述的过程中，副总打断了杨询的讲话并表达了自己的观点："您说的企业需要数字化转型，这个我们知道，我们也在做，每年技改等投入了七八百万元，您说的这些到底能不能落地？能带来什么？我们听您讲会有用吗？"

这个场面，应该像极了几千年前的蔡桓公吧。大有"医之好治不病以为功"之意。

剧集一：为企业体检，需要请医生吗？ 第1章

杨询反问了一句："您或家人平时感冒发烧会去医院吗？"

这位副总回答："当然会去啊。"

杨询："既然感冒药在药房都能买到，您为什么还要花时间、赶路程，去医院挂号排队看呢？"

副总回答："看过医生才放心啊。再说了，感冒是症状，说不定有其他原因导致了感冒，得看看有没有并发症才能不留隐患。"

杨询："您说得很对，我们做这件事也是一样的道理。公司的管理者主要是运营能力，对于数字化、智能制造等话题，能看到表象却未必能看到隐患。知道企业的病症却不代表自己有能力根治，而这正是专家擅长的地方。"

这位副总点头称是。杨询介绍完自己的材料，与旭霓公司的管理层进行了交流。本次及后续讨论的主要话题，在后面的章节还会提到，这里先回答一个重要的问题，这个问题是总经理张舵提出来的："我们知道这个事重要，但为什么有很多制造企业尝试了这些办法却没看到效果？这种例子并不少见，您能给讲讲原因吗？"

杨询："原因可能很多。就我自己总结的而言，主要是三大方面吧，我把它们叫作'天时、地利、人和'。

"天时——可以有两个理解：第一个是企业的规模、体量和所处的阶段，到没到最适合做数字化转型的时机。很多企业规模太小，最主要的是订单获取问题，这种企业做数字化转型不能说不对，但就好像人感冒了给上十全大补汤一样，没到那个时候。第二个理解是有的企业规模是够了，但瓶颈在于基本的管理层面。我常跟客户说"复杂的事情简单化，简单的事情流程化，流程的事情电子化，电子化之后再智能化"，企业数字化转型就是"流程的事情电子化，电子化之后再智能化"，如果基本管理没做好，就像地基没打牢固硬盖高楼大厦一

样,这样的高楼大厦的根基是不稳的,撑不了多久。

市面上的很多项目,有的是甲方硬上,结果一旦受挫就产生"一朝被蛇咬十年怕井绳"的想法,彻底否定技术项目带来的企业升级方案;有的是乙方出于卖项目、卖产品的目的,宣称自己的东西是"老少咸宜,人人必备",其实压根就没有那种东西。

"地利,我的意思是'地主能提供的便利','地主'就是指甲方,也就是说甲方能提供多少便利和支持。做企业的数字化转型也好,给企业做工业互联网的落地项目也好,最大的受益者当然是甲方,所以甲方应该最关注项目的成败,也应该积极地在项目推进的过程中提供各种便利。这种便利主要包括:第一,企业一把手亲自抓,哪怕安排了对接人也要经常过问项目进展并听取汇报,企业一把手的精力关注在哪里,企业的资源自然会流向哪里;第二,企业最好成立专门对接数字化转型的项目小组,这个小组要能直接向企业一把手汇报,有权利协调公司的内部资源,制订计划并跟进和监督。

"人和嘛,外部就得找对专家,'让专业的人干专业的事',甄别专家不能大意,否则企业可能花费了很多配合工作的成本结果什么也得不到。内部,负责对接这些事的公司人员,尤其是一把手安排的牵头此事的人,不能所托非人。人不对事就干不好,内外人员都是这个道理。"

张舵等旭霓公司的管理人员感觉杨询的建议很中肯,也感觉杨询就是他们想要寻求合作的专家。

通过这次会议,张舵认可了三件事:第一,企业使用互联网技术做数字化转型是接下来确定要做得;第二,杨询的能力是被认可的,适合做外部专家指导公司的数字化转型,双方签订了合同;第三,公司要成立专门的小组,确定牵头人推进数字化转型。

1.3 医生万能？——"六不治"和"八个事实"

张舵安排公司的生产主管人员带杨询参观生产车间。车间太多，看一天也是走马观花，杨询拿到了生产主管人员的联系方式，表示可以先看看大致状况，每个车间至少要待个一周才能细致了解，重点改进部分可能需要2~3周去挖掘，这些在后续会逐渐去做。

参观的路上，张舵问了杨询一个有意思的问题："杨工，按您的方法框架做事，甲方的确要花不少精力，肯定有客户挑刺吧？您也挑客户吗？"

杨询："客户挑刺很正常，我当然也挑客户啊。古代有人行医六不治，骄恣不论于理的不治，轻身重财的不治，不能遵医嘱坚持治疗的不治，等等。有的客户不配合，或者你给的建议他也不当回事，这样的项目基本上就意味着失败，对我来说这种客户宁肯不做，不管企业大小。"

张舵笑笑，说："挑客户的乙方才是有本领的。没事，您放心，我们不是那种刁钻的甲方，决定要做就会好好合作，要不然不仅是给乙方找麻烦，也是在浪费我们花出去的费用。"

杨询接过话来："张总这么合作的甲方我喜欢。其实，即使在这种项目里，甲方也有强于乙方的地方——第一，没人比甲方更关心项目的成败；第二，没人比甲方更懂工艺；第三，没人比甲方更了解影响项目的非技术因素；当然了，还有第四，哈哈，那就是，没人比甲方更想扩大需求。"

张舵被逗乐了，说了一句："所以，如果有小的需求变更您可得撑住，我们签的是固定费用合同，不是开口合同。不过，我们尽量按计划的工作量执行。如果发生了大的需求变更，我们可以增补另外的合同协议。"

杨询同意张舵的说法，合作应该是基于双赢和平等的基础上的。

张舵脑筋一转，问道："杨工，您刚才是从甲方角度说了四条，乙方角度有没有什么心得呀？"

杨询笑了一下，说道："当然有呀，我说给您听听——第一，没人比乙方更能客观地看待甲方企业中的问题；第二，没人比乙方更希望合作中有固定的流程和清晰的对接人；第三，没人比乙方更能克制情绪化。

张舵接过话来："应该还有个第四，哈哈，那就是，没人比乙方更想早日结项。"

二人在轻松愉快的氛围中从甲乙双方的角度各总结了四条，可以算是做企业数字化转型合作项目的甲乙双方角度的"八个事实"。

走马观花地看各个生产车间也花了大半天时间，杨询对旭霓公司的 7 个制造车间的概况和工艺有了初步了解，他有很多拥有类似工艺的工厂的经验，所以对旭霓公司的生产情况，例如哪些环节较好、哪些环节有差距，有了基本的掌握。

1.4 企业数字化转型是什么？

杨询再去旭霓公司时，张舵介绍了跟杨询对接的装备设计事业部，这是旭霓公司内部研发自用设备和进行非标准自动化工位改进和设计的部门，部门的主要职能是通过研发设计的非标设备、工位或产线提升公司的生产效率，包括把外部采购来的标准自动化设备进行外围拓展，使自动化设备能在旭霓公司发挥最大产能。装备设计事业部下面有自动化组、机械结构组、电气组。朱总是旭霓公司四个副总之一，兼管装备设计事业部，是装备设计事业部的总监。但考虑到朱总工作较多，还负责对接 7 个制造车间的检修组，而且年龄较大，未必能快速接受时下的一些热点技术和理念，张舵与他提前商量过，由副总监吴健来对接杨询的工作，并在公司管理会上增加工作进度汇报环节，这样总经理张舵和副总就都能够了解工作的进度。

吴健是 3 年前加入旭霓公司的，在 IT 行业工作过 9 年，软件技术娴熟，年轻好学，当时旭霓公司想成立一个"信息技术部"（相当于"研发部"），把公司使用的各种大型软件利用数据库、中间件等进行打通，并自研一些小的软件供公司内部使用。吴健是作为系统架构师应聘进来的，但是，由于旭霓公司当时并没有很好地规划此事，对这个事情所需要的资源估算、部门之间的配合流程、执行过程中的部门间的一致性和考核方式都没有详细规划，这个计划执行得磕磕绊绊，加上公司这几年业务量增长带来的新问题消耗了管理层很多精力，这个部门就没有运行成功，招聘进来的 IT 人员在做事没有头绪和外部薪资吸引力强的多重因素下几乎全部流失，吴健成了公司招聘来的资深 IT 人员中唯一留下的，主要原因也是张舵比较器重他，让他担任装备设计事业部的副总监，参与管理工作，而从技术转型到管理，做个技术型的管理人员也符合吴健的期望。

吴健与杨询可以算是"目击道存"，杨询第一次来旭霓公司时，吴健也参加了会议，杨询风趣的比喻、对行业和企业弊病的理解，让吴健觉得能跟这样的专家合作非常荣幸。杨询也希望能跟学习能力强、愿干实事的人合作。吴健作为旭霓公司的代表，与杨询对接企业数字化转型的事，两人都对这次的项目合作充满信心。

吴健平时也学习了这方面的知识，对企业数字化转型相关的问题也有自己的见解，但还是更想从专家的角度来深入了解，印证一下自己的想法是否全面。所以他说："杨工，跟您合作还请多多指导，有需要配合的我一定尽力做好。我能不能请教您一个问题——关于企业数字化转型大家众说纷纭,从您的角度看,它到底是什么?要做什么?"

杨询:"这个问题没有标准答案,解读可大可小。我就简单说说自己的理解吧。"

一边说,杨询一边翻开电脑,打开了一个文件,展示给吴健等人看,如图1-2所示。

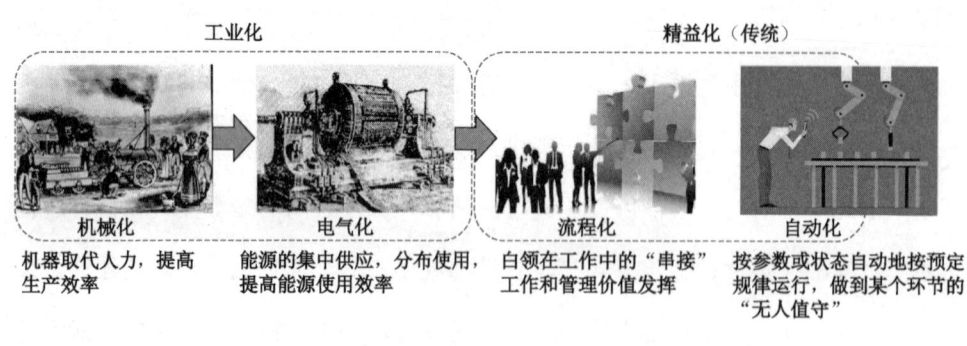

图1-2 工业发展路径(工业化与精益化)

工业的发展路径(如图1-3所示),从机械设备代替人力的"机械化"开始,随着电力的使用,每个工厂不再自建能源供应中心,而是把电网集中供应的电力作为能源,把电动机等作为主要的运动部件,这个阶段为"电气化","机械化"和"电气化"统称为"工业化"。

随后引入"流程化",并注重发挥白领在工作中的串接作用和管理价值,制造业的生产效率进一步提高,再后来,"自动化"技术可以让机器按照参数设定或状态指令自动运行,很多环节不需要人为干预,降低了出错率并进一步提高了生产效率。"流程化"和"自动化",这是传统精益非常关注的环节,你如果看过精益方面的书,标准作业、缩短准备时间、错误预防等概念内容主要都涵盖在"流程化"和"自动化"这两个方面里。

剧集一：为企业体检，需要请医生吗？  第1章

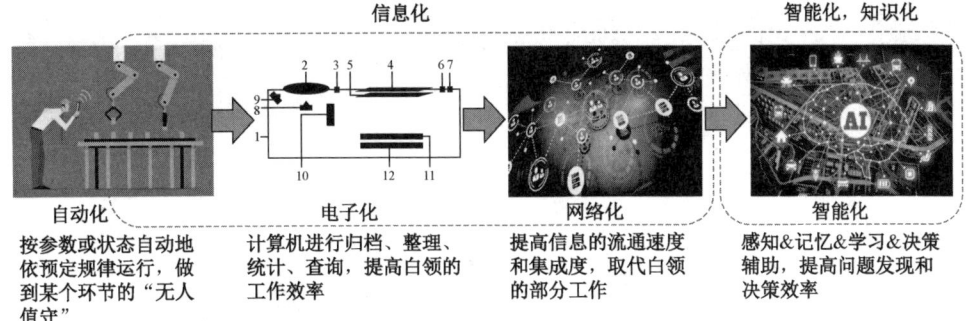

图1-3　工业发展路径（信息化与智能化）

当然，精益概念的出现已30年了，那时候的"自动化"主要还是简易自动化、半自动化。"自动化"应该也是"信息化"的一部分，尤其是高级自动化，它已经是"信息化"不可分割的一部分。

如果说自动化主要是控制机器设备高效地完成加工或制作工作，"电子化"就是使用计算机进行归档、整理、统计、查询，从而提高白领的工作效率。"网络化"则更进一步，是在"电子化"的基础上，把信息集成形成资产，部分白领的工作在企业的"网络化"进程里可以被取代。

再后一个阶段就是"智能化"，在制造领域被称为"智能制造"（如图1-4所示）。理论上，制造企业的瓶颈应该出现在从现有的智能水平迈向"强人工智能"

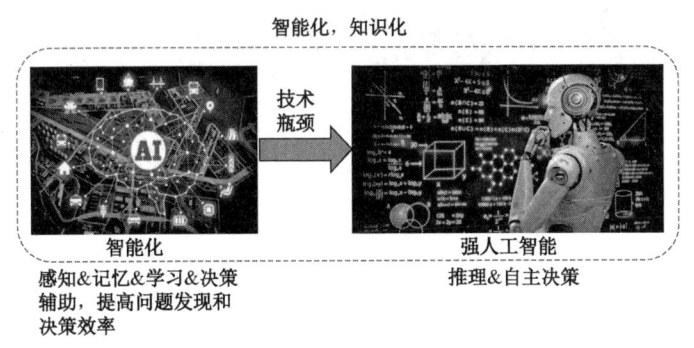

图1-4　工业发展路径的技术瓶颈

的阶段，因为那里面临着技术瓶颈。但现实状况是，系统之间的打通、对接，技术与流程等因素的磨合，成为了绝大多数企业遇到的瓶颈，所以真正的瓶颈发生在了从"电子化"迈向"网络化"的阶段，如图1-5所示。

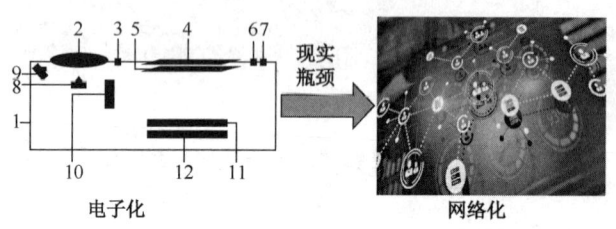

图1-5　工业发展路径的现实瓶颈

"数字化"可以理解为介于"网络化"和"智能化"之间的一个过渡阶段，它不等同于"网络化"或"信息化"。单纯地用系统将企业的各个流程串联起来，用数据库、表单等将企业的各个维度的数据存储起来，都不算是完全的数字化，这只能算是企业信息的网络化（信息化的高级阶段），如图1-6所示。企业的数字化与非数字化之间的核心差异在于：是否已实现数据在线？数据是否可以支撑分析驱动业务的改善？是否可以通过数据产生业务洞察，实现业务增长？

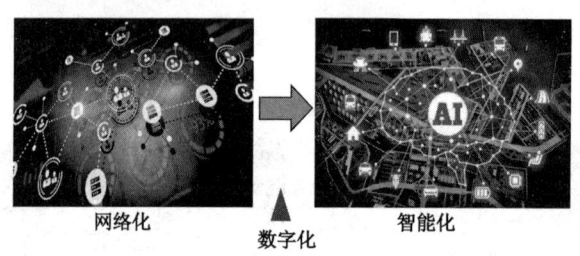

图1-6　数字化位于哪个阶段

吴健点头，说："您这一解读我就清楚多了，但我仍有一个疑问，精益生产的杜绝浪费和无间断地作业流程理念，应该是生产企业一直追求的内容，但看起来跟数字化有点割裂，是这样的吗？"

杨询笑了，眨眨眼说："您这个问题很好，问到点子上了。看您怎么理解'精益'了。我刚才在图片里说的'精益'是一种工业发展的阶段，而且强调了是'传统精益'。那就是另一个角度，这个角度的'精益'是不过时的，哪怕到了'智能化'的工业时代也要以追求'精益'为目标。如果把"精益"作为一种理念来看待，企业数字化转型追求的就是"数字化精益"。"

吴健又紧接着问：我倒是听过一些"'数字化精益'的概念，但没真正明白，它具体包括什么您能给讲讲吗？"

杨询："嗯，这个内容跟上一个数字化的话题类似，没有标准答案，众说纷纭，我也根据自己的理解跟您交流下，我觉得算是一个比较有新意的总结。"

杨询打开了自己画的另一张图，展示给吴健等人。如果"数字化精益"与"传统精益"不割裂，看作用数字化手段结合传统精益的工具和精益理念，基本上可以画这样一张图，如图1-7所示。

这张图里有传统精益的部分，包括传统精益最常用的工具，如5S和目视化管理、价值流图等。数字化的部分包括：同步化物流、性能仿真、预测性维护等。

传统精益与数字化并不是割裂的，有很多交叉融合的地方，如JIT拉动生产、均衡化生产，虽然是传统精益提出的理念，但是现在可以用数字化手段实现这一理念，比如使用MES的排程模块或者高级排程软件。

再如标准作业，这是传统精益提出的理念，利用数字化手段，提供电子作业指导书或通过MES模块，相当于是用数字化手段实现了精益理念的要求。

全面生产维护，也是精益理念的要求。以前的传统手段是用纸质的设备台账记录和维护，但现在可以用数字化工具，比如用电子台账或MES设备模块进行管理。类似的例子还有很多，总之，就是用数字化手段实现精益理念，或者把数字化与传统精益相结合，这就是"数字化精益"。

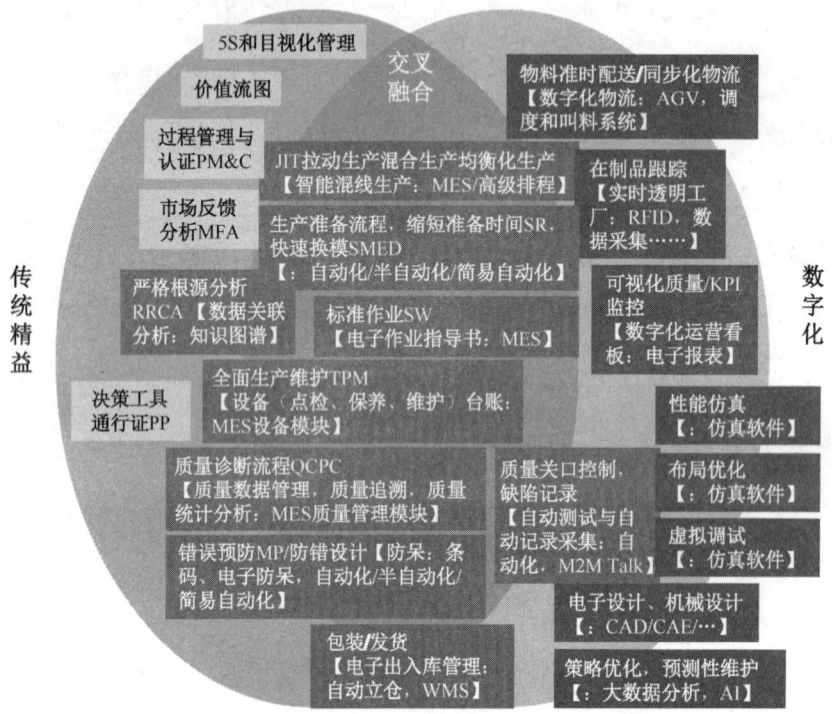

图1-7　数字化精益是传统精益与数字化技术的结合

杨询总结说："'企业数字化转型'就是要在企业中实现'数字化精益'，而'IT+OT'是实现转型的核心。"

1.5 "IT+OT"和"工业互联网"又是指什么？

吴健接过话，说道："我对IT和OT有一些理解，IT（Information Technology）

就是信息技术，主要是利用计算机科学和通信技术设计、开发、安装和实施信息系统及应用软件。OT（Operation Technology）就是操作技术，是工厂内的自动化控制系统操作专员为自动化控制系统提供支持，确保生产正常进行的专业技术。"

杨询："没错。IT 大家都知道。OT 指'操作技术'或者'运营技术'，往小了看可以是一台机床，往大了看，一条生产线的自动化操作也是 OT，一个工厂的整体运营也是 OT。"

杨询继续解释："以往的时候，IT 与 OT 交集比较少，软件的功能归软件解决，硬件的功能归硬件解决，但进入数字化时代，IT 与 OT 两者展开对话，由 OT 领域的传感器获取数据，上传至 IT 领域的云端中心执行大数据分析，衍生各种创新应用。"

吴健笑笑，说道："由 OT 领域的传感器获取数据，上传至 IT 领域的云端中心执行大数据分析，那不就是 IoT 喽？"

杨询也笑了："是的，IoT（Internet of Things）就是物联网，不过我们说的'IT+OT'相当于是 IoT 物联网的一种工业领域的应用。"

吴健："工业领域的 IOT 物联网，那不就是 IIoT（Industrial Internet of Things），工业互联网呀。"

杨询："'IT+OT'可以理解成工业领域的 IOT，或者说工业互联网。如果非要较真地区别它们，可以说 IOT 物联网更重视互联互通，IIOT 工业互联网从概念上就能看出加入了互联网非常成熟的元素，比如云计算等，也覆盖了流程中涉及的与人的交互，更贴近'IT+OT'的概念，'IT+OT'更聚焦从传统 OT 关注自动化到'IT+OT'数字化后关注实时优化的能力。"

> "剧说"工业互联网落地 企业数字化转型全栈演示

杨询总结说："基本上，'IT+OT'、IOT 的工业应用、IIoT 工业互联网这三个概念差别不大，不是搞学术的真没必要去较真其细微的差别，重要的是这些概念的目标是使用数据驱动管理，手段是软硬件结合、自动化与流程化融合、数据模型之间弥合。

第 2 章

剧集二：窥见企业痛点，诊断调研

杨询对旭霓公司的诊断调研，是基于一些工具作为标准和支撑的，本章主要来介绍这些工具。

2.1 标准工具——国标、推荐标准等

针对企业的调研诊断，杨询是有几套工具的。第一套就是各种国标、推荐标准等，这算是"标准工具"。这套工具主要包括以下 3 个：《智能制造诊断评价白皮书（2019）》，20173534-T-339《智能制造能力成熟度模型》（这个标准在 2019 年后被演进成了 GB/T 39116—2020《智能制造能力成熟度模型》），20173536-T-339《智能制造能力成熟度评估方法》（这个标准在 2019 年后被演进成了 GBT39117—2020《智能制造能力成熟度评估方法》）。

这套工具把企业的制造水平分了 5 个等级：一级（已规划级）、二级（规范级）、三级（集成级）、四级（优化级）、五级（引领级），每个等级关注的重点不同，如图 2-1 所示。

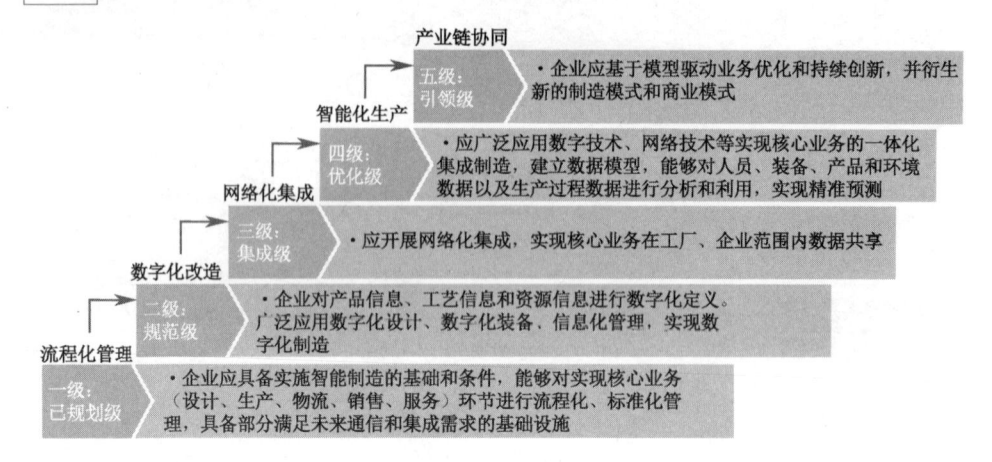

产业链协同
→ 五级：引领级 · 企业应基于模型驱动业务优化和持续创新，并衍生新的制造模式和商业模式

智能化生产
→ 四级：优化级 · 应广泛应用数字技术、网络技术等实现核心业务的一体化集成制造，建立数据模型，能够对人员、装备、产品和环境数据以及生产过程数据进行分析和利用，实现精准预测

网络化集成
→ 三级：集成级 · 应开展网络化集成，实现核心业务在工厂、企业范围内数据共享

数字化改造
→ 二级：规范级 · 企业对产品信息、工艺信息和资源信息进行数字化定义。广泛应用数字化设计、数字化装备、信息化管理，实现数字化制造

流程化管理
→ 一级：已规划级 · 企业应具备实施智能制造的基础和条件，能够对实现核心业务（设计、生产、物流、销售、服务）环节进行流程化、标准化管理，具备部分满足未来通信和集成需求的基础设施

图 2-1 智能制造能力成熟度的 5 个等级

这 5 个等级是从等级角度来区分的。具体地，如何评价企业属于哪个等级？是否从人员、技术、资源、设计、物流等这样的类来判断？每个类下分为不同的域，比如"资源"这个类下分为"设备""网络"等几个域，"设计"这个类下分为"产品设计""工业设计"两个域，如图 2-2 所示。

每个域之下再分问题，根据是否能满足问题要求而判定企业的这个域能达到几级的标准。表 2-1 仅是一个域的问题示例。

表 2-1 域的问题示例

类：技术	域：数据	1 级	a. 通过人工方式采集制造活动所需的数据，在关键环节应用自动数据采集，实时获取数据
			b. 在项目层面基于人工经验开展常规数据分析
		2 级	a. 应用二维码、条形码、RFID 等技术，实现数据采集
			b. 基于信息系统数据和人工经验开展数据分析，满足特定范围数据的使用需求
			c. 数据分析结果的应用局限于部门内，跨部门的共享以线下为主
		3 级	a. 应使用传感技术实现制造关键环节数据的自动采集
			b. 在企业层面建设统一数据平台，整合数据资源，支持跨部门及部门内部常规数据分析
			c. 数据分析结果能在各个部门之间进行复用，数据分析口径定义明确
			d. 基于一定的算法、模型能够对数据进行实时监测，并根据预设的阈值进行预警

续表

类:技术	域:数据	4级	a. 建立常用数据分析模型库,支持业务人员快速进行数据探索和分析
			b. 采用大数据技术,应用各类型算法模型预测制造环节状态,为制造运行维护活动提供优化建议和决策支持
			c. 应量化评价数据分析效果,实现数据应用的量化分析,进而推动制造目标的螺旋式上升
		5级	a. 对数据分析效果实时评价和改善,实现基于数据的精准执行

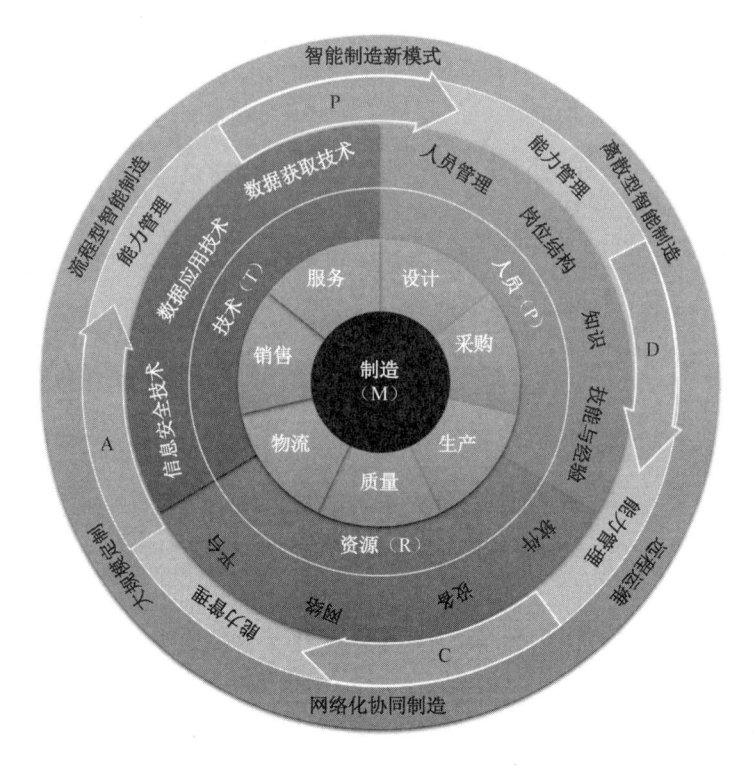

图 2-2 智能制造能力的分类和子域

这样,就可以总结被调研诊断企业的每个域的能力等级了,生成的能力矩阵雷达图如图 2-3 所示。

这个过程一般以与企业对应门类负责人谈话问答的形式进行,有一部分现场考察,但主要还是以问答的形式来了解企业情况。比如,向采购部负责人询问采购相关的情况,向仓储负责人或库管询问仓储配送方面的信息。

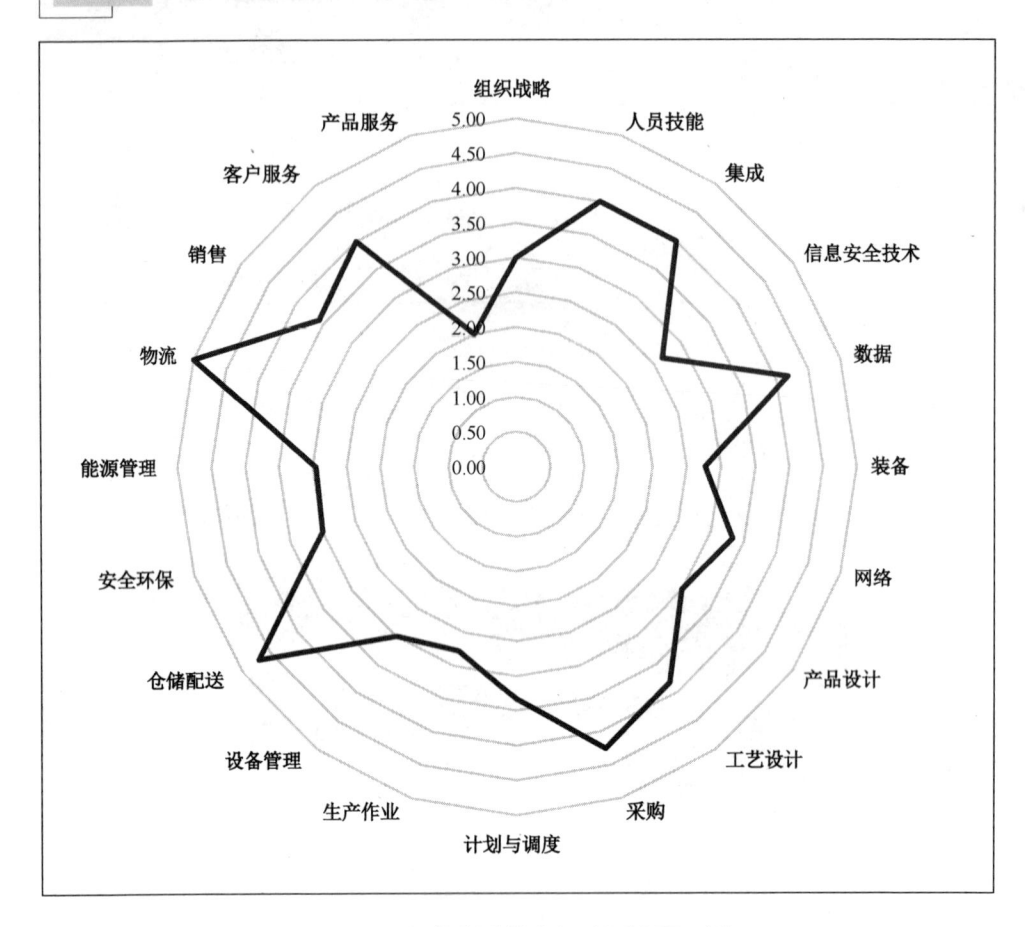

图 2-3 智能制造能力矩阵雷达图示例

杨询也使用这个工具对旭霓公司进行了基本信息的询问,吴健参与了此过程的大部分,整个过程不长,大概 2 天就完成了。

杨询用了一点时间来总结这些信息,得出旭霓公司的总评分(各个域的平均得分)为 2.5 分,处于"规范级"向"集成级"迈进的阶段。

吴健疑惑地问杨询:"这就算调研诊断完成了吧?比我想象得简单不少呢!"

杨询眨眨眼,有些神秘地说:"没那么简单,如果这种专家的知识只是将几个工具作为一层窗户纸,那就太简单了,岂不是把我这几个工具拷贝走就能干这行了？"

杨询继续说："使用这套标准作为工具，仅仅是从浅层发现企业的问题，宽泛而浅层地看一下企业整体的智能化、数字化水平是在哪个档次，以及在不同的域中哪些算是短板，所以肯定是有用的。但是，您仔细观察这些工具，会发现它们更偏向于诊断企业 IT 水平，虽然各个域这个维度包括了设备管理、物流、生产作业等，但是基本上还是在关注各个域里面使用了什么样的自动化工具、IT 工具或软件，至于为什么使用这样的工具、使用这些工具到底带来了多大的提升、不同环节之间有什么关系、不同环节之间围绕着什么样的共同目标等等，这些就不是该套工具能够覆盖的内容。"

吴健："是的，我也觉得纳闷，总感觉缺了点什么。为什么这套工具不把您说的这些方面覆盖进去呢？"

杨询："很多不得已的原因吧。一方面，不同的企业情况不一样，太细的内容在企业之间差异很大，不方便纳入标准；另一方面，'曲高和寡'，如果一套标准要求普适，此工具就不能只适合很少的人，它必须能够比较普遍地指导某方面的工作。"

吴健点头称是，非常认同杨询的分析。

杨询接着又是一副神秘的表情："接下来的工作，我们就要用不在这套标准里的东西做点事情啦。"

2.2 定性地发现制造企业的问题——看表象

时隔几天后，杨询约了吴健，让吴健带他在旭霓公司的 7 个制造车间转了一下,杨询时而驻足仔细盯着某些部分看,时而一边看一边跟工厂里的人交流,时而快速走过某些工序和工位。

吴健在身后悄悄地问:"每个车间要看多长时间?"

杨询回答说:"要看做什么用,这一轮每个制造车间大概看半天,先给你们一些改进建议,重点的环节后面再说。"

吴健也不好多问,因为在现场,杨询观察得很认真,时不时拍些照片并记录着什么。吴健心里留了几个问题。

从制造车间出来,中午用完餐后,杨询在会议室整理材料时,吴健走了进来,跟他讨教刚才遗留的疑问。

吴健:"杨工,刚才您说这一轮每个制造车间大概看个半天就够了,是说明天还有下一轮吗?"

杨询:"是的,其实可以合并成一轮看完,但个别车间可能要好几天甚至好几周,分情况而定。之所以我把它分成至少两轮,主要是想先给你们提点改进建议,你们改了就能立马见到效果。这样一来你们张舵总经理可以在短时间内看到我来之后给出的合理建议,让他对我有信心。另外你们改进也需要时间,这样我可以同时进行深入观察。还有你们改进的第一步执行完之后再改一步,你们的制造车间就会比较适应节奏;一步走成功了再走一步的阻力也小,因为那时制造车间的负责人及工人对我和他们自己都有了信心。"

吴健连连点头:"您想得真周到,这么看一圈就能给出改进建议,真是专家水平呀。"

杨询:"咱俩打交道时间虽然不长,但是能感觉出来是同一类人,我也不怕您学走东西,可以多给您讲讲。"

吴健:"多谢多谢,我就是好奇也好学,您这工作我干不了,以后也不会干,哈哈。但还是愿闻其详，请您指教。"

杨询："目前用到的知识，其实不复杂，也算不上很核心的专家经验，我一说您就明白了。我给您看一个其他现场总结过的东西吧。"

一边说着，杨询一边打开了电脑里一张图展示给吴健，如图 2-4 所示。

图 2-4　通过表象看制造车间的问题示例

你从图片中一眼就可以看出什么样的现场环境好，什么样的差。总体而言，不管是零件，还是半成品、成品、车间内的摆放和物流，基本原则就三个字："清、定、齐"。

杨询继续解释："'清'就是清洁清楚、一目了然，意味着物流通道、货架周围没有杂物；'定'就是东西放哪是固定或按规定的，物归其位；'齐'就是东西摆整齐，以便一看就知道大概数量。"

吴健好奇地问："这基本上就是 5S 管理的要求吧？整理、整顿、清扫、清洁、素养，对吗？"

杨询哈哈一笑："是的喔，大概就是这个意思。不过跟不是搞制造管理的人讲

5S，不如说'清、定、齐'更接地气；而且，我喜欢把 5S 与目视化管理结合在一起，'清、定、齐'听起来更有视觉感受，用这三个字自然就把 5S 与目视化结合在一起了。"

杨询继续说："所以，您可以想到我接下来提供的建议，主要就是把能改进的'清、定、齐'方面的事让你们企业先做一下，这种看起来简单的事情其实有很多方面需要注意，尝到甜头了，后面的工作就容易多了，毕竟更复杂的在后面。"

吴健附和："这虽然属于传统精益的工具，但是用好了效果应该不错。"

杨询："是的，虽然属于传统精益的工具，但是细究起来其实方面也不算少。"

杨询一边说，一边展示一些图片给吴健看，如图 2-5 所示。

颜色法　行迹法　看板法　图表或管理板法　图标或警示法

图 2-5　目视化管理包括的不同方法

在作业现场发生的问题点、异常、浪费等，通常用颜色、标识、文字、图表等表示，使之成为一目了然的状态，打造一目了然的工作场所。例如：看板、区域划分线、色标、彩灯等。

就拿"颜色法"来说吧，用颜色标记通道或区域，配合数字、线条轮廓等，可以把车间内的东西划分得整整齐齐，如图 2-6 所示。

再如，这种"行迹法"，用不同的形状代表不同的物品，此方法可以确定物品是否拿走或丢失，对工器具管理非常有用，如图 2-7 所示。

杨询总结说："省时间找工具、缺什么一目了然，减少了浪费。危险区域醒目，人行走和活动的区域没有杂物等，保证了人员安全。这些最基本的传统精益工具，是最符合精益理念且不用花大力气就能做到的，最重要的是坚持做，养成习惯。

- **颜色法：**
用不同的颜色，代表不同的区域、数量、身份或状态等

- **应用范围：**
规范区域、标识状态、区分职务、管理数量、管理质量等

颜色与区域管理	
标识	区域
绿色	成品区
蓝色	原材料区
黄色	待检验区/近修区
红色	报废品报废材料区
白色	临时或可移动的物品区/垃圾区
斑马色	通道

图 2-6 使用"颜色法"进行目视化管理示例

图 2-7 使用"行迹法"进行目视化管理示例

"先提一些这方面针对性的建议，你们公司改好，就会有一定成果。接下来，我们再深入更难、也更需要一些技巧的话题。"

吴健点头赞许。

2.3 定量地发现制造企业的问题——看价值流

杨询从"清、定、齐"的角度给旭霓公司的各个制造车间提供了建议，并给总经理张舵做了汇报。张舵听后马上行动，安排了各个车间的负责人做好相关计划，牵头改进活动。

杨询："张总，做到改进很容易，不容易的是长久坚持。所以，我还有两个建议。"

张舵："您请说，肯定是有益的好主意。"

杨询："第一条，给积极主动改进的员工以某种形式的奖励，比如员工对需要改善的地方提出改善措施并主动执行，在改善前、改善中、改善后分别拍照给公司备案的，就能得到一定的奖励。这是鼓励'员工自主改善'。

"第二条，一旦某个环节改善后有了效果，就应该写入工作标准中，并安排负责人关注这个环节，比如负责某个区域的整洁检查、负责某个工具箱的检查工作、及时发现磨损的工具并报备更换等。"

张舵："很好，您说的第二条我们已经做了一些，其他需要进一步做得我们会加大力度推进。第一条我觉得也很好，众人眼睛更亮，能发现更多问题。这种鼓励行为我会以实物奖励和精神鼓励相结合的方式进行。每年公司设置'员工自主改善'奖，一等奖 10 名、二等奖 20 名、三等奖 30 名，分别给予 3 万元、1.5 万元、8000 元的年终特别奖，并把得奖人员的名单在公司园区入口、走道等显眼位置公示。

旭霓公司一方面根据杨询提供的建议执行改进工作，另一方面执行鼓励"员工自主改善"措施。杨询觉得这事做得有些模样至少需要 2 个月，因此他可以腾出时间来仔细梳理旭霓公司的深层问题了。当然，整个环节中，吴健仍然是旭霓公司这边最主要的对接人和协助者。

这次在每个车间调研时，杨询让吴健帮他联系了车间的负责人、做生产计划的计划员等。一天的时间中，半天在车间，半天在跟计划员、车间负责人等交流沟通和整理资料，过程中还补拍了些照片，包括一些设备图片。

吴健："杨工，这一轮咱计划每个制造车间走访多长时间？"

杨询："不太一样，基本上每个车间 3 天到一周吧。白天调研和记录，晚上整理材料。"

吴健："嗯嗯，这一轮换了方法了，对吧？明显比上一轮详细了。"

杨询："是的，这一轮是用 VSM（Value Stream Mapping），也就是价值流程图作为主要工具。"

吴健："价值流程图我知道，只是没想到它这么有用。"

杨询："哈哈，看到一个现象可以直接得出结论，也可以通过分析后得出结论。我们上一轮看表象提出了整改建议，是第一种对待问题的方法，也就是定性分析。

"深入分析和肤浅分析之间的差别是什么呢？当然是论据，最好是通过数据来分析，这样就可以得出比较定量的分析。"

吴健："的确是。那么使用价值流程图的难点在哪里呢？它也有不适用的场景吗？"

杨询打开了一个之前做过的某工厂生产车间的价值流程图，如图 2-8 所示。

杨询指着图解释道："这是某生产车间改进前的价值流程图。价值流程图最主要的作用是发现生产环节中的瓶颈，也就是堆料数量多、时间长的中间环节和生产节拍慢的生产工序。比如，图 2-8 中，明显可以看出中间库存环节有几个时间很刺眼，'30 天''20.6 天'，还有这个'3.2 天'也较长。

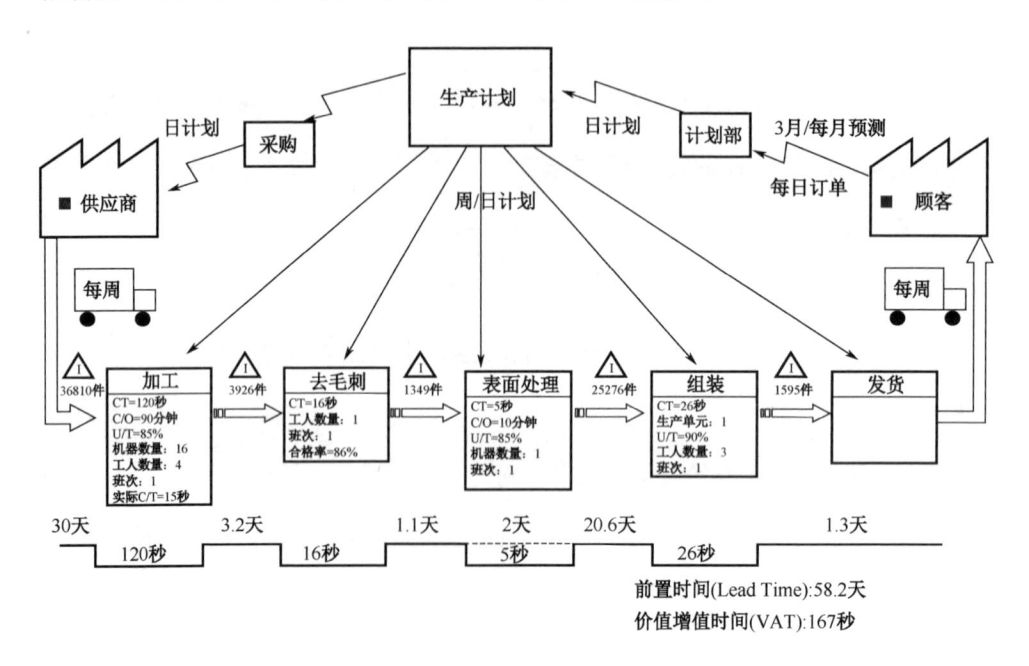

图 2-8 某工厂生产车间的价值流程图示例

"而生产工序中也有几个环节的节拍比较快，比如'120 秒''26 秒'。"杨询一边说着一边用鼠标把这几个环节圈画出来，如图 2-9 所示。

杨询继续说："使用价值流程图把当前的状态反映出来，把需要改进的部分挑出来，画出新的价值流程图，我们把它叫作'未来价值流程图'；然后找到其中的差距，针对差距制订行动计划，这样就能指导改进。这就是价值流程图的价值——一是对当前情况心里有数，二是有的放矢地制定计划。"

杨询一边说着，一边打开了一张未来价值流程图，如图 2-10 所示。

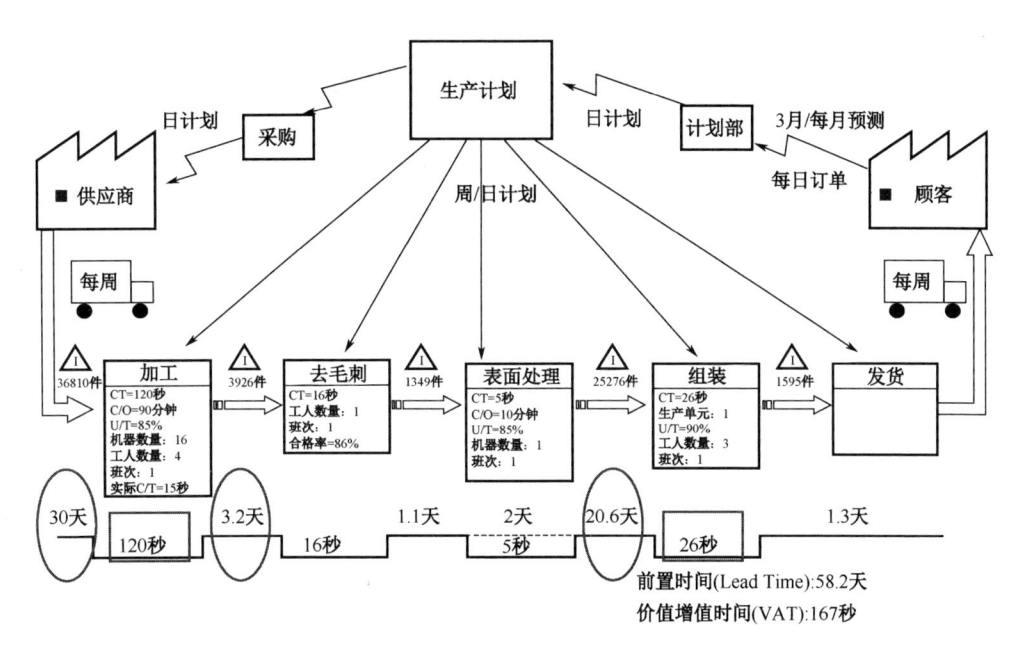

图 2-9　通过价值流程图找到瓶颈工序示例

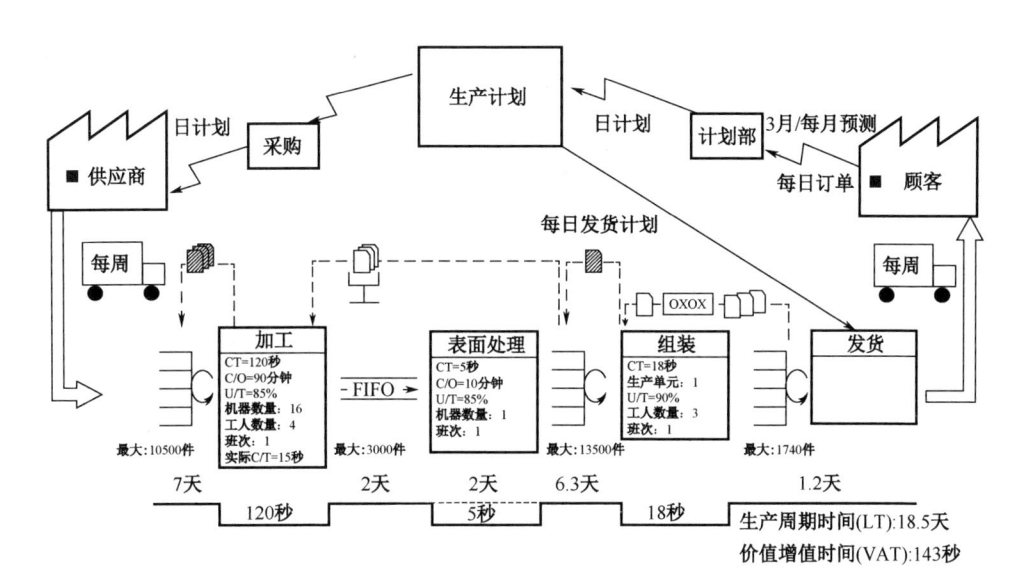

图 2-10　某工厂生产车间的未来价值流程图示例

还有一张通过对比"未来价值流程图"而标注了改进点的"当前价值流程图",如图 2-11 所示。

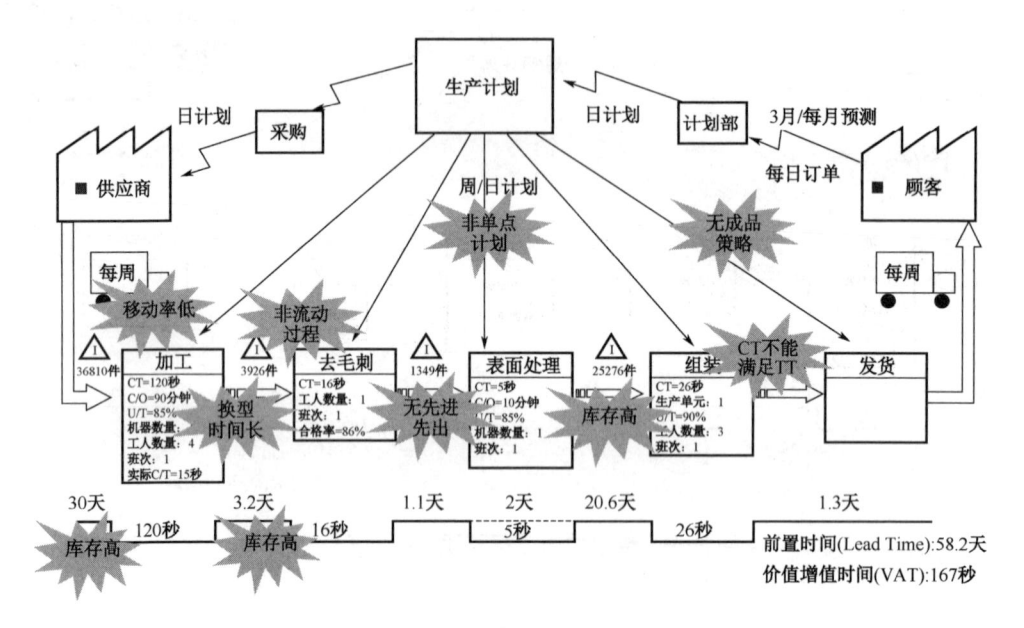

图 2-11 标注了改进点的"当前价值流程图"示例

杨询:"价值流程图的使用难点主要有两个:一是产品家族的划分,二是数据统计的工作量很大。先说产品家族的划分问题。产品家族是指经过相似加工工序和共同设备的一组产品系列,而且产品之间总工序生产周期的时间差别不大。现实的问题是,大多数企业做得都是多品种、小批量的生产,导致产品家族非常多;而且产品的生命周期一般不是很长,导致制造企业倾向于节省设备成本而进行混线生产。这两个因素对价值流程图提出了很大的挑战,挑战之一就是如果一个制造车间有太多的价值流程图,不同价值流程图反映出来的瓶颈环节可能不一样,导致企业无法确定到底应该先改进哪个环节,价值流程图的指导意义就变低了。挑战之二就是太多的混线生产导致价值流程图如果只考虑某一类产品的生产而不考虑混线的情况，画出来的价值流程图的现实指导意义有所欠缺，而反过来如果考虑了太多的混线生产，那么价值流程图的数据收集和绘制过程就变得过于复杂了。"

杨询继续说："数据统计工作也算一个不那么容易的工作，统计的工作量不算小，如果不认真的话，统计就容易与实际情况有偏差。很多工厂都有 IE（Industrial Engineer）工程师，也就是从事工业工程的人，贵企业也有。很多统计的数据可能有些残缺或不准，并且一段时间没有更新。我刚才说了，遇到混线生产的情况，数据统计的工作量就更大，且比较杂乱。"

吴健："有什么好办法解决这些问题吗？"

杨询："有的，但对专家的要求会高不少。VSM 价值流程图其实也是传统精益的工具，而补这个工具的短板就要用到数字化工具。依我的经验来看，在多品种、小批量、混线生产这种场景下，能很好补充 VSM 的工具就是工厂仿真软件。考虑混线生产，如果是靠烂笔头记录和捋清楚逻辑，经常容易顾此失彼、遗忘、漏掉某种情况。而通过工厂仿真软件，设置被加工产品的加工顺序、物料顺序，甚至是加工设备出故障的概率，一切一目了然，并且软件会帮助你统计过程中的一些数据最大值、平均值等，非常方便。

"当然啦，工厂仿真软件输入的数据，比如仿真某个环节的加工周期是多少秒，这个数据还是需要现场统计每个工序标准的加工周期等，还是离不开基础的数据统计工作。"

吴健："传统的价值流程图工具配合现在的数字化软件，就能更好地为企业的数字化转型提供支撑，太好了。不过需要专家既懂传统知识，又能操作现代的数字化软件，对专家是个考验呀。"

杨询："对专家有考验，毕竟还有工具可以用。其实我一直期望有一个更成熟好用的工具，但目前市面上没找到合适的，哪怕是商业软件也行。"

吴健："是什么软件呀？"

杨询："就是数字化 VSM 工具。现在绘制 VSM 图还是手绘，统计数据由工业工程师统计，对于数字化水平差的制造车间只能这样。问题是很多数字化程度较高的制造车间，他们虽然自动化水平高、设备联网率高，但是并不意味着生产过程中的浪费少，所以他们也需要价值流程图帮助他们进一步发现问题、压榨效率。数字化程度高，是否可以根据联网设备采集的数据进行汇总，自动生成 VSM 图呢？按说很多工厂上了 MES（Manufacturing Execution System，制造执行系统）系统，很多数据应该进行合并计算就能得到。"

杨询笑笑继续说："吴健您不是做软件的嘛，如果您能开发出这样的软件，我这次与贵公司的合作就分文不收啦，哈哈。"

吴健："我是做软件出身的，但目前在装备设计部没有自己的开发团队，哈哈。之前公司的确想成立软件研发团队，后来由于各种原因暂时搁置了。哪天我有自己的团队了，给您开发，您就成甲方了，哈哈。不过我想如果公司某一天有了自己的软件开发团队，也会先瞄着公司最需要的东西去做，您觉得呢？"

吴健对杨询眨眨眼睛，杨询笑了，他能理解吴健，说了句："没事，我就这么一说，别当正事，哈哈。"

2.4 价值流程图的局限性

杨询整理旭霓公司各个制造车间的价值流程图，其间又重回到部分环节进行了信息确认以及价值流程图的改动工作，大概花了近 2 个月时间，给各个制造车间提出了下一步的改进计划，并与各个车间进行了评审与沟通。这次的改进建议都是针对价值流程图反映出来的瓶颈工序环节提出的，是经过定量计算后给出的建议。

吴健问杨询："杨工，咱现在给各个车间评审汇报了，是不是也要给张总总结汇报一下？"

杨询："现在还不是时候，我还需要几天整理一下。"

吴健："还需要整理？我觉得对指导车间的精益化改进已经有足够多的内容了。"

杨询："是的，对指导车间的精益化改进是有了足够丰富的内容，但我们这次项目做得可不仅仅是传统精益的内容，是'数字化精益'。使用VSM价值流图这样的工具，还有不到位的地方。"

吴健："您给说说？用这个工具还有哪些解决不了的地方？"

杨询："主要有两个方面，也可以说是三方面。"

"第一，价值流程图可以帮助发现生产过程中的浪费环节，但只是作为一个类似于'总纲'的提要，不能详细地反映某个环节的问题到底是什么，也就无法针对该问题制定具体的措施。

"我这样说可能比较抽象，举个例子吧，一个加工环节如果节拍太慢，价值流程图可以帮我们检查出来，但基本也就到此为止了。这个慢是设备导致的还是小环节的工艺步骤导致的，价值流图是不能告诉我们答案的。所以，价值流程图成了一个孤零零的工具，无法直接关联到设备或自动化的解决方案。

"第二，价值流程图过度关注了生产环节物理动作造成的时间消耗和库存等信息，也把生产信息指令传递的方式粗略地分成了'拉动式生产'和'推动式生产'，却没有反映出生产信息指令传递的速率和方式会对生产造成什么样的影响。

"这样说也比较抽象,举个例子,一个加工环节消耗的总时间其实不光是工人完成那几个加工动作的时间总和,也应该包括信息传达到工人的时间,尤其是使用纸质单据时,信息在工序之间的传递、阅读、确认的过程都是占用时间的。"

吴健:"所以,您的提升办法是什么呢?"

杨询:"把价值流程图中的每个工序环节再单独总结一下,这样无论是给别人讲还是自己回头看,都能够作为一个引子深入挖掘问题。比如像这种形式。"杨询在电脑上打开一张图(如图 2-12 所示)。

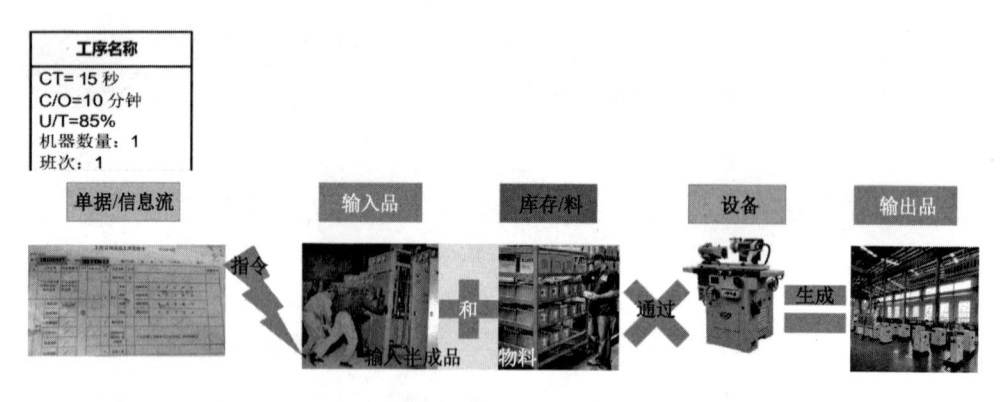

图 2-12　价值流程图中的每一步工序与其他信息结合

吴健:"的确,价值流图里有每个工序环节的总览,每个工序环节再有这么个总结图,然后在这张图上标注一些信息,比如因设备老旧、换型过程复杂导致的换型时间长,等等。这样就能从大到小地反映制造中的问题了。"

杨询:"没错,是这个意思,而且这里面也涉及了信息传递的方式,如单据等。如果单据等不能日清月结,也可以在这张图中附加这样的标注。

"其实现在有很多工厂淘汰了纸质单据,使用了 MES、电子作业指导书 E-SOP 等系统作为生产信息的传递工具,在这样的情况下,就需要单独地画一个企业的

剧集二：窥见企业痛点，诊断调研 **第 2 章**

信息系统组织图。不过这个信息系统的图即使不在这里画，也是要画的，如图 2-13 所示。"

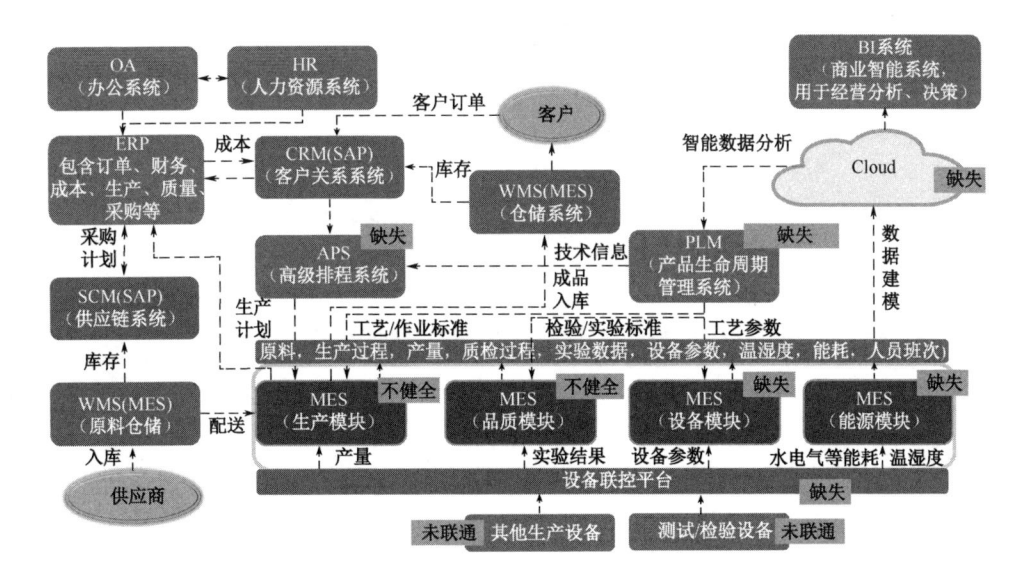

图 2-13　工厂的信息系统示例图

吴健："杨工，您说的这两个方面我倒是理解了。有第三个方面吗？您刚才好像说对于价值流程图这个工具的改进'也可以说是三方面'。"

杨询："这个嘛，相当于进一步深化刚才看到的信息系统图。不过深化的颗粒度和不同场景下需要做得工作差异很大，具体到不同的企业场景是没有统一性的。如果做到这一步，对专家的考验更大，甚至可以说几乎没有专家达到那种水平，那已经到了制作工业互联网方案的地步，一般是用于衔接研发工作的。但我觉得价值流程图如果作为一条线，能够把制造场景中的问题从粗到细地反映出来，然后又串接了细节问题的具体工业互联网解决方案，这样会是一个非常完整的过程。我们目前还没到那一步，等到了提工业互联网解决方案的阶段再详细说吧。"

这一番话令吴健回味了好久。

2.5 总结并分析企业弱项

杨询做了一个PPT胶片，作为给总经理张舵汇报的材料，这次汇报距离上次有2个月的时间了，其间杨询主要是定量地找出各个制造车间的问题。

杨询："张总，这次主要是把近2个月的发现成果给您和公司管理层汇报一下。"

张舵："杨工，昨天我安排人发会议邀请的同时，也告诉了各车间负责人把按照您提出的'定性地发现问题'找出的需要改进的环节改进建议，以及整改的成果照片做了汇总。我们这边先给您汇报下，哈哈。"

旭霓公司分管生产的用电脑投屏，一一展示这2个月各车间在杨询提了初步改进建议后所做得工作。

杨询一边看一边点头。

张舵："不仅是生产车间，我们办公区也按照这种方法组织了整改，办公区的各个位置也比之前整洁了很多，看上去让人心情舒畅。"

聊完这个话题后，杨询给以张舵为代表的旭霓公司管理层展示他发现的企业弱项，具体内容包括各车间的价值流程图、价值流程图中反映出的瓶颈工序、瓶颈工序的设备和信息传递方式等，从而更加详细地标注出了该道工序存在瓶颈的进一步原因等，这些内容大多数都是跟吴健交流过的问题，所以在整个过程中吴健是听得最明白的。

当然，除了指出企业弱项，杨询的最终目的是帮助企业对弱项进行整改。所以他选择了几个车间的弱项，提出了一些改进建议。

张舵："杨工，我看到您发现的问题至少有 20 项，为什么只选了 6 项进行改进？"

杨询："是的，这 6 项是只需要'单点突破'就可以解决的，所以我先提出来了，而其他 14 个需要'系统提升'才能改进。"

张舵："什么叫'单点突破'和'系统提升'，您给说说？"

杨询："只需要某个方面改进一下就能够解决问题，这属于'单点突破'型问题。比如，这里面有一个问题就是换模时间太长，按我的经验，有一种适合的快速换模设备，买一台设备就能把问题解决。

"还有一种情况就是只需要买一个小软件就能解决问题。比如'需要人工比对核验的过程，效率低'这个问题，我知道市面上有很多条码解决方案，诸如'3码合一'或'4码合一'方案，或者直接把订单码、两个主部件的码、成品的机身码，直接从编码规则上统一起来，这样就省去了人工核验的工作。

"总之，能够通过简单的方式或手段解决的问题，就属于我说的'单点突破'型，比如简单买个硬件、软件、改变一种操作步骤或方式就能把问题解决的。"

张舵："明白了。那些需要'系统提升'的，是针对复杂问题的吧？"

杨询："是的，有的问题，简单买一个软件或硬件解决不了，或者需要买的不是一个标准软件，而是需要定制化的软件；还有需要买的不是一台设备，而是需要定制化一个自动化方案或者定制化一条非标自动化产线才能解决。

"这里面的大多数问题是需要'系统提升'才能解决的。比如'工装夹具不能及时送回前道工序，经常在后道测试工序需要人工分离，且堆放过久、占地'的问题，就需要一个自动分离工装夹具和把工装夹具回传前道工序的自动化线，这就不是一个简单的东西，是需要整体自动化方案设计的，而且达到这个目的会存在多种自动化方案，比如以机器人功能为主的或以非标件集成为主的，届时还需要比较不同自动化方案的适用性，之后才进行深入细节设计。"

"再如，就现在而言，WMS（Warehouse Management System，仓储管理系统）应该不是复杂的软件，但有的企业需要 WMS 与自动货架集成，并且需要 WMS 能够跟 ERP 打通，这就需要整体设计。在整体设计的过程中，可能需要捋清楚流程等非常细节的工作才能保证软件较好的使用体验。这也是需要'系统提升'的。

"关于需要'系统提升'的部分，接下来我会把它写在贵公司的数字化转型路线图里，之所以需要路线图而不是简单提点建议，就是因为有的'系统提升'不是一蹴而就的，需要一年以上甚至多年地不断努力才能完善，这就有必要制定企业的数字化路线图。而关于如何进行一些环节的'系统提升'，我会在工业互联网方案阶段给贵公司一些内容规划和设计。"

张舵："太好了！杨工，您解答了我很多疑问，而且您的思路很清晰。对于您目前提出的 6 个只需要'单点突破'就可以解决的问题，我们马上执行，把它们早日改好。"

第 3 章

剧集三：企业数字化路线图的讨论

杨询的诊断调研工作，已经提供了很多内容供旭霓公司进行改进。但正如杨询自己所说，有的内容不是一蹴而就的，对于中长期目标，需要制定一个企业数字化路线图，以便于企业通过进一步分解行动步骤和整合资源来达成目标。

3.1 不知道如何数字化，是因为不知道数字化后的企业是啥样

吴健对依然能够跟杨询一起全程参与企业的数字化计划制订非常兴奋。在过去几个月的合作中，吴健学到了很多东西，释疑了很多问题，现在企业的数字化计划制订阶段，如果有能与自己擅长的软件研发相关的工作，自己也能在后续工作中发挥比较大的作用。

所以，吴健很兴奋地跟杨询探讨问题，他问杨询："杨工，我也听很多人讲过企业数字化，但很难有人说清楚企业数字化是什么，导致听的人甚至讲的人，怎么去进行数字化都不清楚。为什么会这样呢？"

杨询："我想主要有两个原因吧。

"第一，数字化的概念很大，这个外延很大的概念随着技术的进步、时代的更迭不断在更新自身的含义。具体到某个工厂、某制造企业，其数字化的方案、路径、目标肯定是不一样的，没有统一的答案。所以从这个角度来看，我也不是完全懂数字化，因为没法给它一个准确的定义。

"第二，虽然很多人提数字化，但数字化包含的元素很多，很难有人能了解得比较全面，而且不知道一个企业数字化后应该成为的样子，因为不知道企业数字化之后应该是一个什么样的组成和场景，所以也就说不清什么是数字化，更不知道如何数字化。"

吴健："我明白了，从您刚才说的第一个角度来看，的确是很难给出一个普适的定义来描述到底什么是数字化；但从第二个角度，一个企业数字化后会有什么样的场景或组成，这个角度您应该是可以给些描述的，对吧？"

杨询："不是那么容易，每个企业可用的数字化组成元素不同。但如果使用市面上主流的数字化软件或模块，我们可以'堆砌'出一个能代表大多数制造企业未来几年需要达到的数字化水平图。"

吴健："您能给我讲讲吗？"

杨询："我之前做过一个胶片，可以一起看看。"

杨询在自己的电脑上翻找着资料，很快打开了一个文件，这是一个有好多页胶片的PPT。

杨询："这是一个制造工厂的流程，大致上反映了从订单到生产再到交货的过程，还标记了原材料库、成品库、设备等内容在里面（如图3-1所示）。

"每个环节都有未数字化和数字化之后的区分，接下来我们通过对每个环节的对比，看一下数字化之后的企业的每个环节大致样子。

剧集三：企业数字化路线图的讨论 **第 3 章**

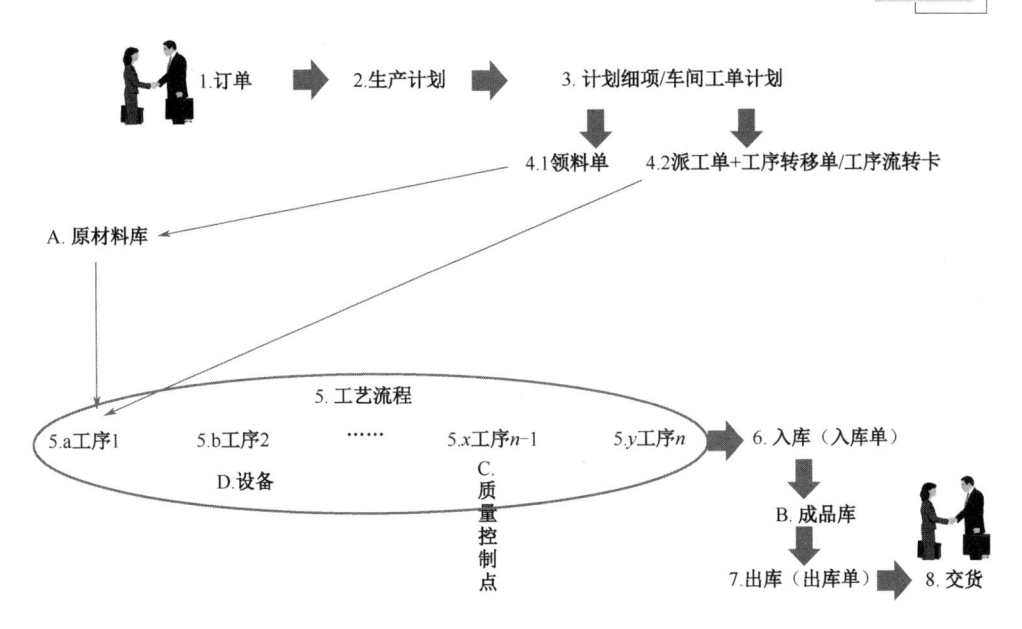

图 3-1 制造工厂的总体流程示例图

"先从第 1 个环节——客户订单开始看（如图 3-2 所示）。

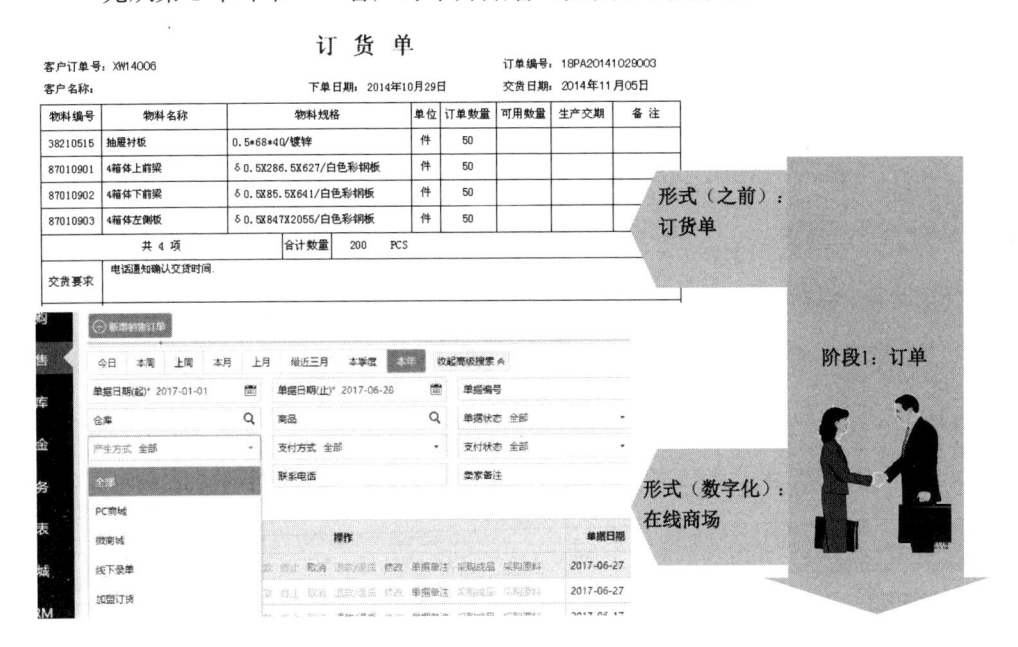

图 3-2 数字化前后的对比（客户订单环节）

043

"传统的形式就是纸质的订货单，数字化后会使用线上系统、网上商场等形式。

"我们再看第 2 个环节——生产计划（如图 3-3 所示）。

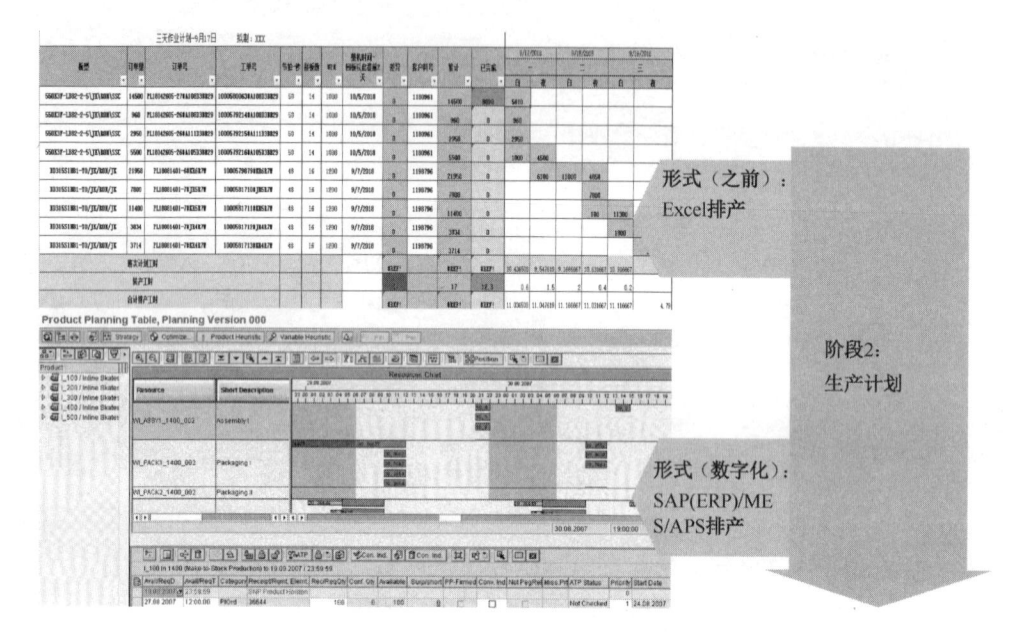

图 3-3　数字化前后的对比（生产计划环节）

"传统的形式是使用 Excel 等简易的工具进行排产，数字化后会使用专业的排产排程软件。

"我们再看第 3 个环节——车间工单计划（如图 3-4 所示）。

"传统的形式是使用纸质的生产计划单或车间工单，数字化后会使用专业的排产排程软件来生成生产计划。

"我们再看第 4 个环节中的部分——领料单（如图 3-5 所示）。

"传统的形式是使用纸质的领料单，数字化后使用专业的排产排程软件就可以根据 BOM（Bill of Material，物料清单）计算出领料计划。

剧集三：企业数字化路线图的讨论 第3章

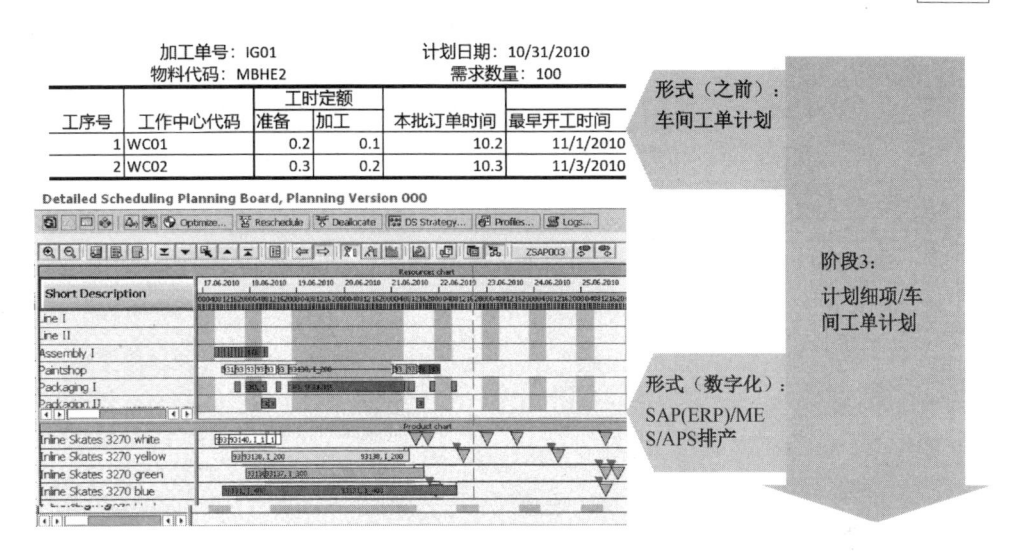

图 3-4 数字化前后的对比（车间工单计划环节）

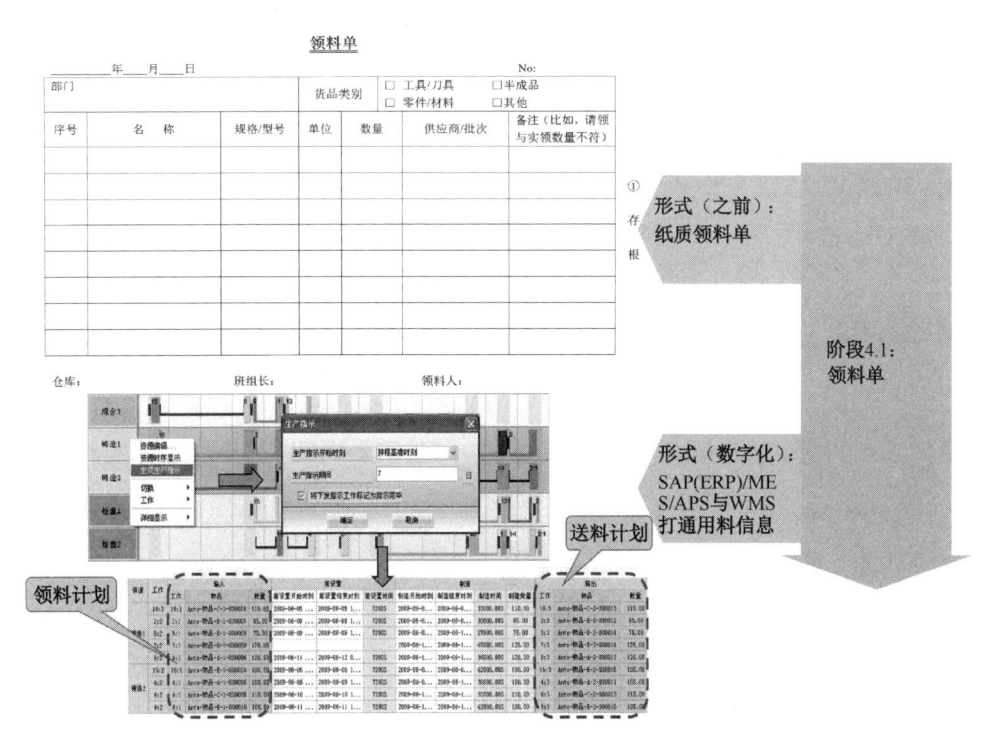

图 3-5 数字化前后的对比（领料环节）

"我们再看第 4 个环节中的另一部分——派工单（如图 3-6 所示）。

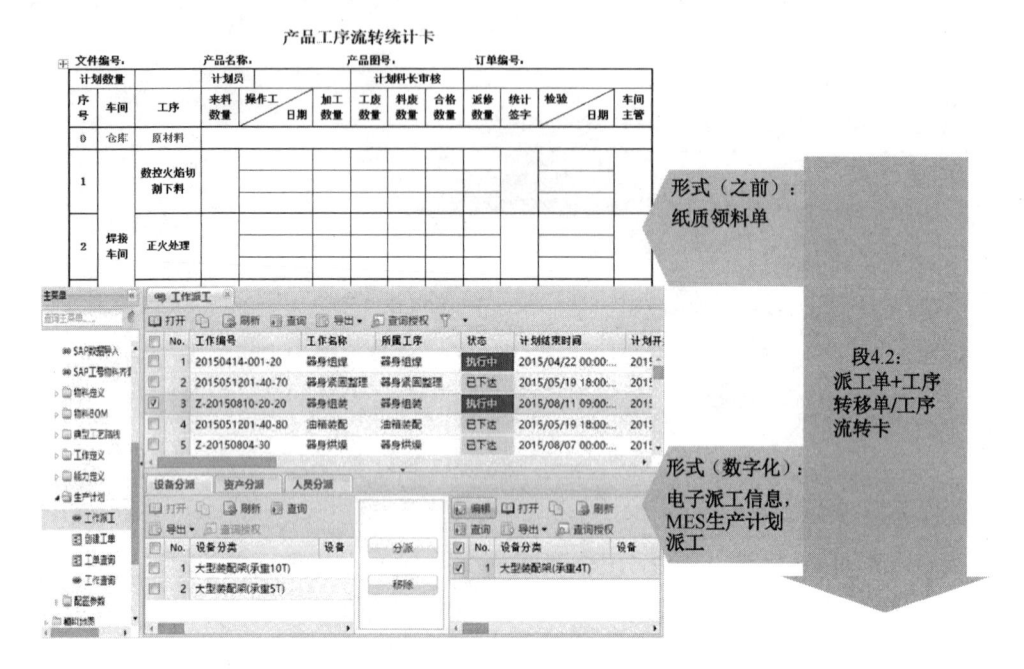

图 3-6 数字化前后的对比（派工环节）

"传统的形式是使用纸质的工序流转卡或者叫做派工单、工序转移单，数字化后使用 MES（Manufacturing Execution System，制造执行系统）或 E-SOP（电子作业指导书）生成电子工单。

"我们再看第 5 个环节中的一部分——工艺或工序流程环节中的原材料（物资）管理和盘点（如图 3-7 所示）。

"传统的形式是使用纸质的物资管理台账、物资盘点表等，数字化后使用 WMS（Warehouse Management System，仓储管理系统）进行物料的台账记录、盘点等。

"我们再看第 5 个环节中的另一部分——工序中的质量控制点（如图 3-8 所示）。

剧集三：企业数字化路线图的讨论 **第3章**

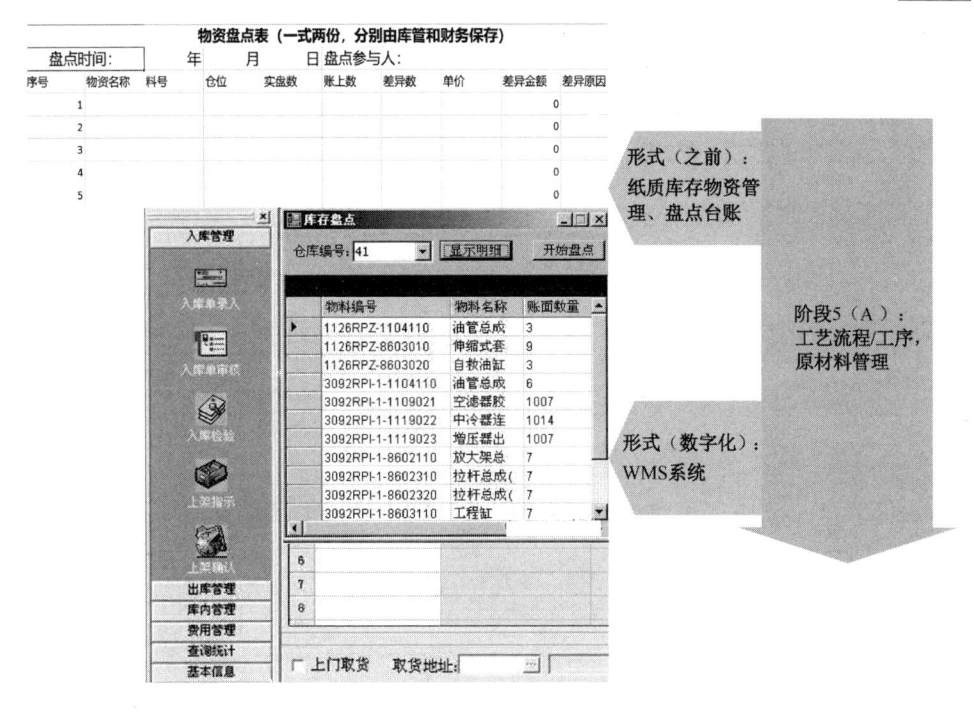

图 3-7　数字化前后的对比（原材料盘点和管理环节）

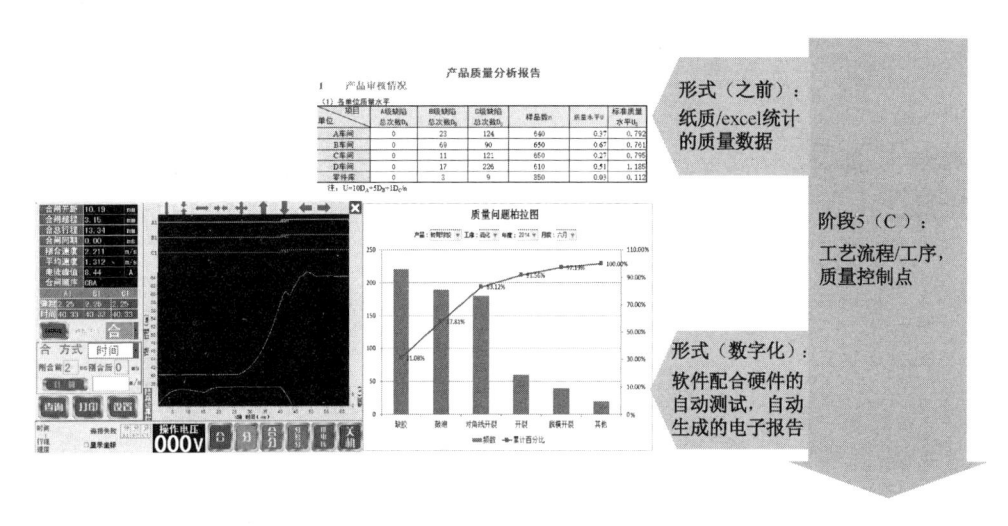

图 3-8　数字化前后的对比（工序质量控制环节）

"传统的形式是使用纸质或 Excel 等电子表格统计的产品质量数据，而质量数据

047

的测试或获取都是使用设备加人工记录的方式；数字化后使用自动测试床（硬件+软件）自动记录数据，自动生成电子报告。

"我们再看第 5 个环节中的另一部分——设备监控、使用和点检记录（如图 3-9 所示）。

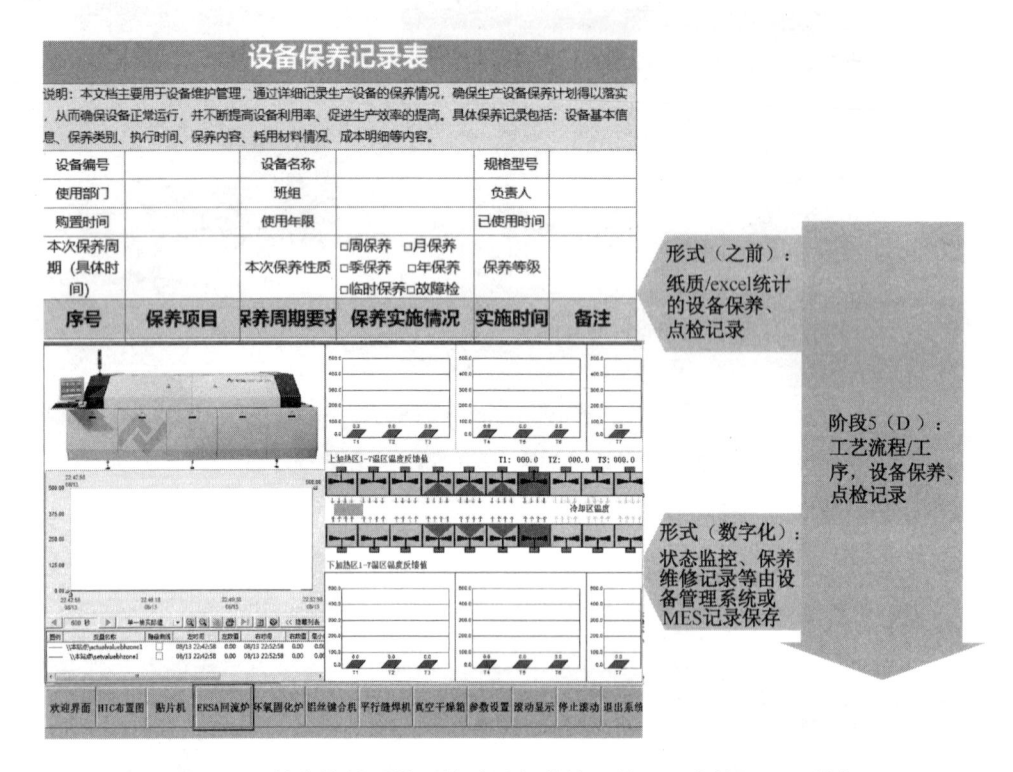

图 3-9 数字化前后的对比（设备监控、使用和点检记录环节）

"传统的形式是使用纸质或 Excel 等电子表格统计的设备保养、使用和点检记录；数字化后使用设备管理系统、SCADA（Supervisory Control And Data Acquisition，数据采集与监视控制系统）、MES（Manufacturing Execution System，制造执行系统）实时监控，并生成使用、保养和点检记录的电子报告。"

"我们再看第 5 个环节中的另一部分——生产进度跟踪（如图 3-10 所示）。

剧集三：企业数字化路线图的讨论　**第 3 章**

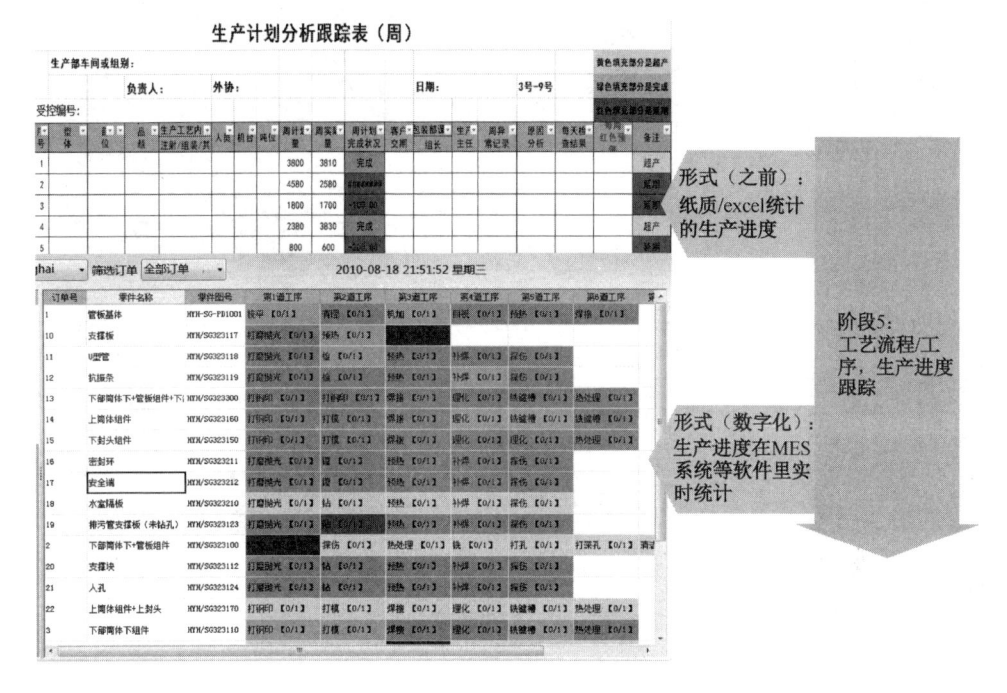

图 3-10　数字化前后的对比（生产进度跟踪环节）

"传统的形式是使用纸质或 Excel 等电子表格统计的生产计划执行情况的表格，数字化后使用 MES（Manufacturing Execution System，制造执行系统）等软件进行生产进度的跟踪统计。

"我们再看第 5 个环节中的另一部分——生产报工（如图 3-11 所示）。

"传统的形式是使用纸质或 Excel 等电子表格统计的生产报工数据，并以此作为计算员工计件工资的数据；数字化后使用 MES（Manufacturing Execution System，制造执行系统）配合 PDA 等，半自动或自动完成报工数据的记录和统计。

"我们再看第 6 个和第 7 个环节——成品出入库（如图 3-12 所示）。

"传统的形式是使用纸质或 Excel 等电子表格记录的入库单、出库单；数字化后使用 WMS（Warehouse Management System，仓储管理系统）进行货品的入库、出库操作。

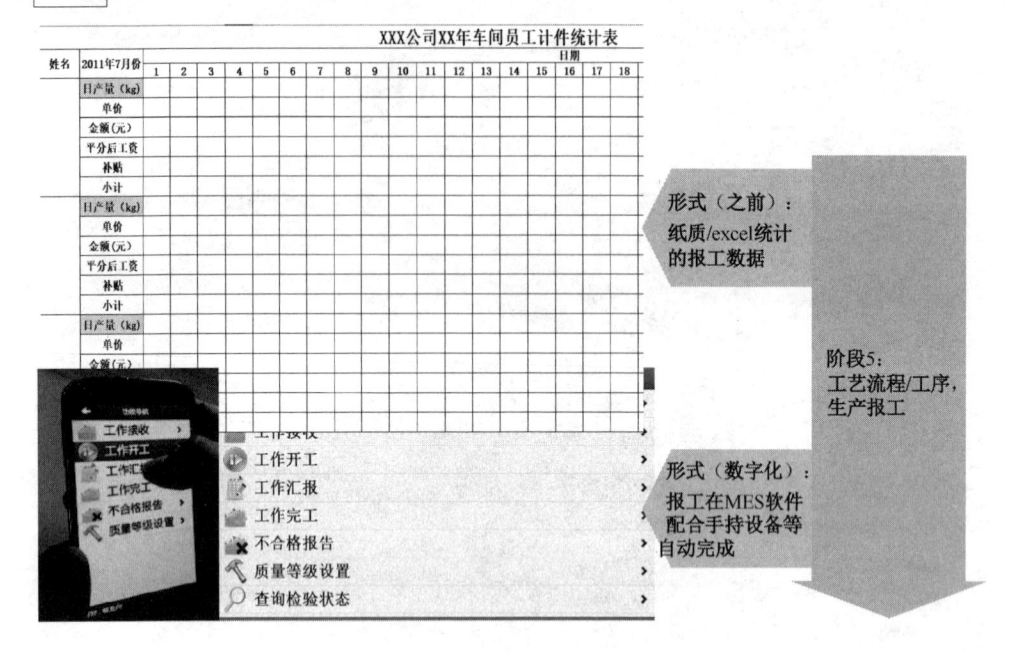

图 3-11 数字化前后的对比（生产报工环节）

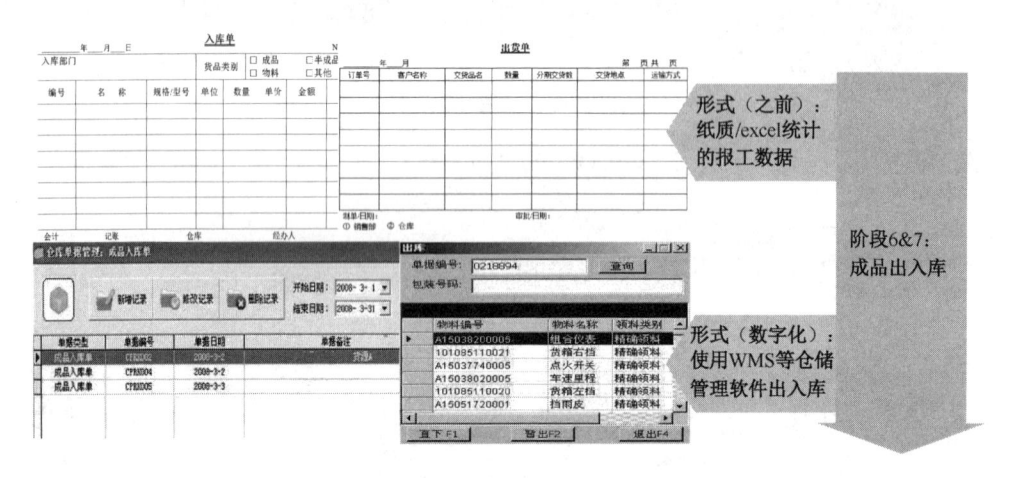

图 3-12 数字化前后的对比（成品出入库环节）

"我们再看第 8 个环节——交货及后续的客户维护（如图 3-13 所示）。

"传统的形式是使用展板或 Excel 表格等记录客诉情况，数字化后使用售后系统或平台、CRM（Customer Relationship Management，客户关系管理系统）进行客户满意度的管理和跟踪。"

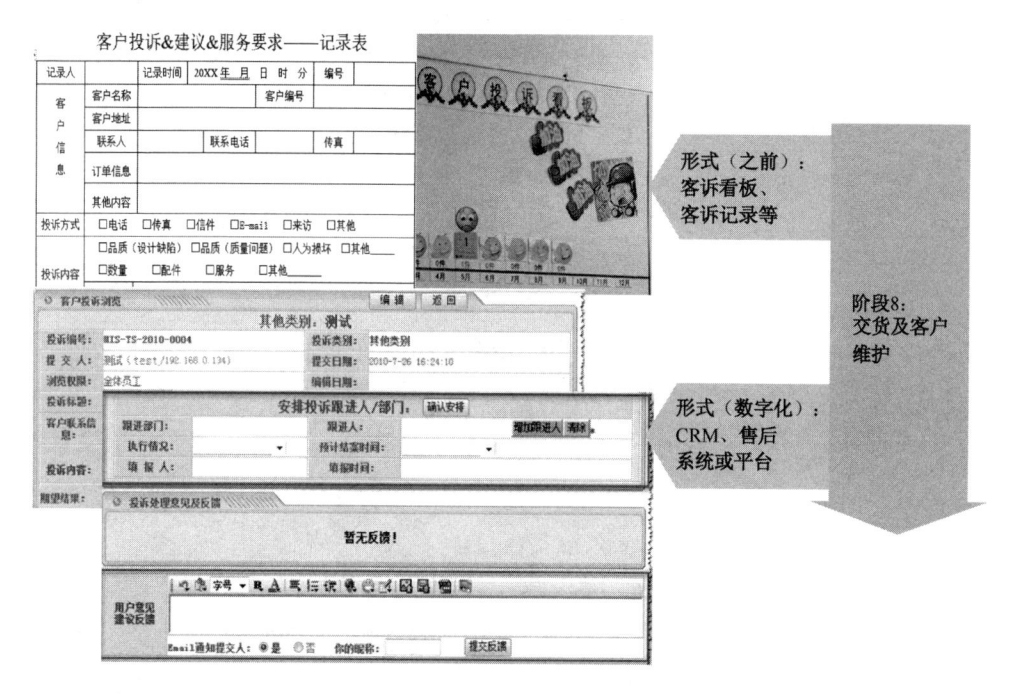

图 3-13 数字化前后的对比（交货及后续的客户维护环节）

杨询看着听得津津有味的吴健，继续说道："我展示的是以生产环节为主，或者与生产环节直接有交集的部分。其实，从工厂建设环节、工艺设计环节、研发产品设计等方面，传统方式与现在可用的数字化手段有较大差别。比如，工厂建设环节以往主要依靠经验，使用数字化手段后当然不是说经验不重要，而是有了诸如布局仿真、过程仿真等工具软件可以用，这些工具极大地提高了设计效率，把人为设计可能发生的纰漏及时反映出来，而且仿真有助于选出最佳方案。"

吴健："内容很多，我一时觉得信息量有点大，哈哈。不过，看到您展示的这些内容，的确明白了您说的'知道数字化后的企业是啥样，才能知道如何给企业进行数字化'。如果专家的脑海里没有这些数字化场景，也就提不出什么数字化的前景和方案。"

杨询："的确是这样。不过，也并不是说我展示的这些数字化场景就等于企业的数字化，根据企业的现状不同，适用的数字化场景可能比我展示的'减配'，也可能比我展示的还要'高大上'。比如有的企业搞全厂区的'生产指挥中心'或'智控中心'等。"

吴健："好的，但目前您展示的数字化场景已经是大多数企业可以用来对标参考，作为当前完善或下一步甚至下下一步追求的内容，是吧？"

杨询："是这样。"

3.2 如何制定数字化转型路线图的初稿

杨询整理了旭霓公司的第一个版本的企业数字化路线图，约了总经理张舵等管理层开会讨论，距离上一次跟旭霓公司的管理层讨论，又过去了近两周的时间。

开始会议时，杨询并没有急于展示他要汇报的内容和总结的数字化转型路线图，而是反过来问了张舵一个问题："张总，您期望看到一个什么样的企业数字化转型路线图？"

张舵："您还真把我问倒了，我没想过想要什么样的路线图，我只有一个原则——实事求是，能落地。"

杨询："哈哈，我之所以这样问，是因为有的企业制定路线图是为了好看，只满足于有这么一个路线图。如果您是这种情况，我这一次汇报就可以把路线图展示给你们了。

"如果是追求能作为中长期目标的路线图，这一次就不汇报路线图了，目前路线图只是一个初稿，我们需要再讨论、修改、评审，要再花几周时间才能把全部工作完成。"

张舵："没事，我可以等，一个正确的路线图对我们很重要。您说的'今天展示的是一个初稿'是什么意思？能给说说吗？"

杨询："很多工作存在死循环，一定要从某个环节打破。如果制定一个只是用来看的路线图，那么拍脑袋写一个就行了。如果制定一个基于实际情况的定制化路线图，就至少需要从两大方面考虑：一个方面是根据专家诊断出的问题提出的建议；另一个方面是企业自身的想法，包括企业的数字化转型预算等。但这两个方面如果只是在等来等去，那么就没法打破僵局，以至于陷入'先有鸡还是先有蛋'的死循环中。所以，我今天先出一个路线图的初稿，也就是先迈出第一步，这样大家讨论就有了依据，大家有建议或意见尽管提，这一稿就算抛砖引玉了。"

张舵："没问题，同意您说的，我们开始吧。"

吴健："杨工，您接下来要展示的数字化转型路线图是针对我们企业的，是定制化的。尽管我参与了这个过程，知道一些内容，但很多公司领导并不知道细节，您能不能讲讲您是怎么体现这个"定制化"的？"

张舵："同意，我也想听听。"

杨询："好的，没问题。根据企业情况定制的数字化路线图的初稿，我主要综合考虑了三大方面的因素。

"第一方面，就是诊断中发现的企业短板。贵公司智能制造能力的成熟度数据如这张图所示。"

杨询一边说一边打开了一页胶片，如图3-14所示。

能力域	人员		技术			资源		设计		生产						物流	销售	服务		平均值	总分
	组织战略	人员技能	集成	信息安全技术	数据	装备	网络	产品设计	工艺设计	采购	计划与调度	生产作业	设备管理	仓储配送	安全环保	能源管理	物流	销售	客户服务	产品服务		
1级	1.00	1.00	1.00	1.00	1.00	1.00	1.00	1.00	1.00	1.00	1.00	0.80	1.00	1.00	1.00	1.00	1.00	1.00	1.00	1.00	0.99	2.48
2级	1.00	1.00	1.00	0.67	1.00	0.77	1.00	0.75	1.00	1.00	0.83	0.50	1.00	1.00	1.00	1.00	1.00	1.00	1.00	0.70	0.94	
3级	1.00	1.00	0.00	0.00	0.36	0.00	0.50	0.25	0.75	0.28	0.24	0.15	0.00	0.22	0.50	0.25	1.00	0.75	1.00	0.50	0.48	
4级	0.00	0.00	0.00	0.00	0.00	0.00	0.00	0.00	0.00	0.00	0.00	0.00	0.00	0.00	0.00	0.00	0.00	0.00	0.00	0.00	0.08	
5级	0.00	0.00	0.00	0.00	0.00	0.00	0.00	0.00	0.00	0.00	0.00	0.00	0.00	0.00	0.00	0.00	0.00	0.00	0.00	0.00	0.00	

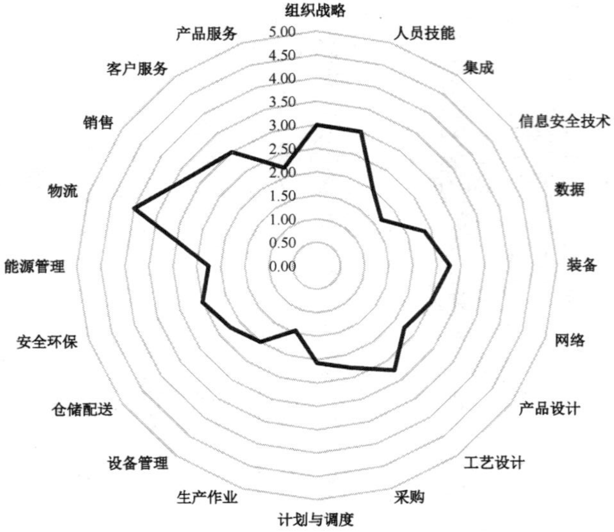

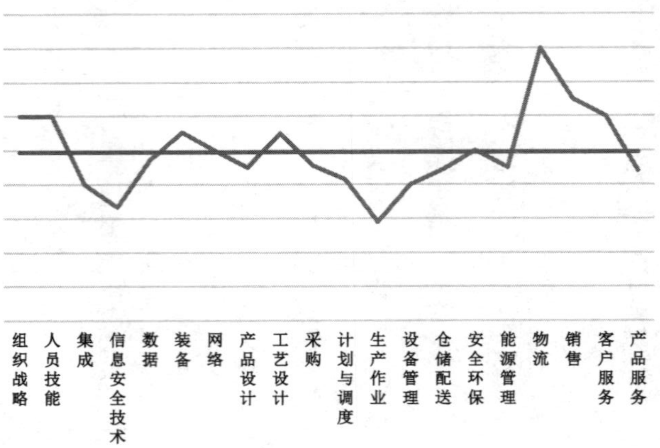

图 3-14 旭霓公司的智能制造能力成熟度现状

剧集三：企业数字化路线图的讨论 第3章

杨询继续说："贵公司的综合得分大约为 2.5 分，是比较能代表所涉及的行业平均水平的公司。从各个类别和能力域的分数，或者雷达图，或者最后的平均分数线与各个能力域的分数比较，都可以看出，薄弱的地方主要在集成、信息安全、产品设计、计划与调度、生产作业、设备管理、能源管理这 7 个维度的能力域方面。

"这样说还是比较粗略，如果从 IT 软件系统的角度来诠释以上几个比较薄弱的维度，也可以印证。"

杨询一边说一边翻到了下一页胶片，如图 3-15 所示。

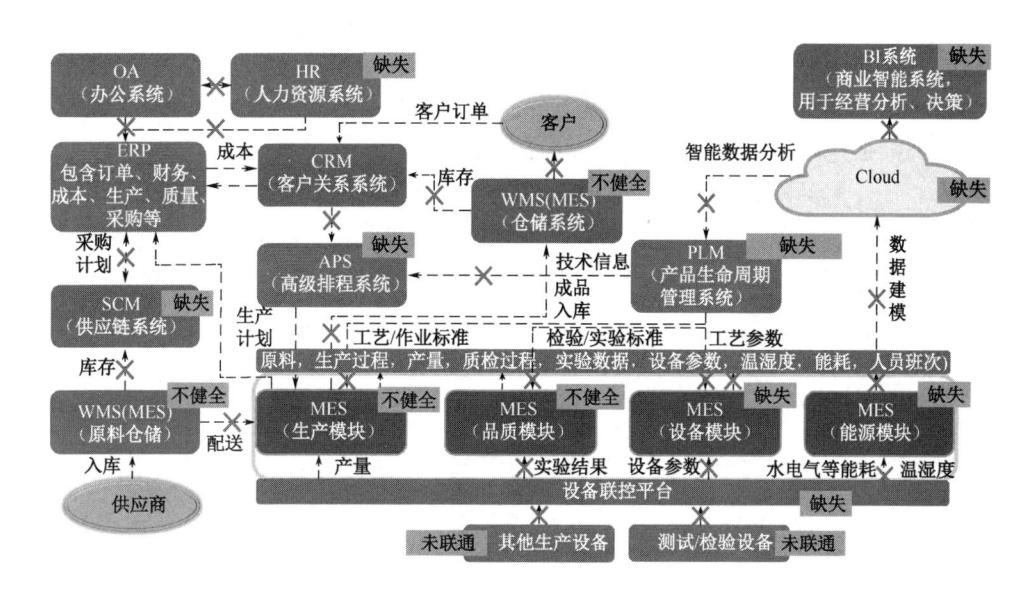

图 3-15　旭霓公司的信息系统现状

杨询解释说："这张图里列出了贵公司软件系统的缺失或不健全的方面，还有软件系统之间的信息流对接情况。可以看到，软件系统之间的互联互通程度也是不够的。

"比如，图中偏右下角的这块区域，能源管理以及 MES 的设备管理模块现在是缺失的，谈不上跟其他系统的打通，也映射了我刚才提到的——设备管理、能源管理属于能力域的薄弱方面。"

旭霓公司的很多高管开始一边点头一边吐舌头，可能是因为看到了图中密密麻麻的叉号。杨询继续解释道："我刚才说了，贵公司是比较能代表行业平均水平的公司，我接触的市面上的大多数企业都是这样。所以不用担心，这正说明路线图将是一个中长期的目标。"

缓解了一下气氛后，杨询继续："我考虑的三大因素的第二个方面，就是数字化不应该只是软件、系统等内容，涉及人员的地方，比如精益知识和行为的积累及养成，数字化路线图的有些内容在理论上可以同步进行，但考虑到人才及人员技能可能是个瓶颈，反而要分步逐渐进行。

"前面根据贵公司价值流程分析出来的问题提出了一些改进建议，也是这个思路。不同的是，那时提的是'单点突破'就可以改进的，所需人员的素质要求不高，或者说少数几个人就可以把事情做好。而如今写进企业数字化转型路线图的，是"系统提升"部分，需要专门的一组人才能完成。"

杨询顿了一下，看各位高管依然在认真地听和记录，又继续说道："三大因素的第三个方面，就是企业的资金投入。按照我的经验，一般企业的运营投入是年产值或年营业额的4%左右，而这些运营投入中又有一大部分会放在设备购买和更新方面，真正用于数字化转型或升级的也就1%左右，所以我估算贵公司年度的数字化转型投入大约是750万元。"

张舵："您先说您总结的第一版路线图，关于企业投入我想我们公司可以激进一些，毕竟我们是真想向数字化企业多迈进一步。"

杨询："那好，我先给大家看我整理的这个初稿。"

一边说着，杨询一边翻到了胶片的下一页，如图3-16所示。

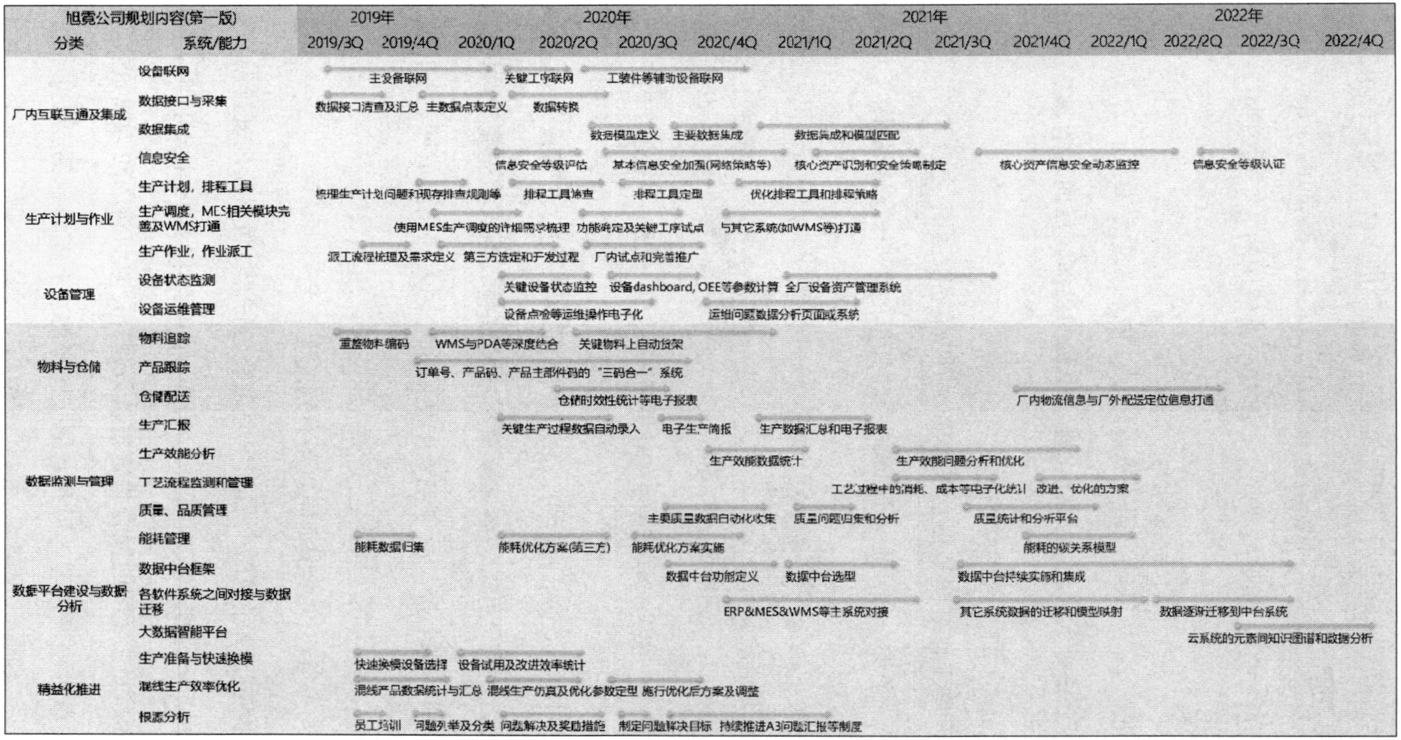

剧集三：企业数字化路线图的讨论 **第3章**

图3-16 旭霓公司的数字化转型路线图（第一版）

一张胶片上密密麻麻地写了不同维度的多个改进步骤。旭霓公司的管理层们短时间内都没有作声，瞪大了眼睛在看跟自己工作有关系的内容。

片刻停顿后，张舵发话了："杨工，您这个路线图的各个细项为什么这么安排整理能给说说吗？"

杨询："现在 2019 年过了差不多一半了，就剩下两个季度。万事开头难，一开始没经验不宜安排太多，今年就安排了少量的工作。后面逐渐熟练了，工作量自然就多起来了。

"另外，有些工作之间是相互依赖的，所以有先后顺序之分。"

一边说着，杨询一边用激光笔圈画着胶片里的 3 个内容，如图 3-17 所示。

关键工序联网

关键设备状态监控　　电子生产简报

图 3-17　旭霓公司的数字化转型路线图（第一版）中的 3 个内容

杨询说："比如这 3 个内容中，'关键工序联网'与'关键设备状态监控'是同起点发生的，他们之间的内容本来就有一些重叠。但应该先完成联网，这是前提条件，后完成状态监控。而'电子生产简报'因为要用到联网设备采集到的部分数据，所以是在它们之后发生。"

张舵："考虑得很细，我赞同。还有别的吗？"

杨询："我是把工作包的先后顺序考虑好之后，尽量紧凑地安排的。"

张舵："这就是我唯一有不同意见的地方了。工作启动一段时间后，的确可以比较轻车熟路，大家之间的配合肯定也越来越好，项目进入较为成熟的阶段后，适当增加工作量也合情合理。但我看这张图里的主要工作包都放在了 2020 年和

2021年，我们公司明年的确会加大数字化转型的投入和组织力量，但也不太会是阶跃式的，所以我想是不是把2020年和2021年的部分工作往前或往后分配一下？您列的事项我都同意，但操作上还是应考虑更贴近一下实际能投入的资源和人力，您看怎么样？"

杨询："好！您说的在理，调整的方式有很多，您有什么方向性的建议吗？"

张舵："我觉得大致有几点吧。第一，把容易做得靠前，比如设备联网；第二，把跟客户直接相关的方面靠前，比如质量；第三，把跟员工素质培养相关的靠前；第四，把改进性价比高的环节靠前，比如那种一点改善就能省很多人力和工作量的。"

杨询："哈哈，目前基本也是这样设计的，我想听听您觉得哪些是可以靠后的？"

张舵："是的，我觉得有几个方面可以靠后。"

"第一，客户、员工、设备这3个方面如果要排序，我会把设备排在最后，所以我觉得设备相关的环节，与生产调度直接相关的部分可以靠前，比如联网；但如果要统计设备的各个细节等，我觉得可以靠后放。

"第二，有较大技术风险的环节可以往后放，这是我们搞运营和研究不一样的地方。"

杨询："好的张总，我根据您说的这些，把内容再调整一下。"

杨询接着询问了其他管理人员对这个路线规划图还有什么不同意见或建议，听取了他们的问题后，杨询做了一些图里内容的答疑和澄清。

会后，杨询根据张舵的建议，整理优化了旭霓公司数字化转型路线图，并在2天后再次约旭霓公司的管理层做了汇报，调整后的路线图如图3-18所示。

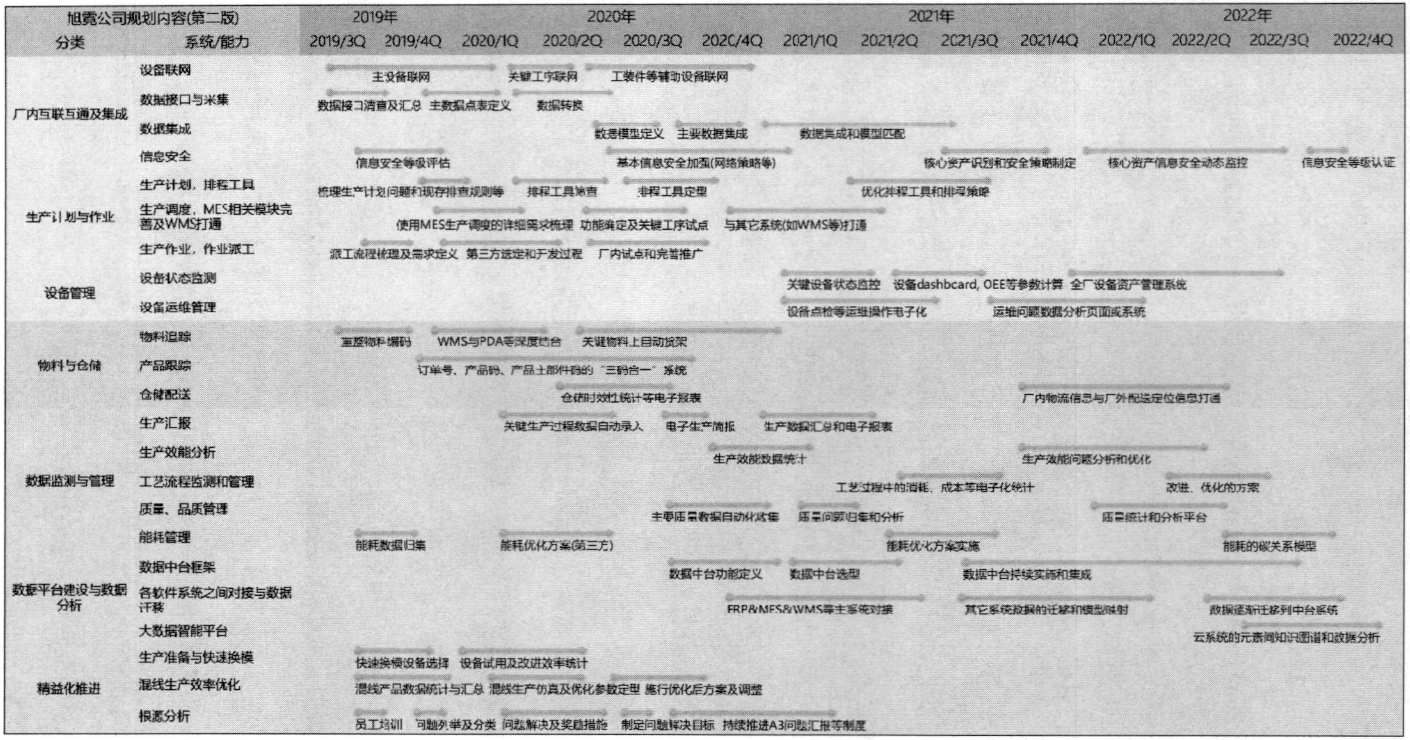

"剧说"工业互联网落地 企业数字化转型全栈演示

图 3-18 旭霓公司的数字化转型路线图（第二版）

这一次，旭霓公司的管理层没有太多问题，张舵也比较满意，评价说："这个路线图算是量体裁衣，是根据我们公司的情况制定的。"

杨询："是的,但这一版还不是最终的,即使最后的版本可能跟这个相差不大。"

张舵："您是说需要各个部门再确认一遍自己具体干的是哪块任务？"

杨询："没错，就是这样。"

3.3 再次评审——自顶向下和自底向上

杨询针对旭霓公司做得数字化转型路线图是以"自顶向下"的方式来 IOT，也就是顶层制订规划，然后分派任务给下层去执行。"自顶向下"的好处是工作从顶层能提纲挈领、迅速铺开；缺点是工作执行中可能发现遗漏了某些实际情况，比如工作量、配合过程中的摩擦、利益牵扯等，导致规划与执行最终不能匹配。

另一种方式是"自底向上"，也就是从底层形成想法，整理汇总后报给上层。"自底向上"的好处是因为工作是执行层报上来的，所以更贴近实际；缺点是底层零散的规划可能不能统一成一个完整的企业战略，而且看到的信息和想要 IOT 事情往往仅限于一个角落。

所以，在很多情况下，需要把"自顶向下"和"自底向上"两种方法结合使用。

杨询把整理的第二版路线图发给了旭霓公司的管理层，张舵把每项需要哪个部门主导、哪个部门参与做了讨论和指派，然后号召各个部门在一周内把如何修改调整路线图的建议提出来（如有），以及在这个事情上的部门预算和人力需求到底有多大，报公司行政部统一汇总。

一周后，收到了各个部门汇总的建议，对路线图需要变动的建议不多，意味着旭霓公司基本可以按照杨询的第二版路线图来执行。

各部门的费用也汇总到一起，包括第三方外包和自身人员、采购等的投入，2020 年和 2021 年估算为每年 1000 万元。

另外，关于"设备联网"和"数据接口"等几个工作包，吴健提议"公司使用自身研发力量进行主导"，这是旭霓公司后续有了自己的工业互联网研发项目的一个引子。

张舵对这一阶段的工作表示满意。第一，他认可制定的企业数字化转型路线图；第二，公司的各个部门充分讨论了路线图，并且制订了相应计划；第三，关于企业对数字化转型的预算，并没有超出他的预期，杨询按行业平均水平估算企业每年数字化的投入在 750 万元左右，各个部门汇总上来的数据之和是 1000 万元左右，而近几年每年企业数字化转型投入在 1200 万~1300 万元。所以张舵不仅可以支持各个部门在数字化路线图上的工作，还可以留点预算做额外的工作。这同样是旭霓公司后续有了自己的工业互联网研发项目的一个先决条件，后面再详细说明。

3.4 不折腾就是——正确的事要坚持做

完成企业调研和弱项分析，提出了企业现状的具体改进建议，并且制定了企业的数字化路线图，这对企业而言是一个重大的成果。张舵邀请杨询和吴健等公司管理层一起开了个"庆功宴"，拿出一天时间来搞团建活动和聚餐。

团建活动中，有一个环节是做游戏，叫作"畅想明天"。旭霓公司的各个管理者都表达了自己看好公司前景,有的管理者畅想了家里的事情、退休后的生活,甚至国家的未来,等等,都很有意思。轮到杨询分享时,他风趣地说:"我给很多企业制定过路线图,算是给很多企业畅想过明天吧。有的能落地,企业有了如畅想般的明天;也有的企业没有落地,"畅想"跟"明天"差别还挺大的。其实不是管理者不聪明,也不是别的什么原因,我总结分析后就是一个主要原因——花了很多精力制定了路线图却没有坚持执行。"

杨询继续说:"其实,能被叫作"路线图"的长远规划,只需要几年内花一次较大的精力去制定,剩下的就是深入执行,除非几年内出现较大的内外部环境变化等。当然,我不是说不关注外界变化,只是强调'不要折腾'。所谓的折腾就是好好的方案在短时间内又重新讨论,把之前的东西丢掉了。管理层经常忙于制定所谓的战略,折腾来折腾去,看起来很忙,其实丢掉了之前花精力做出来的成果。有个不好的比喻叫'熊瞎子掰玉米',哈哈。"

气氛有点凝重,倒不是因为话题不对,而是很多人陷入了思考,默默认同这些话。

第4章

剧集四：怎么才算一个工业互联网方案

杨询在旭霓公司的工作并没有结束，他找出了企业的弱项并针对性地制定了企业数字化转型路线图，这是给了企业一个"纲目"，让企业知道路怎么走。有几个方面的问题，杨询直接给出了整改建议和措施，那些问题属于使用"单点突破"就能够解决的，也就是问题并不复杂，牵扯面比较少。还有些问题需要"系统提升"才能解决，虽然问题的解决目标和大段的里程碑已经写入了企业的路线图，但是解决问题终归是要"按图索骥"，具体到用技术、软硬件搭配、功能组合，才能把问题的解决措施真正落地。

4.1 可落地方案要有几个关键内容

杨询上一次给旭霓公司的管理层汇报了企业数字化路线图之后，摆在旭霓公司面前的路变得既清晰又模糊，清晰的是企业要做什么大家有了统一认识和共同努力的目标；模糊的是，对于旭霓公司来说，每一件事情、每一个里程碑具体怎么做，还是不知道。

剧集四：怎么才算一个工业互联网方案 第4章

怎么继续深入接下来的工作呢？杨询提了两条基本路线：

路线一，让对应的厂家来对接，所谓"专业的人做专业的事"。比如，MES 接口与 WMS 系统的打通等，这类事情显然是产品厂家才适合 IOT 事情。但这里不代表事情全部交给乙方做，需求的梳理、对应需求的验收条款、甄别方案是否可行、实施的范围等，都需要甲方花精力描述清楚。

路线二，甲方出具方案，乙方负责实施。这种情况下，比较适合于甲方需求的非标产品（工业软件或系统），也许市面上没有成熟产品、需要深度定制的；或者是，甲方需要的产品是由多个乙方厂家的产品拼接组成的，多个乙方之间的工作量没有显著区分，也就不存在谁可以作为总包方或主要实施方的问题，适合甲方来牵头。

以上两种实施路线，都需要甲乙双方的配合，不同的地方在于甲方是作为方案的评审方、拍板方、验收方参与，还是作为方案的制定方、风险承担方参与。两种实施路线的相同之处是，都需要好的而且是可落地的工业互联网方案。

杨询对旭霓公司的总经理张舵表示，他可以牵头一两个项目作为示范，后续要求旭霓公司逐渐按这种方式去推进项目。这个内容本身也是杨询与旭霓公司签订合同的一部分。此外，杨询表示希望旭霓公司还是派吴健来继续协助，因为吴健擅长 IT 领域的知识和技能，这在制定工业互联网方案层面是很需要的。张舵和吴健都表示"全力支持"。

关于什么是"好的而且是可落地的"工业互联网方案，杨询与吴健都有自己的见解。

吴健："杨工，您觉得怎样才算是一个合格的工业互联网方案？"

杨询："您是 IT 领域的专家，工业互联网方案虽然也涉及不少硬件，但是核心功能还是在软件层面实现，您来说说您的理解吧"。

065

吴健："哈哈，那我就说说我不喜欢的，或者说我认为不合格的方案特征吧。

"我不喜欢的方案有两种，一种我叫作'长得像产品说明书'型的，也就是说这种所谓的方案一点定制化都没有，没考虑过当前场景的需求，一味地堆砌产品的功能介绍、截图，看起来很详细，其实就是'千篇一律'——你让他写任何一个用户方案，基本上都是一个模子刻出来的。

"另一种我不喜欢的方案，我称呼它为'长得像需求说明'型的，也就是说这种所谓的方案基本上就是用户需求的归纳，把用户需求文字化了一下，配点用户现场图片，说的都是用户知道的东西，方案里面没有特别有价值的内容，如果有那么一点，也只是一个方向性的指向，比如提一句'需要采用大数据分析的技术来解决'或者'需要使用视觉识别的技术，通过机器学习进行被检测物品的分类'就没有了，至于具体的内容，一概看不到。"

杨询："哈哈，您总结得很到位。您觉得是什么原因导致了这样蹩脚的方案在市场上混迹这么多年呢？"

吴健："我觉得可能有三个原因。

"原因一，写方案的人水平不够。写方案很考验人的技术水平和工程经验。既要懂现场、懂用户，又要知道技术怎么搭建，而且涉及的技术往往是多领域多方面的。除此之外，不仅要把功能实现出来，还需要知道不同方式实现同一目的时，哪种性价比更高、哪种稳定性更好，这就不是纯技术范畴的事了。

"原因二，乙方不知道能否中标甲方的项目，所以不愿意花很多精力来做方案。

"原因三，乙方出于技术保密性考虑，不愿意透露方案细节。"

杨询："的确是这样，原因一水平不足的问题，没法替乙方解决。你刚提到的原因二和原因三，你想过有什么解决办法吗？"

吴健："解决办法嘛，我觉得可以参考您的工作为例子，哈哈。

"出具方案的阶段,甲方是需要给乙方费用的,比如签一个咨询或方案合同,这样乙方就可以放心地好好花点精力去做方案。如果甲方担心投入打水漂,可以先把某个里程碑作为第一个合同,先签一个小合同,即使失败了损失也不大,也有利于摸清楚乙方到底有没有能力。

"乙方如果担心技术泄密,可以把方案做得稍微粗略一点,但有些必要内容是不可以省略的。"

杨询:"所以,咱们绕了一个大弯子,又回到了开始的那个话题——怎样才算是一个合格的工业互联网方案?"

吴健:"哈哈,是啊,还是回到了这个问题。

"把刚才说的我不喜欢的方案特征排除,就能总结出我认为合格的方案了。

"一个合格的工业互联网方案,至少应该包括几个方面的内容:①现有的用户场景;②这个方案包括的几个主要功能;③新的或者说使用了该方案之后的用户场景是什么样子;④该方案的主要软硬件组成;⑤方案的部署结构;⑥关键技术风险点的可行性;⑦大致的费用成本和时间周期成本。"

杨询:"总结得不错。的确,有了你说的这 7 个方面,就可以甄别一个方案是否能落地。我的总结跟你差不多,只是措辞上有些差别。

"①客户遇到的问题或痛点;②方案涵盖的主要功能特征;③使用该方案的新流程;④方案的软硬件组成和花费范围;⑤方案的网络和其他要求;⑥对精度、速度等的特殊要求是否会是方案中的技术瓶颈,方案中如何体现应对的措施;⑦方案中是否因为依赖了唯一供应商、过多的未经验证的技术、复杂的集成而变得不可控。"

吴健:"嗯嗯,基本差不多,咱俩是'所见略同',哈哈。我觉得有一点您说得很好,更有针对性。"

杨询："哪一点？"

吴健："第 3 条。我说的是'新的用户场景'，您说的是'新流程'。用户场景就是要结合流程来描述。"

杨询："在工业领域的方案中尤其要如此，因为方案往往是含有软硬件的，最终的使用者比如某个蓝领工人需要操作不同的对象才能完成某项工作，比如一会儿操作 PDA（Personal Digital Assistant，掌上终端），一会儿操作某个机床，一会儿搬取某个物料。如果不用流程来串联整个使用场景，很难描绘清楚整个系统到底怎么运作。另外，工业场景里的流程以及使用者行为一般比较固定，不像消费领域里存在较多的随意性。所以，消费领域里多使用用户行为来描述场景，而工业领域里比较适合使用流程描述场景，虽然这两者最终都是反映系统功能是怎么使用的，但细分的话还是能找到一点差别的。"

吴健："哈哈，同意同意。"

杨询："我们接下来要梳理一下方案，使其作为路线图中对接实施的一部分。"

吴健："好啊，这个环节中我能协助得多一些，比较贴近我擅长的知识领域。"

4.2 深入地捋清楚流程

杨询与吴健一起，选择了旭霓公司数字化路线图中关于物料追踪的一个计划任务（如图 4-1 所示，正是从路线图中截取的一部分工作内容），开始了制定示范方案的工作。这个计划任务是要实现 WMS 与 PDA 的深度融合，从而更方便地进行物料的追踪、出入库任务调度等，最终实现物料与仓储的整体优化。

剧集四：怎么才算一个工业互联网方案　第 4 章

物料与仓储	物料追踪	重整物料编码	WMS与PDA等深度结合	关键物料上自动货架
	产品跟踪	订单号、产品码、产品主部件码的"三码合一"系统
	仓储配送		仓储时效性统计等电子报表

图 4-1　旭霓公司数字化路线图中关于物料追踪的一个计划任务

旭霓公司已经有 WMS（Warehouse Management System，仓储管理系统），但目前 WMS 的主要功能是物料入库、物料出库操作，以及涉及的查询检索、统计、物料过期提醒等功能。这样就存在一些使用上的不方便：

（1）WMS 没有与 ERP、MES 等系统在主业务功能上打通，WMS 的物料数量信息每天通过导入、导出数据表的方式与 ERP 对接，工作较为烦琐，而且物料数据不能实时更新。

（2）WMS 也没有使用 PDA 等手持终端操作方便，物料入库出库操作都要通过取放到仓库口上的暂存区域进行操作，以方便电脑主机在暂存区登录系统。因为之前没有细化到每个或每盘（卷）贵重物料都使用编码的方式，所以仓储管理的颗粒度也较粗，WMS 基本上就是支持物料批量入库、批量出库的操作。

杨询与吴健梳理的方案，基于原系统需要改进的主要功能有：①生产工单和工序级别的分拣和发料管理；②仓储区域内的移库管理；③物料盘点管理；④与ERP 打通的缺料管理；⑤工单部分物料退料管理；⑥物料收发的绩效数据统计。

以上功能，涉及的流程较多，以上述的第 1 个"生产工单和工序级别的分拣和发料管理"为例，具体可以分为 3 个子流程：创建发料需求、按工单捡料、按工单配送物料，如图 4-2 所示。

生产工单物料分拣和发料管理
创建发料需求 ▶ 按工单捡料 ▶ 按工单配送物料

图 4-2　生产工单和工序级别的分拣和发料管理包含的子流程

069

具体的流程内容需要详细设计,以"按工单捡料"为例,详细流程如图 4-3 所示。

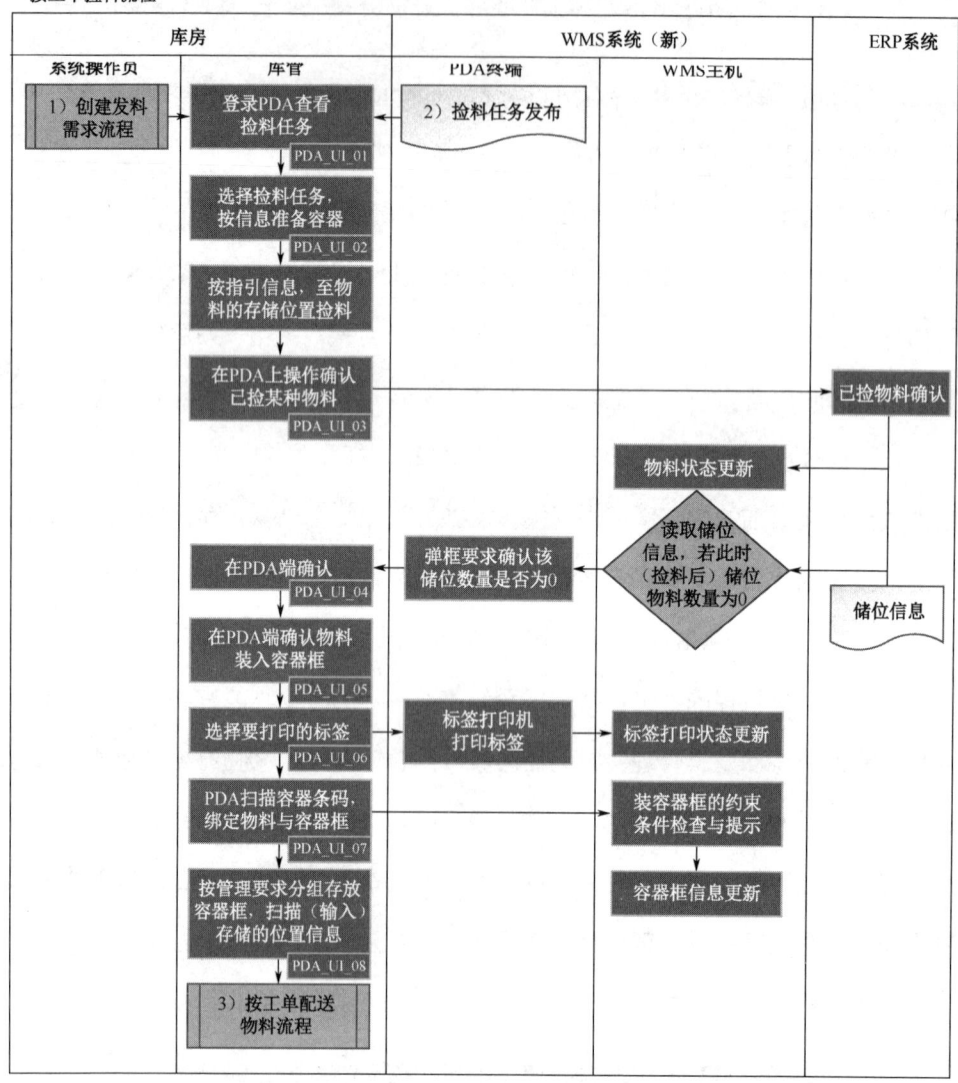

图 4-3 按工单捡料的详细流程

方案流程一般到这里就可以交给第三方进行开发了。如果方案要再详细一点,则需要进行具体设计了，比如设计具体某个软件的信息交互界面等。这里以"登录 PDA 查看捡料任务"和"选择捡料任务，按信息准备容器"为例，其交互界面设计如图 4-4 和图 4-5 所示。

图 4-4　登录 PDA 查看捡料任务的交互界面

图 4-5　选择捡料任务的交互界面

"剧说"工业互联网落地 企业数字化转型全栈演示

该套解决方案可用的网络拓扑或部署结构设计如图4-6所示。

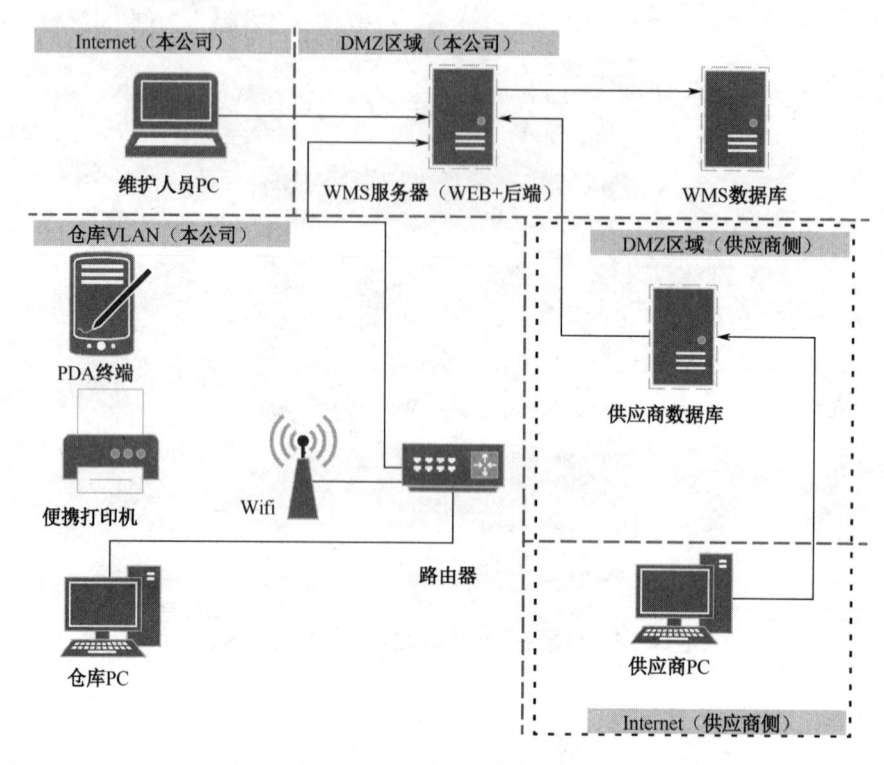

图4-6 方案中的网络拓扑结构

硬件成本和开发统计估算如图4-7所示。

开发及部署 (开发约4个月,部署调试约 3个周)	价格估算
软件开发	320000
接口调试	50000
网络部署	20000
系统维护(一年)	35000
定制化看板	30000
合计(RMB)	455000

硬件	数量	单价	价格估算
PDA终端	5	7000	35000
便携打印机	3	2000	6000
服务器	2	40000	80000
路由器、wifi及配件等	1	20000	20000
合计(RMB)			141000

总计(RMB)	596000

图4-7 方案中的硬件成本和开发统计估算

到了这个颗粒度，一个工业互联网技术方案才变得真正可落地，因为该方案在现场使用的流程方面考虑了遇到的问题该如何解决、涉及的使用工具（或组件）到底有哪些、过程中是否存在技术上目前解决不了的关键环节或者是否存在哪个环节根本无法估算工作周期及投入成本，等等。

4.3 再思考"IT+OT"等概念

在整理作为示范的工业互联网方案过程中，杨询和吴健的工作配合得很好，在接近 2 个月的方案制定合作中，两人一起完成了方案的设计和整理。这个方案汇报到旭霓公司的管理层后，受到了一致好评，旭霓公司的管理层都认为这样来做方案，可以让公司的投资风险可见并且真正让他们看到了写在公司数字化路线图里的那一个个里程碑式的抽象描述到底是要做什么，也便于他们评价 IOT 内容到底对改善公司的问题有没有直观的帮助。

吴健原本是 IT 领域的专家和管理者，通过这次方案的参与和整理，在很大程度上提高了对工业互联网、IT+OT 等概念的认知，实实在在地从操作层面看到了 IT 技术如何在工厂场景里结合流程、硬件实现 OT 的运营目标。吴健感觉到，其实工业互联网对比 IT 领域，在技术上并没有什么区别，工业互联网用的也基本是 IT 技术，差别在于场景和理念方面。在他对这些问题有了自己的思考后，找杨询交流了一下想法。

吴健："杨工，跟您一起做过一个落地的工业互联网方案后，我对'IT+OT'，这个话题有了一些新认识，咱俩交流交流，您给评论一下？"

杨询："哈哈，评论谈不上，交流随时都可以。对于这些问题的理解本来就是千人千面的，不是几句话就能标准地概括这方面的内容。而对于一件事情的理解，只要内涵、方向相合，我觉得都可以啊。谈'IT+OT'也好，谈工业互联网也好，我认为从任何方向都可以谈。"

吴健："是的。我有几个方面的思考。第一个方面，按说生产制造领域场景少一些，消费领域的场景更多，为什么感觉消费领域的软件做起来相对容易，而生产制造领域的软件普及率却很低，很少出现一个厂家的软件能占领市场50%份额这种情况？"

杨询："消费领域和生产制造领域，谁的场景更多我倒没有比较过。如果从很粗的层面说制造领域只有'计划、生产加工、质量管理、仓储管理、供应链管理'等环节，消费领域也只有'衣、食、住、行'不是吗？哈哈。消费方面有很多细分领域的软件：点餐的、订票的、聊天的、导航的等。生产制造领域如果像消费领域这么细分，也会有很多的工业软件：设备管理的、生产调度的、生产统计的、报工管理的，等等。只不过，工业领域试图把这些不同功能的软件都集成到一起，比如MES以及数据平台，都在试图干这样的事。在消费领域，不同的场景大家习惯于用不同的手机App并不奇怪，而工业领域要做大一统，可想而知也不会那么容易。"

吴健："的确是这样。工业领域做通用软件对比消费领域是否更难？"

杨询："按理说消费领域做通用软件难一些，但实际上工业领域做通用软件更难。消费领域是人在使用软件，每个人的喜好不一样，搞一个适合所有人的软件很难；但正因为人是智能的，所以你做一个软件强制所有人的操作习惯都一样，人会靠自己的智能来弥补差异性并逐渐习惯。工业领域，软件需要串联的不仅是人，还有设备、工艺等等，而工艺是没法像人一样调整自己去习惯使用某个软件系统的。

吴健："哈哈，所以，这也回答了生产制造领域的软件少见独角兽的问题。除了通用性的考虑，工业软件往往要搭配硬件去现场部署，也导致了软件扩张的每一笔生意的边际成本较高，不能像 IT 领域那种纯软件公司有极低的边际成本。这应该也是原因之一吧？"

杨询："没错，您说得对。除此之外，消费领域的软件，一个 App 往往只干一个或少数几个功能，所以每一个 App 涉及的流程其实不复杂。你看网购一个东西，流程不过是'客户输入收货地址等信息，付款，下单→系统记录单号、时间、物品信息等→商家输入物流信息等，发货→系统状态更新（订单状态、物流状态等）→客户收货，收货确认→系统状态更新'；而工业领域，如果从单一的小场景来看也是如此简单，但如果放大视角，一个工业软件试图管理产业链长尾、多级协同这样复杂的大场景下的内容，复杂性会被指数级放大。"

吴健："嗯嗯，很透彻。所以，好的方案需要挖掘并匹配流程，把软硬件功能与流程匹配起来，才能真正地解决生产环节遇到的问题，从而降本增效。但其实流程背后是数据吧？这也是我最近思考的第二个方面。"

杨询："流程和数据，我觉得在'IT+OT'这个话题下，两者类似于一个互相缠绕的关系，谁也离不开谁。从流程中拿到数据，数据采集、数据治理、数据分析是为了降本增效，降本增效的发力手段也是简化或优化流程。"

吴健："哈哈，可以概括为'从流程中来到流程中去'。数据可以被计算机处理，既作为指标也作为输入材料。"

杨询："是的，数据是核心。数据的真实性、数据质量、及时性、时序数据、私密性、数据安全，等等，都是绕不开的具体话题。但数据的话题，不仅是一个个的具体数据，还需要从整体层面考虑。"

吴健："我也想到了这个，您说的是数据模型，或者说数据与各种大小流程的结合吧？"

杨询："没错。数据的真实性、及时性、私密性等，也都很重要，但如果在工业互联网话题下，数据不能被放在模型里去考虑它的作用，数据就算不上资产了。"

吴健："制造领域里采集的数据放到模型里，意思我明白。您能根据经验说得更形象一点吗？"

杨询："倒是可以举个例子。"

杨询打开了电脑，展示一张图给吴健看，如图4-8所示。

杨询："就拿这个例子来说吧。很多零散的数据串接起来其实是有下一步的走向目标的，这样通过模型组织起来的数据才更有用处。比如图4-8中，生产班次的数据、仓库模型中的数据、设备模型中的数据，可以结合到工厂模型里，从不同环节采集和配置的数据映射到工厂模型里。而来自订单的数据，如订单号、订单包含多少种产品、每类产品要求生产的数量等，这些订单信息与工厂模型里的数据进一步融合，就能形成完整的工艺模型。通过工艺模型里的数据，可以组合出很多有价值的数据链：订单A包含的每一种产品的生产进度是多少？交付给客户C的所有订单的良品率是多少？利润率又是多少？客户C的订单A中的这一批产品使用了哪几个供应商的原材料？

"而以往，统计的颗粒度比较粗。比如，知道某一种产品全年统计的良品率是多少，却不知道给每一个用户交付的良品率是多少。再比如，知道一年下来赚了多少利润，却不知道哪个订单赚钱了、哪种类型的客户是利润的主要组成。有了映射到大模型里的数据，通过摘取不同的数据进行组合，可以很好地满足不同视角的业务统计要求，从而为优化提供支撑。"

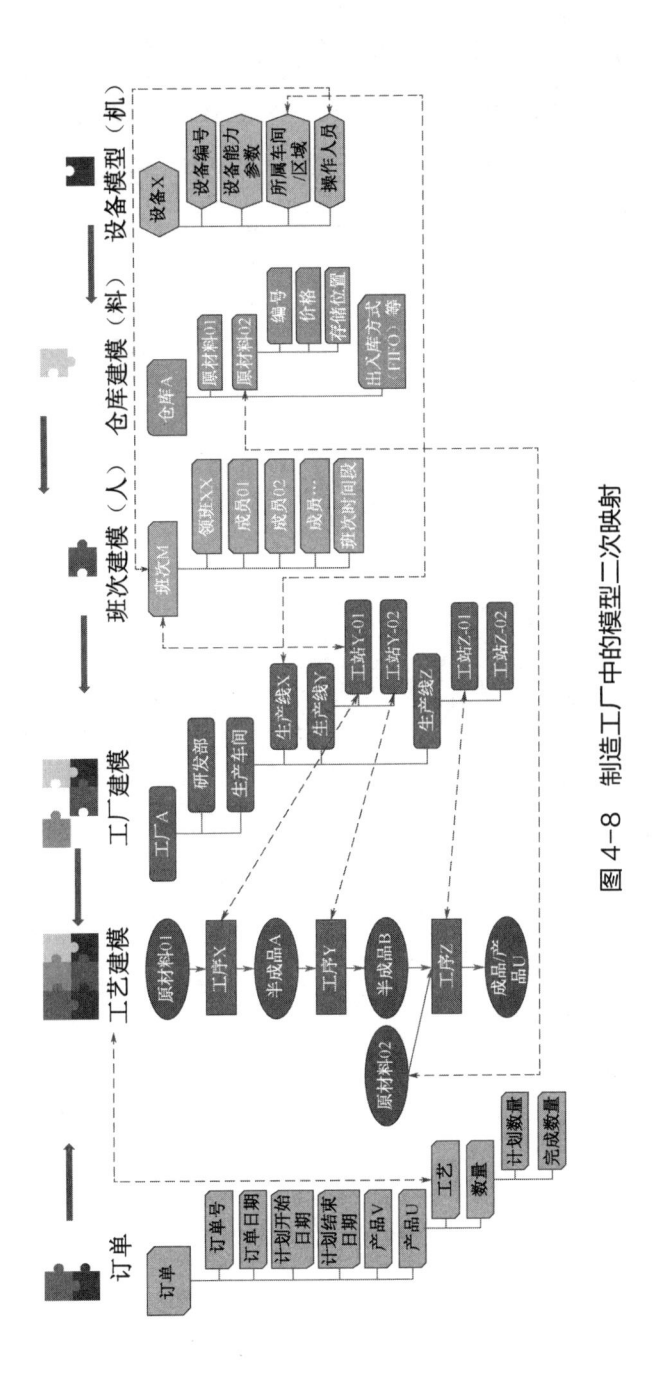

图 4-8 制造工厂中的模型二次映射

吴健："太好了，我对数据和模型这个话题是有共鸣的，之前在 IT 领域有过类似的经验和体会，您今天展示给我了一个'IT+OT'领域的经验案例，可以把我之前的知识融合到现在的工作中，我发现我积累过的很多 IT 领域的知识和经验，通过'场景和理念'方面的转变，就可以用在'IT+OT'领域。今天我受益匪浅，感谢、感谢！"

第 5 章

剧集五:"利弊权衡"与"自主可控"
——是否要组建自己的研发部

旭霓公司的企业数字化转型,从弱项、即时可以开始的改进、总体路线图、路线图中局部的具体方案,在杨询和吴健的牵头下,逐渐清晰。总经理张舵很满意当前的进展,觉得过去几年公司的数字化转型走了不少弯路,现在总算是进入了正轨。

但张舵心里一直有个想法没有实现,就是组建公司研发部。3 年多之前公司就想组建研发部,那时候招聘了吴健等多个青壮专家,但诸多因素牵扯,事情最终没有成行。针对研发部而定向招聘的人员基本都离开了,吴健也有过离开的想法,但张舵还是谈了很多次把他留了下来,也算是给公司组建研发部这个事留了颗"种子"。现在重新组建研发部,张舵有些迫不及待,但新开一个部门,是一个重大的决策,并且谁都清楚研发是个烧钱的事,所以张舵心急之外还是保留了很多审慎的态度。犹豫之中,他想找几个关键角色来聊聊此事,看看不同人的反应和想法,汇总各方面的意见之后自己再拿主意。

5.1 自己研发的支撑条件——有应用量，能降成本

张舵首先想到了找杨询聊聊，作为外部专家，视角应该会更客观。

张舵："杨工，您协助我们公司数字化转型的工作也有几个月了，对我们公司的情况也了解一些。您觉得我们公司成立自己的研发部，聚焦于工业互联网方向，配合企业数字化路线图逐渐提升企业的数字化水平，怎么样？"

杨询笑了一下："张总，这是旭霓公司内部的大事，我觉得找我商量有些突然。"

张舵："我就是有些想法，找人来聊聊。您作为外部专家，可以说说你的看法嘛，现在又不是拍板，就是广开言路，说不定有什么因素是我没考虑到的，相当于跟您取经了。"

杨询："我做过方案的制造企业，大小都有。一般较大的企业，尤其是偏国企性质的，都有自己的研发部；而较小的企业，一般仅有个 IT 部门，这样的 IT 部门往往都没有自己的研发能力，主要就是解决一下企业网络问题、服务器问题等琐碎的事。中型一点的企业，研发部大多数是研发自己生产的产品，公司软件平台或不是公司要销售的主流产品，这种研发的投入相对少一些。"

张舵："情况的确如此。我这里说的'研发'就是工业互联网方向的，不是研发目前公司主营业务销售的产品。"

杨询："嗯嗯，研发是个烧钱的事，中型制造企业搞自己的研发部也不是没有，这些企业在我看来都是很有情怀的。"

张舵："哈哈，说说您理解的'有情怀'。"

剧集五："利弊权衡"与"自主可控"——是否要组建自己的研发部 第5章

杨询："就是明知有风险而为之，研发是个烧钱的事，研发经费可能打水漂，而且也不是每个项目都会成功。研发有风险，投资需谨慎，哈哈。如果企业依然去投资了，就面临着各种不确定性，没有点情怀，尤其是中型公司，谁会做这种事呢？"

张舵："哈，知其利先知其弊，这种风险我有心理准备。"

杨询继续说："嗯，我说的'有情怀'不单指一往无前的精神，也指那种'春种一粒粟，秋收万颗子'的长远目光。因为研发项目一旦成功就是收益远大于付出的。"

张舵："很好。能说说您接触过的有自己研发部的中型企业，他们考虑的重点是什么吗？"

杨询："我觉得有两点吧。第一，制造企业研发的东西后续也能给别的客户用，尽管当前企业的主营业务不是销售这些产品，但逐渐地，非主营业务可能会变成企业业务收入中不可忽视的一部分。为此，很多中型企业成立自己的研发部后，逐渐独立成子公司运作。"

张舵："短时间内这种研发部应该也不容易为企业创收，我们公司如果成立研发部，我也没急着让这只鹅尽快下金蛋。当然，如果可以我更开心，哈哈。不过，如果两年内自己的研发内容不能卖给外部客户，我觉得也可以接受。因为我还考虑到'自主可控'的因素。我们现在的很多软件系统和厂内智能设备，后续服务不及时、服务费用太高的情况屡屡出现，甚至有些厂家生命周期短，服务时想付钱也找不到人了。不好意思打断您了，您继续说。"

杨询："非常理解，这正是我想说的第二点。

"很多中型制造企业依然成立研发部，除了考虑研发内容提供给其他客户逐渐

081

改变营业内容结构，还有一种就是为了企业自身的'自主可控'。当然，这个'自主可控'不仅仅是纯粹地扩大自己能直接管理的范围，很多时候从经济账上来讲并不是亏本的事。

"中型制造企业也用了不少软件系统、智能设备，刚开始这些系统很好用，后来随着东西越来越多，提升的要求也随之增多，这意味着把不同软件集成的要求越来越高，在多数情况下找不到适合的外部公司愿意干且也能干这个事。

"重新购买这些软件、智能设备当然可以，但需要升级或替换时才发现要多套东西同时替换，只替换某一部分是不行的。还有就是更换了某个内容后，发现之前的历史数据可能都丢失了。

"加上您刚才提到的服务不及时带来的制造企业停工的损失、更换某个软件或设备带来的培训成本、甲乙方实施项目都需要的熟悉项目和磨合成本等，也促使一些中型制造企业成立了自己的研发部。"

张舵："总结您说的两点因素可以概括为，中型制造企业成立自己的研发部从成本上看未必是一件亏钱的事；而且，如果研发成果可以推广到外部，就可以变成一个盈利业务长期运行，是这样吧？"

杨询："没错。或者说，任何制造企业成立研发部，除了考虑自己把控某些技术环节外，有应用量、能降成本，也应该是主要的考虑方面。不管是研发内容自用还是转移为营业内容或产品，都要考虑有没有应用量、能不能降成本。"

张舵："有应用量、能降成本，对于我们这样的中型制造企业做研发部来说，的确是需要考虑的重点。同理，小企业一般不会成立研发部也是因为量小，大部分环节自己做不如买来的便宜。"

剧集五："利弊权衡"与"自主可控"——是否要组建自己的研发部 第5章

杨询："是这样。"

张舵："企业数字化转型根据您制定的路线图，各个部门汇总上来的数据和是 1000 万元左右，我计划近几年每年投资 1500 万元左右，每年从中匀出 500 万元用于研发部的成立和研发。这是我准备好的'子弹'，没有这个准备也不会浪费您的时间一起聊这事。"

杨询："哈哈，张总有备而来，又有'打持久战'的最坏打算，就容易成事。"

张舵："万事开头难。我的想法和一点准备只是必要条件之一。还剩两个必要条件，得看看是否成熟。其中一个是'研发什么'？杨工您有什么建议和想法吗？"

杨询眨眼笑了一下："这是贵公司长期要 IOT 事情，随时间和情况而变，我不是贵公司的员工，这方面不能为贵公司长远规划。您说的还剩的两个必要条件，另一个是'谁是适合牵头的人'吧？"

张舵："哈哈，的确是，剩下的一个必要条件就是人的问题。"

杨询："那这两个问题其实可以合并成一个问题。您想好谁是适合牵头的人之后，可以问他'研发什么'这个问题。毕竟仗怎么打还取决于统帅的风格和主意。"

张舵："哈哈，好，您说得对。"

张舵下一个想要聊的就是吴健。他曾想过找公司的副总朱总聊聊，朱总也是装备设计事业部的总监，是吴健的直属领导，但朱总负责了一堆事情，能分摊出来的精力不多，而且年龄较大，未必能快速接受时下的一些热点技术和理念，所以不适合牵头成立研发部。张舵跟他打了招呼，说要调用吴健来负责公司新成立的研发部。

083

吴健是张舵看好的组建研发部的人选，吴健在 IT 行业工作过多年，对各种技术栈比较了解，且年轻好学，现在除了积累了 3 年多的管理经验，还一直跟着杨询参与了公司数字化路线图的制定，了解局部方案细节，所以除了吴健，张舵想不出更合适的人来牵头这事。所以，张舵找来了吴健谈组建研发部这事。

张舵："吴健，公司要组建研发部，配合制定的数字化转型路线图提高公司的数字化水平，谈谈你的看法？"

吴健："当然是好事啊，张总，这么有意思的事情，如果我能贡献一点力量尽管调度。具体到落实的话，我对研发部要做什么，或者说第一步做什么比较感兴趣。"

张舵："这个问题如果是我问你，你对做什么以及第一步做什么有何想法？"

吴健沉思了一小会儿之后说："就我个人来说，如果组建一个研发部，长远来说肯定是要能够业务自持的，也就是说业务运营情况至少能够自己养活自己。所以，从长远而言肯定是要做平台型的产品，比如，对内把公司的零散软件功能逐渐汇集到公司自身的平台上来，对外至少要在同行业中推广这种自研平台，不断深入地产品化。"

张舵："原因是什么呢？"

吴健："如果是做单品的话，比如某一个小软件，我们跑不赢外部的一些小公司，这种小软件门槛低，而外部一些公司，哪怕很小，以此为主营业务，也会是专业的，具有类似于'销售+研发+售后'的配合模式。所以长远来讲，我们要做具有集成复杂度的东西。一旦涉及集成复杂度，就需要对这种行业的现状、工厂里怎么运营、这个行业的生产制造特点是什么等问题具有更深入的了解，这些是大公司未必愿意做而小公司较难有精力和能力 IOT 内容。"

剧集五："利弊权衡"与"自主可控"——是否要组建自己的研发部 第5章

张舵："嗯，说得在理。我们放进一点，开局第一步做什么呢？"

吴健："一开始，由于团队组建和磨合都需要时间，队伍能力也偏弱，所以只能从简单的内容开始做。但我想，即使是简单的内容，也未必就是做一个小软件。"

张舵："那能做什么？"

吴健："我的想法是，虽然小，但可以做小的'软+硬'的东西，比如一些小的、通用的智能设备，当然，我指的不是专机设备。因为如果做纯软件，小软件方面已经有太多供应商，我们重复做这些只对锻炼队伍有用，对公司来说起不到什么作用。而且一个功能类型的小软件，一个公司往往一套就够了，花那么多力气做一个公司只用一个功能的东西，也不值得。"

吴健继续说："所以，我想做一些小的'软+硬'的东西，公司可以用很多个功能的那种，比较有意义。而且这种东西虽然市面上有，但是做得能通用的、做得好的，比那种小软件厂家少得多。"

张舵："具体一点呢？比如是什么呢？"

吴健："首先，这肯定不是专机设备，那种设备往往具有极强的专业性、专一使用性，看起来简单的东西其实对于速度、稳定性、安全性、环境因素的普适性等等方面有诸多的考虑，很多经验需要几年甚至十几年的积累。

"我想到的，比如做一个类似于'智能物联网关'类的产品，区别于市面上简单的只做协议转发的网关，我们做一个能够分段计算某一个工序或多个工序的关键参数并传输这些关键参数的产品。类似于现在市面上有些公司提的'边缘侧设备'的内容，但市面上提的'边缘侧设备'往往对具备什么功能含混不清，我们可以做一个清晰的定义。"

张舵："听起来比较可行，但问题是现在市面上既懂 IT 又懂 OT 的人才比较难找。同样，既懂硬件又懂软件的人才也难找。"

吴健："硬件开发部分可以外包，既懂硬件又懂软件的人，只需要几个核心人物就可以，其他的研发人员有专长就行。"

张舵："好。叫你来就是听听你的想法，我目前觉得你的总体思路是可行的。如果组建研发部，让你来牵头，如何？"

吴健："这个消息对我也是比较突然，但我会竭尽所能去做好。"

张舵："好，你愿意接担子就行，接下来公司会在管理会上讨论并做决定。"

5.2 关键角色先到岗

旭霓公司关于成立研发部的事情在公司管理会上决议并通过，任命吴健为新成立的研发部总监。

吴健在3年多前怀着做信息技术产品的理想来到旭霓公司，新部门没有组建成功，转去装备设计事业部做了副总监。现在成立了新部门，由自己带队，终于可以一展身手，吴健心里有些兴奋的同时也多了很多压力。在跟总经理张舵聊研发部长远计划和当前工作第一步的时候，主要聚焦在做什么的角度，现在真的把新部门交给自己了，则面临着很多问题。

吴健思忖着："都说'新官上任三把火'，我该烧哪三把火呢？"

吴健想到了《论语》里的一句话"先有司，赦小过，举贤才"，也就是先设定部门里的岗位，制定能调动工作积极性的内容，并找到合适的人才。

所以，这需要烧的三把火，具体点就可以是：制定部门的研发路线图、组织结构图、部门制度和流程，并招聘合适的人才。

前两件事情必须亲力亲为，后面那个招人的活，人力资源部门可以协助，但招人的要求、岗位、工作内容等，还是要自己提供。所以要先把招人的需求写给人力资源部，招人需要一段时间，自己可以并行梳理其他工作。

俗话说"抓蛇抓蛇头"，就是要找到关键。张舵抓关键找到了吴健，同样，吴健需要找到研发部门的关键角色。

按说定义部门的关键角色，需要首先定义部门的研发路线图，看部门做什么才能进一步定义部门需要什么样的人。虽然目前没有详细的研发部路线图，但是吴健基于跟总经理张舵聊过的内容，基本可以定下基调：长期做平台，短期做"软+硬"结合的智能设备。

除他自身之外，关键点是另外两个角色：（1）定义产品需求和路线的产品经理；（2）管理项目团队、执行项目工作拆解和开发进度的项目经理。

吴健先把产品经理和项目经理的要求写给了人力资源部，开始最关键角色的招聘。关于"职责定义"的部分，在本章的后续小节可以看到吴健对这两个岗位的需求描述。

5.3 研发路线图定义

研发路线图的制定，是给部门的现在和未来指一条路。之前吴健跟张舵聊过这方面事情，之所以吴健能短时间内对答如流而张舵也认为比较可行，其实是源于吴健平时就有深入的思考，所以研发路线图中，把"软+硬"的智能设备作为近期的目标，把专注于同行业特色的互联网平台作为远期目标，这样的安排是合适的。所以路线图中两头的端点就有了，如图 5-1 所示。

行业特色的
互联网平台
类产品

"软+硬"的
智能设备

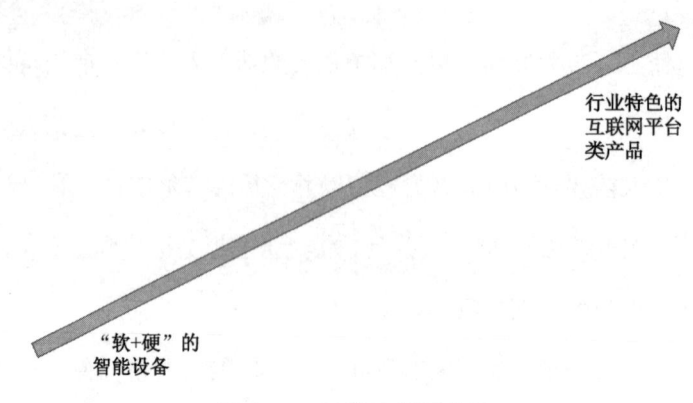

图 5-1　研发路线图草稿

接下来，主要的工作有 3 项：(1) 补充两个端点之间的内容，形成一个具有多个里程碑的路线图草图；(2) 每个大的节点详细填充几个关键内容，使路线图变得更具体、更有工作内容指向性；(3) 推算拥有的资源，工作内容需要人力或资金支持。如果没有那么多资源，是延长里程碑为更久的时间段，还是削减工作内容？这一步需要反复推算几遍，多次使用类似于"自顶向下"和"自底向上"的结合方法。

按照上述方法，吴健花了一周的时间优化了研发路线图的草稿，当然他的估算在后续实际实施过程中仍然需要细化调整，但至少研发部有了一个方向性指引。更新后的路线图如图 5-2 所示。

接下来，还需要一个比对的工作，将自己制定的研发路线与杨询之前给旭霓公司制定的数字化转型路线进行比对。吴健发现很多内容是对得上的，比如关于设备联网这个话题，自己制定的研发路线图基本上与公司的数字化转型路线图在内容和时间上是匹配的，虽然叫法稍有差异，但指向的内容是一致的，如图 5-3 所示。

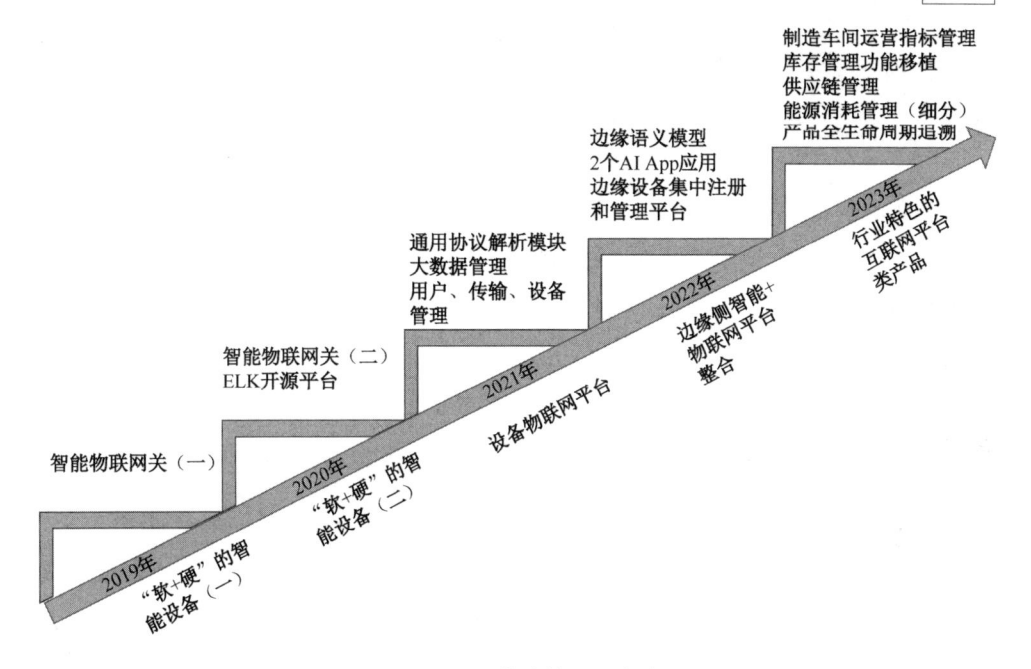

剧集五："利弊权衡"与"自主可控"——是否要组建自己的研发部 **第5章**

制造车间运营指标管理
库存管理功能移植
供应链管理
能源消耗管理（细分）
产品全生命周期追溯

边缘语义模型
2个AI App应用
边缘设备集中注册和管理平台

通用协议解析模块
大数据管理
用户、传输、设备管理

2023年 行业特色的互联网平台类产品

2022年 边缘侧智能+物联网平台整合

2021年 设备物联网平台

智能物联网关（二）
ELK开源平台

2020年 "软+硬"的智能设备（二）

智能物联网关（一）

2019年 "软+硬"的智能设备（一）

图 5-2　研发路线图更新版

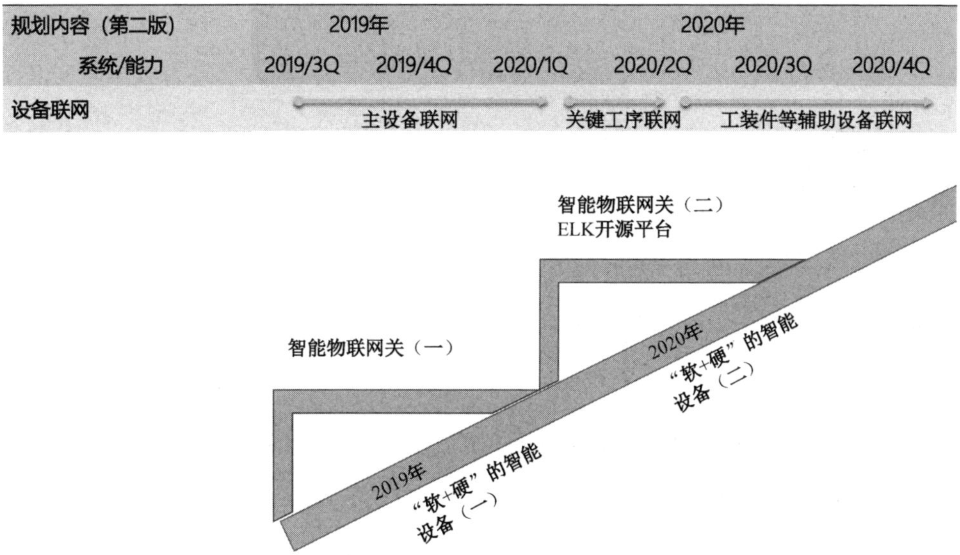

规划内容（第二版）	2019年			2020年		
系统/能力	2019/3Q	2019/4Q	2020/1Q	2020/2Q	2020/3Q	2020/4Q
设备联网		主设备联网		关键工序联网	工装件等辅助设备联网	

智能物联网关（二）
ELK开源平台

智能物联网关（一）

2020年 "软+硬"的智能设备（二）

2019年 "软+硬"的智能设备（一）

图 5-3　数字化转型路线图与研发路线图对比（一）

089

但有一些方面，吴健也发现自己制定的研发路线图与公司的数字化转型路线图有差别。比较大的一个差别是在总体时间上，杨询的企业数字化转型路线图制订了 4 年的计划，而吴健的研发计划制定的周期是 5 年。比如，研发路线图制定的关于能耗和数据迁移到新的平台上的计划是 2023 年完成，而杨询的企业数字化转型路线图中有关这方面的内容是计划 2022 年完成，如图 5-4 所示。

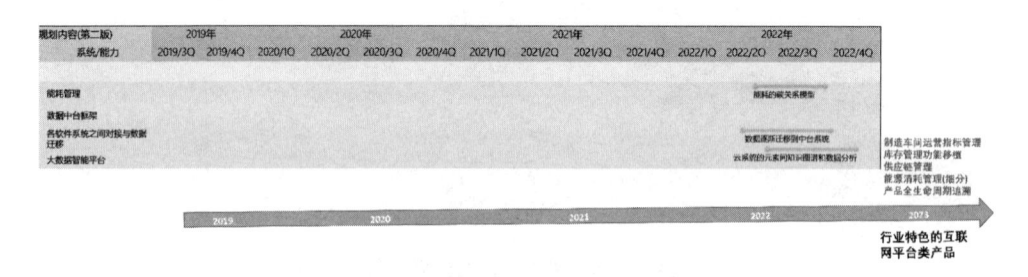

图 5-4　数字化转型路线图与研发路线图对比（二）

吴健做了比对后，觉得目前的研发路线图基本可以，因为研发内容与杨询 IOT 企业数字化路线图中的部分内容能够互相印证，时间上虽然有些差别，但后续项目的进度和速度到底如何进行，会受到很多因素影响，不能没有图来指引，现实也不可能完全按照图中内容复刻所有事情，因此可以执行一年后再看哪部分需要调整。吴健就这样制定了研发部的路线图。

做任何一件事情，都有颗粒度。吴健明白，如果要细化颗粒度，这张图里需要考虑人力的调度、哪一块映射到某个具体的项目，等等。而后期招到的人的素质在很大程度上也影响这个路线图的进度。所以，后续要 IOT 事情还有很多，目前可以说这图依然是一个细化了的草图，需要在实战中检验并不断调整。

剧集五："利弊权衡"与"自主可控"——是否要组建自己的研发部 第5章

5.4 组织结构和职责定义

组织结构的定义是为了保证有效的通信和协调，主要是明确组织中各个相关角色是如何相互搭建起来的。

对于新成立的研发部的组织结构，吴健想在先期简单定义，毕竟开局时团队较小，主要以产品和项目为导向，所以把研发部结构定义成项目主导的形式，这样 IOT 好处是项目可以得到比较紧凑的人员和管理权，有助于团队快速进行研发工作，如图 5-5 所示。

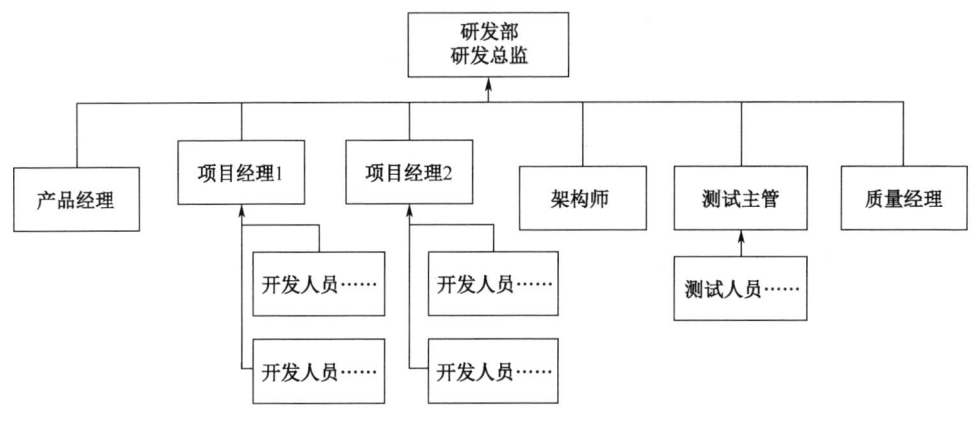

图 5-5 研发部组织结构图

当然，这样组织的弊端是，对比平衡矩阵的组织结构，也就是"技术主管+项目经理"的组织结构，技术人员的综合能力在进步方面会有所损失。但吴健认为"此一时彼一时""没有更好只有更合适"，初期需要抓紧出成果，不宜搞太复杂的组织，开局时人本来就少，如果组织结构臃肿，会有很多损耗。后期人数多

091

了、人员之间磨合好了、管理项目的经验上升了，可以逐渐过渡到类似于平衡矩阵式的组织结构。

定义了组织结构后，剩下来的问题就是把组织结构里角色的职责定义清楚。这个职责也是吴健发给人力资源部用于招聘人员的要求。

比如，表5-1是吴健对于项目经理的职责定义和招聘要求。

表5-1 项目经理的职责定义和招聘要求

		工作描述
工作职责	1	根据企业新项目开发年度、季度工作目标和工作计划，经批准后组织实施
	2	负责对新项目从计划到研制、从批量生产到投放市场整个过程的监督、检查工作
	3	制定项目组人员的培训计划，配合人力资源部组织安排相关人员的技术培训工作
	4	对所属下级的技术工作给予帮助和培训，对其工作进行指导
	5	指导、监督、检查所属下级的各项工作，掌握工作情况
	6	指导所属下级做好技术部文件等资料的保管和定期归档工作
	7	按时完成领导交付的其他工作任务
		资格要求
教 育		本科及以上学历，自动化、软件工程、计算机等相关专业
经 验		三年以上产品研发经验，两年以上项目或产品管理经验，一年以上团队管理经验，具有项目管理证书者优先
技 能		（1）具备专业的研发技术和能力； （2）掌握企业所在行业的技术发展以及产品研发的信息，熟悉企业相关技术以及产品； （3）具备较强的研发能力，具备较强的新产品研发、开发以及应用能力； （4）具备解决技术问题的能力，在研发项目中遇到困难和问题时，能独立解决本职工作范围内的技术问题； （5）具备较强的学习能力，能不断地学习和提高，善于接受和快速理解新事物、新观念、新技术，并且善于利用这些新鲜事物分析和解决问题； （6）具备一定的管理能力，具备良好的沟通协调能力
素 质		（1）强烈的责任心和良好的挫折承受能力； （2）良好的语言表达及沟通能力、拓展力及组织协调力，良好的职业素质； （3）具备产品和技术的前瞻性； （4）鼓舞团队、推进研发项目的落地

再如，表5-2是吴健对于产品经理的职责定义和招聘要求：

表 5-2　产品经理的职责定义和招聘要求

工作职责	1	获取项目需求，并对项目需求进行可行性分析，进行快速原型设计
	2	有效的分析、引导和控制客户需求，编写项目需求说明书
	3	根据公司安排接收新项目，并启动立项申请和人员配置安排
	4	制订新项目的可行性报告、项目计划书和设计任务书
	5	负责与研发项目组沟通，把项目需求准确传达给开发团队，开发完成后进行内部测试
	6	控制和完成新项目产品的设计和工艺设计，编制设计说明书
	7	控制项目进度与成本，编写项目过程中的各种文档，按期保质完成项目
	8	按时完成领导交付的其他工作任务
资格要求		
教育	本科以上学历，自动化、软件工程、计算机等相关专业	
经验	三年以上产品研发经验，两年以上项目或产品管理经验	
技能	（1）具备良好的需求分析、系统架构和方案编写的能力； （2）具有团队协作精神和良好的沟通能力； （3）熟悉相关项目管理工具（MS Project/SVN/Visio/Teambition/禅道等等），熟悉敏捷开发和敏捷项目管理方法； （4）具备较强的学习能力，能不断地学习和提高，善于接受和快速理解新事物、新观念、新技术。	
素质	（1）强烈的责任心和良好的挫折承受能力； （2）良好的语言表达及沟通能力、拓展力及组织协调力，良好的职业素质； （3）较强的应变能力和团队合作精神； （4）逻辑感出色，能快速梳理复杂的产品和项目流程并能清晰抽象。	

吴健定义好组织架构图里各个角色的职责和要求之后，人力资源部协助进行人员招聘，技术方面的笔试和面试都是吴健亲自参与的，陆陆续续近 4 个月，吴健都是不间断地在忙这个事。

先后入职研发部，时间间隔约在 3 个月内，某个角色到位了但因为没有伙伴合作而不能独立工作时，吴健就分配了一些调研任务给他们，甚至让他们跟装备设计事业部的人和不同制造车间的负责人去了解一下公司制造车间的情况。

人员陆续到岗,吴健按自己设想的组织架构组建了一支研发队伍。财务部也分配了一名商务经理李尚支持研发部的工作,负责管理研发部整体和每个研发项目的商务流程和商务数据,包括部门或项目的预算制定和控制、成本和花费统计等。对应人员如图5-6所示。

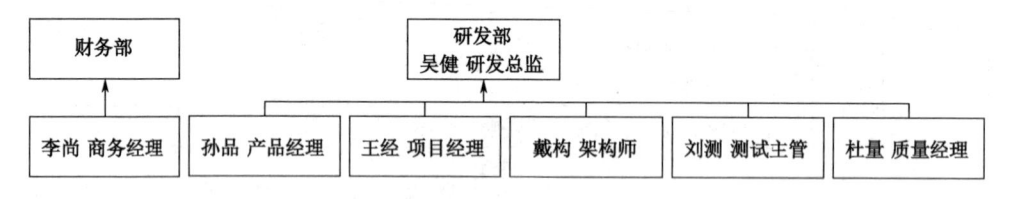

```
财务部                    研发部
                          吴健 研发总监
李尚 商务经理   孙品 产品经理   王经 项目经理   戴构 架构师   刘测 测试主管   杜量 质量经理
```

图5-6　研发部角色及对应的人员

人员招聘和到岗的过程中穿插着大量其他的工作,吴健在几个话题之间忙得团团转:人力资源部的简历推荐、面试和笔试过程,新人来之后的培训、编写研发部制度和流程,等等。

5.5　部门制度和顶层流程定义

部门制度是为了员工能够规范工作、提高效率,制度与流程相结合,有助于维护工作秩序,员工知道什么是可用的、可参考的规范以及工具,什么是不允许的,以便于快速形成共识。

吴健本着"把事情说明白,不把事情说复杂"的原则,参考了之前自己的一些经验,制定了研发部的管理制度,大纲部分的截图如图5-7所示。

剧集五:"利弊权衡"与"自主可控"——是否要组建自己的研发部　第 5 章

旭霓公司研发部管理制度
第 1 章　总则 1
第 2 章　管理机构与责任 2
第 3 章　编制新产品研发计划 5
第 4 章　研发调研与分析 8
第 5 章　新产品研发与试制 10
第 6 章　新产品鉴定 14
第 7 章　新产品成果评审和报批 17
第 8 章　研发周期管理 20
第 9 章　研发项目财务管理 22
第 10 章　奖励与惩罚 23
第 11 章　技术文件资料管理 25
第 12 章　附则 26

图 5-7　旭霓公司研发部管理制度目录

具体地,有很多细节内容,在此仅做简单示例,以下是对"研发调研与分析"方面的管理内容描述:

……

……

第 4 章　研发调研与分析

第 10 条　调研范围

新产品可行性分析必须对产品的社会需求、市场占有率、技术现状、发展趋势及资源效益五个重要方面进行分析论证及科学预测。

第 11 条　调研内容

(1) 调查国内市场和重要客户及国际重点市场的技术现状和改进要求。

(2) 以国内同类产品市场占有率的前三名以及国际名牌产品为对象,调查同类产品的质量、价格及使用情况。

(3) 广泛收集国内外有关情报和专利,然后进行可行性分析研究。

> **第 12 条 可行性分析内容**
> （1）论证该产品的技术发展方向和动向。
> （2）论证市场动态及发展该产品所具备的技术优势。
> （3）论证该产品发展所具备的资源条件和可行性（含物资、设备、能源等）。
> （4）初步论证技术经济效益。
> （5）写出该产品批量投产的可行性分析报告。
> ……

如果说制度是从框架层面规定了部门要 IOT 事情及鼓励与不鼓励的行为，那么具体怎么做事就要看流程的定义了。

吴健想了一下，目前旭霓公司研发部的流程，其实主要以项目流程为主就可以了。因为目前部门的组织结构以项目结构为导向，那么流程也可以暂时以项目实现的角度来制定。以项目为导向的流程如图 5-8 所示。

这个流程太粗略，不管是研发型项目、产品试制型项目，甚至实施项目，都可以暂时这样来定义。颗粒度太大的流程不利于指导工作，所以要针对研发工作的特性，制定更细致的分布流程。

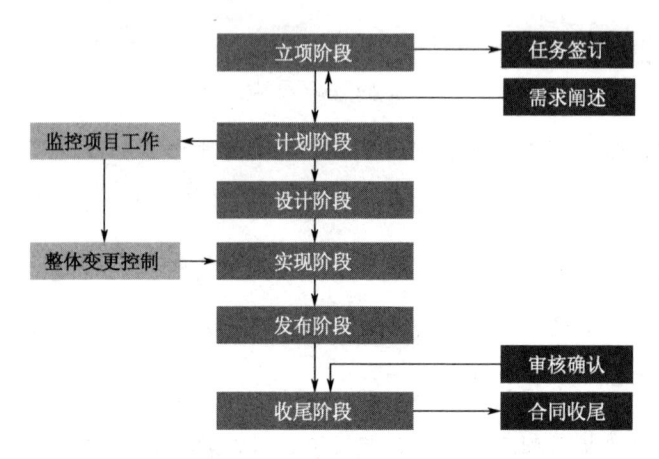

图 5-8 以项目为导向的流程

剧集五："利弊权衡"与"自主可控"——是否要组建自己的研发部　**第 5 章**

图 5-9 是立项阶段的具体流程。

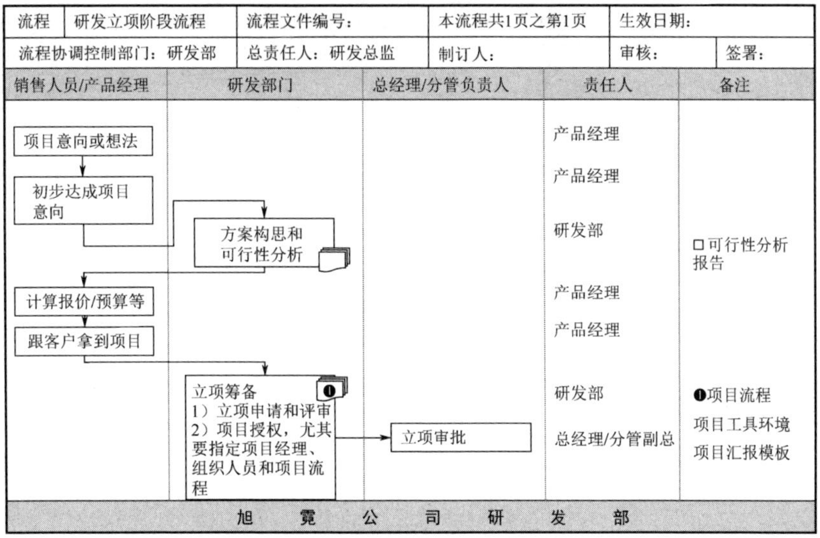

流程	研发立项阶段流程	流程文件编号：	本流程共1页之第1页	生效日期：
流程协调控制部门：研发部	总责任人：研发总监	制订人：	审核：	签署：
销售人员/产品经理	研发部门	总经理/分管负责人	责任人	备注

（销售人员/产品经理列）：项目意向或想法 → 初步达成项目意向 → 计算报价/预算等 → 跟客户拿到项目

（研发部门列）：方案构思和可行性分析 → 立项筹备：1）立项申请和评审　2）项目授权，尤其要指定项目经理、组织人员和项目流程

（总经理/分管负责人列）：立项审批

（责任人列）：产品经理／产品经理／研发部／产品经理／产品经理／研发部／总经理/分管副总

（备注列）：□可行性分析报告／●项目流程　项目工具环境　项目汇报模板

旭霓公司研发部

图 5-9　研发立项阶段流程

图 5-10 是计划阶段的具体流程。

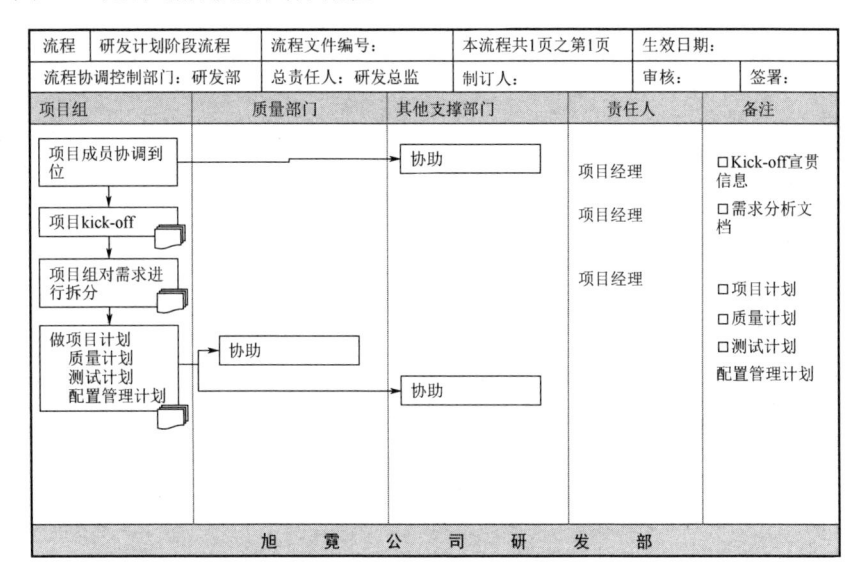

流程	研发计划阶段流程	流程文件编号：	本流程共1页之第1页	生效日期：
流程协调控制部门：研发部	总责任人：研发总监	制订人：	审核：	签署：
项目组	质量部门	其他支撑部门	责任人	备注

（项目组列）：项目成员协调到位 → 项目kick-off → 项目组对需求进行拆分 → 做项目计划 质量计划 测试计划 配置管理计划

（质量部门列）：协助／协助

（其他支撑部门列）：协助

（责任人列）：项目经理／项目经理／项目经理

（备注列）：□Kick-off宣贯信息／□需求分析文档／□项目计划　□质量计划　□测试计划　□配置管理计划

旭霓公司研发部

图 5-10　研发计划阶段流程

097

图 5-11 是设计阶段的具体流程。

流程	研发设计阶段流程	流程文件编号：	本流程共1页之第1页	生效日期：
流程协调控制部门：研发部		总责任人：研发总监	制订人：	审核：	签署：
架构师	项目经理	其他支撑人员	责任人	备注

架构师流程：架构框图 → 模块图 → 功能块图 → 功能块之间的数据流 → 功能块之间的接口 → 功能块的实现机制和所用到的组件考虑

项目经理流程：基于功能拆分的WBS图 → WBS叶子结点的依赖关系 → 找出关键路径，以及需要提前预研的关键技术风险点

其他支撑人员：搭建项目环境 → 关键技术预研

旭霓公司研发部

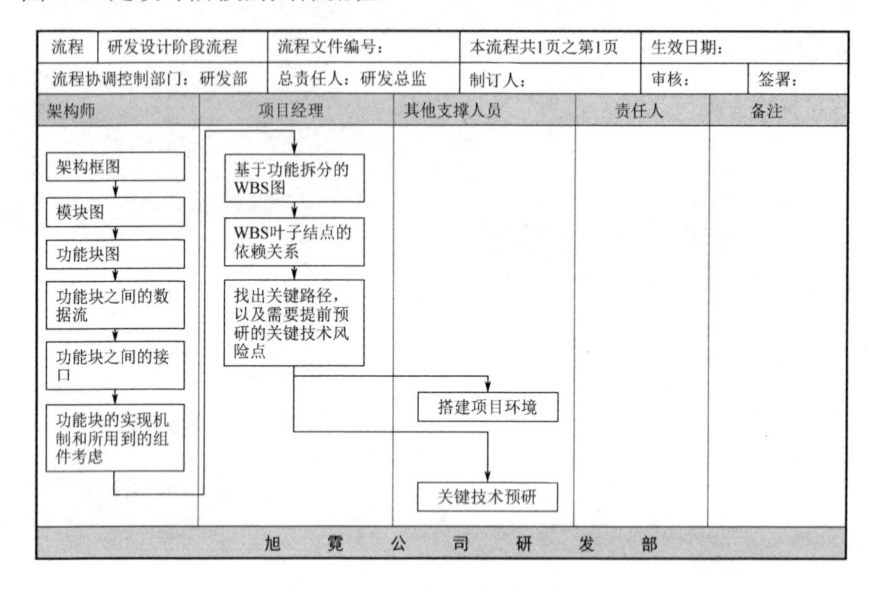

图 5-11 研发设计阶段流程

图 5-12 是实现阶段的具体流程。

流程	研发实现阶段流程	流程文件编号：	本流程共1页之第1页	生效日期：
流程协调控制部门：研发部		总责任人：研发总监	制订人：	审核：	签署：
项目经理	研发总监	总经理/分管副总	责任人	备注

项目经理流程：追踪项目状态、项目花费、项目风险、需求变更处理、项目测试质量 → 项目汇报 → 沟通、处理项目偏差 → 重大偏差或风险？ → 请求干预和协助

研发总监：听取项目汇报并给予指导 → 干预和指导项目

总经理/分管副总：听取项目汇报并给予指导 → 干预和指导项目

责任人：项目经理；项目经理、研发总监、总经理/分管副总；项目经理；项目经理、研发总监、总经理/分管副总

备注：
❶组织形式上有：每日站会/月度回顾会等；
组织工具上有：月度的花费报表/质量报表/需求追踪矩阵等；
□项目花费表
□风险记录单
□需求跟踪矩阵
□测试报告
□项目任务状态看板

旭霓公司研发部

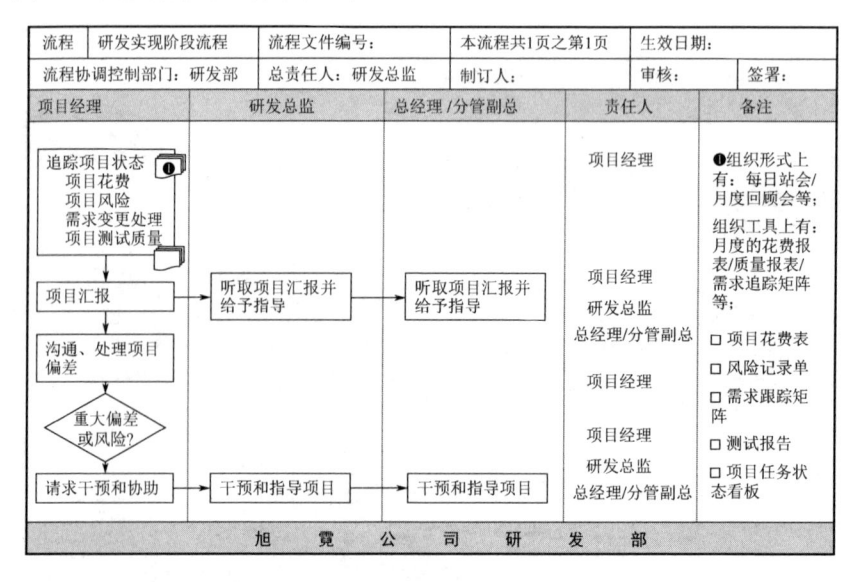

图 5-12 研发实现阶段流程

剧集五："利弊权衡"与"自主可控"——是否要组建自己的研发部　第5章

图 5-13 是发布阶段的具体流程。

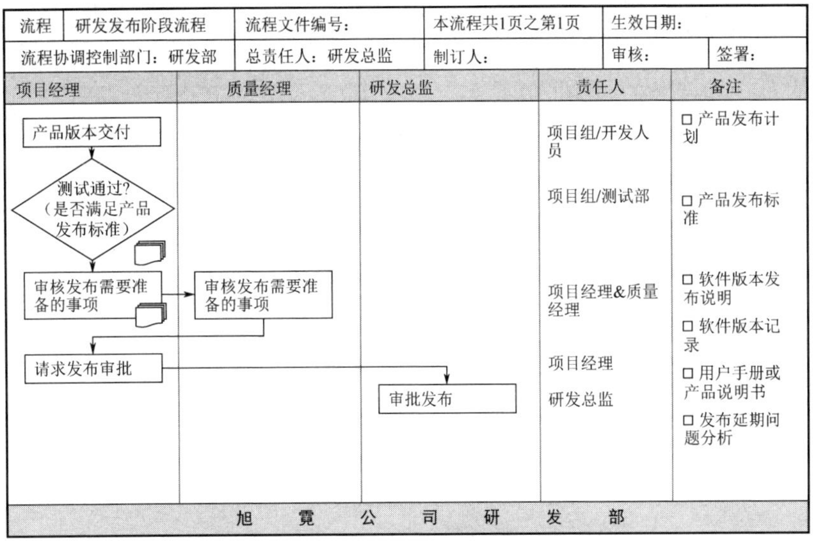

图 5-13　研发发布阶段流程

图 5-14 是收尾阶段的具体流程。

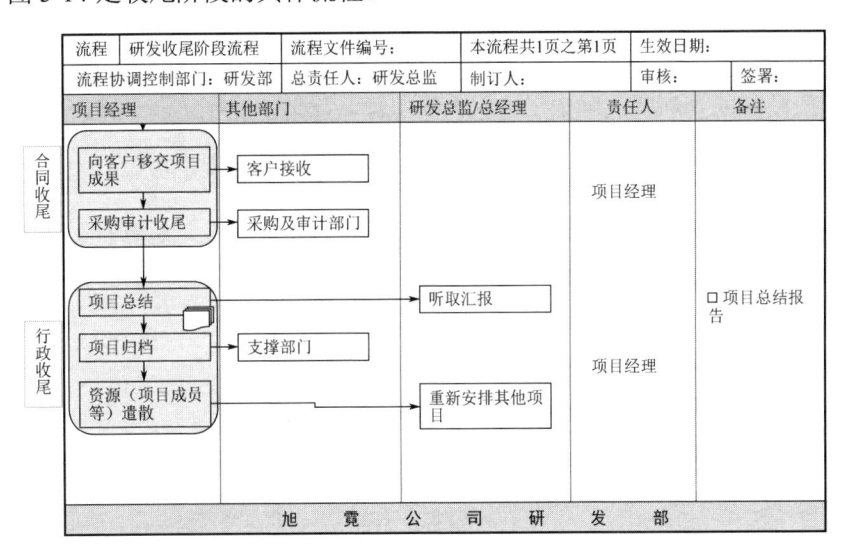

图 5-14　研发收尾阶段流程

099

当然，除项目研发为主的流程之外，研发部也需要其他的一些流程，如技术情报管理流程等，在此仅做一个简单示例，如图 5-15 所示。

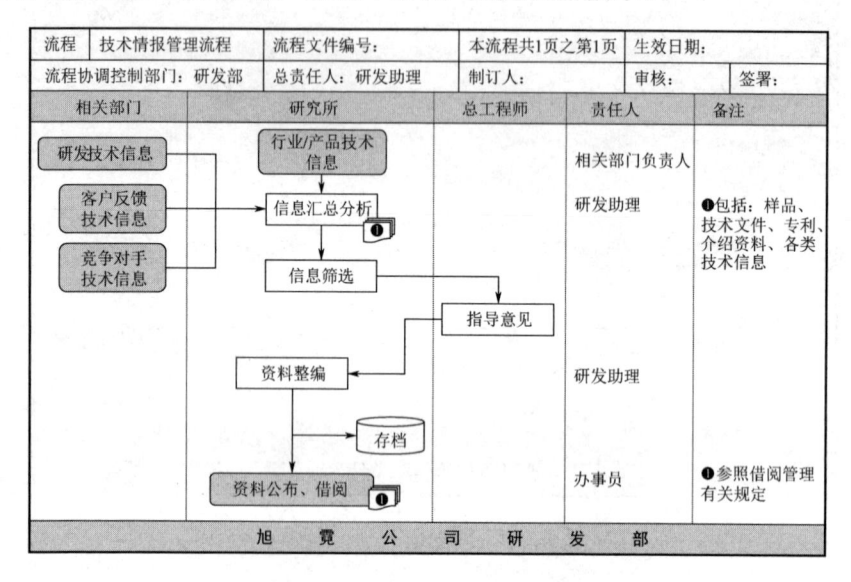

图 5-15　研发技术情报管理流程

定义了这一堆制度和流程后，做事也就有了框架。吴健根据自己的经验和旭霓公司研发部的实际情况制定了这些内容。再具体地，就到了各个流程中用到的文件模板等方面了，吴健花了近 2 个月的时间把这些内容制定成第一个版本，并同时穿插着招聘工作，整个部门有制度、有流程，也有了人，总算有了一个可以运转起来的团队了。

5.6　激励方式

吴健在给研发部制定的制度中，有一部分内容涉及了"奖励与惩罚"，但这并不是吴健所想的激励方式。吴健认为的激励方式,不仅是事做好了给予应得的奖励,还要鼓励人员提升自身能力,所以不只是"奖励与惩罚"内容所能完全涵盖的。

按照"海氏职位评价法",将薪酬因素进一步抽象为具有普遍适用性的三大要素,即:技能水平、解决问题能力和承担的职务责任,相应设计标尺性评价量表,最后将所得分值加以综合,算出各个岗位的相对价值。职位也分为三种类型:上山型、平路型、下山型。

上山型职位:此类岗位的技能与解决问题的能力不及承担的职务责任重要,如销售人员等。

平路型职位:此类岗位的技能和解决问题的能力与承担的职务责任并重,如会计、人事干部等。

下山型职位:此类岗位的技能与解决问题的能力比承担的职务责任重要,如技术开发人员、设计人员等。

很明显,研发人员属于"下山型"岗位,也就是不能像"上山型"的销售人员一样搞销售任务提成制度,销售人员完成的销售数量与奖金部分成正比。如果那样IOT话,一方面研发工作是软性的、隐性的、复杂度不同的,很难量化;另一方面,那样的制度只会鼓励研发人员挑简单的、重复的活来干,不利于整体实现研发目标。

但吴健考虑:为项目设置项目奖金依然是必要的,并把分配的权利交给项目经理,这样可以鼓舞大家更好地协作并完成项目目标。

吴健同时也考虑:除日常固定薪资之外,项目奖金可以作为一种激励方式,但奖金属于浮动性的——有时有,有时没有。为了鼓励员工更好地提升自己的能力并服务于部门,可以进行每年度一次的技术评审,为技术人员设置1~6级,每提升一个级别可以涨薪20%左右，以此来留住人才并鼓励人才自我提升。

吴健觉得这个很重要，这源于十多年前他在一家国企里的工作感受。这家国企单位能招到不错的人才，但有一个问题就是：没过多久，很多人就变得慵懒。问题出在哪里？当时跟很多人聊，大家反映的意见基本一致，那就是：没有明确的技术岗位晋升通道，多干和少干、干得好和干得不好，没有收益方面的差别，甚至多干要多背责任。人都是趋利避害的，不好的制度可以把优秀的人变平庸。

吴健设计的旭霓公司研发部 4 个维度的能力及其等级对应的具体要求如图 5-16 所示。

技术能力		业务能力		创新能力		管理能力	
子等级	描述	子等级	描述	子等级	描述	子等级	描述
1	该领域的基础知识 【该领域的主要技术组成、开发工具、基础理论】	1	基本的业务理解 【研发所针对的客户画像，基本的客户应用场景】	1	升级式和组合式创新 【基于已有系统或产品进行小的完善和改进，功能之间进行了简单的组合形成了新的系统或产品】	1	基本的项目知识 【具备基本的项目管理知识，如范围、风险管理等；能够在项目指导过程下完成自己的任务】
2	该领域的应用实践经验 【跟团队的技术分享，独立解决某个技术话题的能力】	2	商业实践经验 【基于现场情况独立描绘用户痛点、总结用户问题】	2	移植式和差异化创新 【把在A领域所使用的技术或模式移植到B领域解决问题】	2	领导小型项目团队的能力和经验 【具有较完备的项目管理知识，能够领导小型项目团队（<5人）并成功交付项目】
3	根据需求设计解决方案 【开发成果影响本团队其他人员，应用知识积累解决某个或某方面的系统性问题】	3	了解市场并产生业务结果 【熟悉主要竞争对手和市场概况，帮助公司解决某个具体问题并产生了良性的业务结果】	3	算法或方法创新 【创建新的方法或算法并拥有专利】	3	能够领导多个项目/大型项目 【具有成功领导多个项目/大型项目的经验】
4	系统地开发新的技术或方案 【使用替代技术成功寻求新的解决方案，决定部门的技术路线】	4	业务支持并改进业务方法 【对客户问题发生及价值链有很好的理解和描绘能力，支持团队优化业务方法，协助团队共创较大的业务影响】	4	复杂的集成创新 【使用复杂的创新手段或方法，解决对公司有重大价值或有助于行业推进的瓶颈问题】	4	能够领导复杂项目/跨部门项目，优化项目流程 【可以根据不同的项目类型定制项目流程，领导公司级项目并成功交付】
5	推动领域技术方向 【系统掌握几个关键技术领域的能力，影响行业或领域的技术发展方向】	5	较大的业务价值 【对大项目或多个累积小项目产生了关键影响，对行业客户商业模式的经验和全面理解】	5	开拓式或战略型创新 【专利创新等知识产权为公司形成技术护城河，对行业有深远影响】	5	指导、领导并定义项目标准 【设计和优化复杂项目的开发流程，能够指导其他项目经理，在具有战略意义的项目中进行故障排除和指导】

图 5-16　旭霓公司研发部能力维度和等级定义

剧集五:"利弊权衡"与"自主可控"——是否要组建自己的研发部 **第5章**

技术岗位级别（1～6级）与4个维度能力要求的映射关系如图5-17所示。

岗位级别	能力维度			
	技术能力—子等级	业务能力—子等级	创新能力—子等级	管理能力—子等级
1级	≥1	≥1	≥1	≥1
2级	≥2	≥2	≥1	≥1
3级	≥3	≥2	≥2	≥2
4级	≥4	≥3	≥3	≥2
5级	≥4	≥4	≥3	≥3
6级	5	5	≥4	≥3

图5-17 旭霓公司研发部技术岗位级别与能力维度等级映射关系

有能力的人、规定框架的制度、定义事情的职责、定义如何一起做事的流程、给人看到努力是为了什么的激励方式，这些因素加起来才能成为一个"团队"，内容越来越充实之后，吴健觉得是时候开始研发想IOT产品了。

第6章

剧集六：从路线图中的规划到产品需求

作为研发部总监，吴健把研发部门的路线图制定好了，过程中也招到了产品经理孙品和项目经理王经。孙品和王经都做过"软+硬"的项目，在各自领域有独特的能力。除二人之外，部门内其他人员也陆续到岗，新团队组合在一起，需要吴健带领大家相互熟悉和磨合，快速渡过"震荡期"，从而使团队走向"稳定期"和"高产期"，早点形成团队战斗力，所以吴健经常带着大家一起团建。除了参加外部的一些拓展训练，不拘形式的聚餐和大实话吐槽是吴健使用较多的方法，目的在于团队成员之间加深理解、互相学习、暴露问题并及时解决，很多话题的讨论也是团队成员互相了解的机会。有的话题是大家自发讨论的，有的话题是吴健抛出来让大家讨论的。

有一次几个人讨论到"如何做研发"这个话题，几位同事之间就有了有意思的讨论。

架构师戴构几年前从某高校信息工程专业拿到博士学位，属于这个团队里的高才生，对于"研发"表达了自己的观点："关于'研发'，我觉得'研究'和'开发'是不一样的。我在高校里 IOT 是偏向于"研究"的事，现在做架构师，更偏向于"开发"。研究的方法往往是'假设→论证'、注重'新'，但开发更注重的是经验，是如何实现，注重'稳'。"

戴构继续说到："虽然我们说知识体系是一个'T'字，即知识面有广度且有重点，但是研究更讲究深度，开发实现更讲究广度。"

产品经理孙品开起了玩笑："戴博，我觉得博士搞研究，很多时候是'把简单问题说复杂'，而程序员搞开发，需要'把复杂问题说简单'。"

戴构："我倒是不这样认为。搞研究也需要具备把复杂问题抽象到简单模型的思维，而且很重要。至于说的是否复杂，还是要把问题抽象化，套用归纳、演绎等方法来阐述问题和结论。"

孙品："没有冒犯的意思，哈哈。我只是觉得不管是'把简单问题说复杂'还是'把复杂问题说简单'，都是能力。"

戴构："明白。我也不是说开发简单，不管是研究还是开发，其实都追求极致，研究是创新方面的极致，开发是性价比、用户体验方面的极致，但很多时候也不得不妥协。

"纯粹从技术角度而言，研究和开发有各自的侧重点，我自己总结过几个方面，在白板上给大家画一下。"

戴构画的图如图6-1所示。

话题	研究（的关注程度）	开发（的关注程度）
参数条件	重点	一般
建模过程	重点	一般
算法理论	重点	一般
版本控制	不关注	重点
部署过程	不关注	重点
并发性能	一般	重点
负载均衡	一般	重点

图6-1 研究与开发对不同话题的关注程度

戴构补充解释说:"研究课题,更关注算法本身和算法的参数条件等,而对于开发过程中涉及的版本控制、部署等话题则不关注。而开发对算法的底层就不那么关注,而对于如何实现以及实现之后在使用场景中的体验需要重点关注。"

项目经理王经补充道:"研究和开发各有各的难处,开发的确不比研究更简单。除了戴构说的技术方面的问题,其实组织和过程也是一个很重要的方面。开发讲究组织和沟通。研究往往是几个人或者一个小组去完成,但开发少则几个、多则几百甚至几千人协同工作,对于开发项目来说,组织协同非常重要。所以在开发项目中会有庞大的管理层负责组织工作,同时在内部也会有文档化、标准化、SOP(Standard Operating Procedure,标准作业程序)等要求。"

戴构:"是的,有'同中之异',也有'异中之同',除了我刚才提到的'把复杂问题抽象到简单模型',类似于'问题拆分思维'等也都是研究和开发过程中离不开的。王经你做项目经理多年,用的WBS(Work Breakdown Structure,工作分解结构)不就是'问题拆分思维'的一种应用吗?"

王经:"没错。"

测试主管刘测补充道:"别的我涉猎不多,但做测试经常用到的一种思路,我觉得也是研究和开发都会用到的,就是:排查问题的方法——怀疑、假设、定位、验证、比对。"

类似的讨论,把大家对某些具体事情的认识表达出来,促进了团队沟通。在很多事情上,也有利于大家达成共识。

接下来的产品需求定义、项目管理和具体开发等工作,都是需要团队整体参与的,但不同的事情有不同的主要负责人和牵头人,正如吴健给大家在职责定义里描述的那样。

剧集六：从路线图中的规划到产品需求 第 6 章

6.1 两张产品路线图

从公司的数字化路线图拆解到公司的研发路线图，再具体地，就是把研发路线图拆解到产品路线图。

产品路线图是产品的功能迭代过程，它将产品功能的实现划分成若干个阶段，结合可投入资源、产品功能的需求价值、功能的实现成本等因素，确定各阶段所需实现的产品特性（feature），相当于给产品分阶段立一些 flag（标志，目标），其实也是一个产品特性的优先级列表，宏观地展示了产品的发展方向。除此之外，还可以作为一个强调产品发布和功能的时间表。

结合研发部的路线图，孙品给"智能物联网关"产品绘制了路线图。孙品觉得产品的路线图至少应该有两张，一张是产品整个生命周期的路线图，主要是计划产品从初始期、成长期、成熟期，一直到衰退期，每个阶段产品的重点策略应该关注什么，这张图主要从用户、场景和竞争的市场环境、技术趋势角度来考虑。

另外一张图应该从研发角度考虑，关注产品的特性开发应该遵循什么样的优先级，这张图主要从研发团队所拥有的资源、能力、代价和成本等因素的角度来规划。正如架构师戴构说的"想追求极致，但很多的时候也都是妥协或折中"。毕竟，产品规划出来还是要对接研发项目团队进行开发实现的，只有按开发内容的角度进行了整理，才能便于项目团队把产品需求转化为项目开发需求。

总体而言，这两张产品路线图从关系上讲，类似于一种"总分"的关系，第一张图考虑的是与产品整个生命周期相关的内容，第二张图考虑的是与产品研发相关的内容；共同存在的内容，第一张图更概况，第二张图更详细。

图 6-2 和图 6-3 是孙品整理的两张产品路线图。

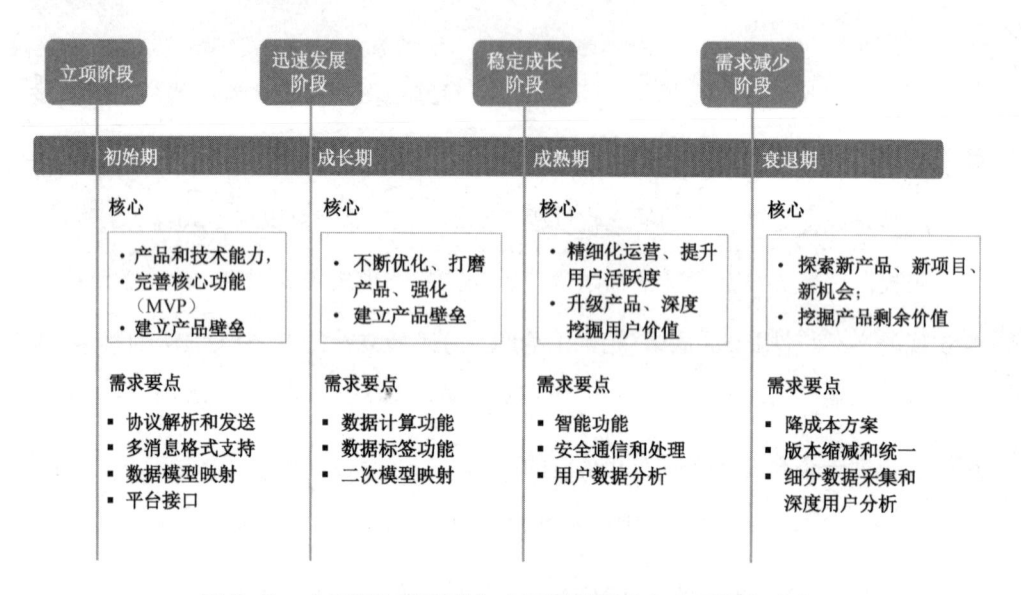

立项阶段	迅速发展阶段	稳定成长阶段	需求减少阶段
初始期	成长期	成熟期	衰退期
核心	核心	核心	核心
·产品和技术能力，完善核心功能（MVP） ·建立产品壁垒	·不断优化、打磨产品、强化 ·建立产品壁垒	·精细化运营、提升用户活跃度 ·升级产品、深度挖掘用户价值	·探索新产品、新项目、新机会； ·挖掘产品剩余价值
需求要点	需求要点	需求要点	需求要点
·协议解析和发送 ·多消息格式支持 ·数据模型映射 ·平台接口	·数据计算功能 ·数据标签功能 ·二次模型映射	·智能功能 ·安全通信和处理 ·用户数据分析	·降成本方案 ·版本缩减和统一 ·细分数据采集和深度用户分析

图 6-2 "智能物联网关"产品路线图（生命周期角度）

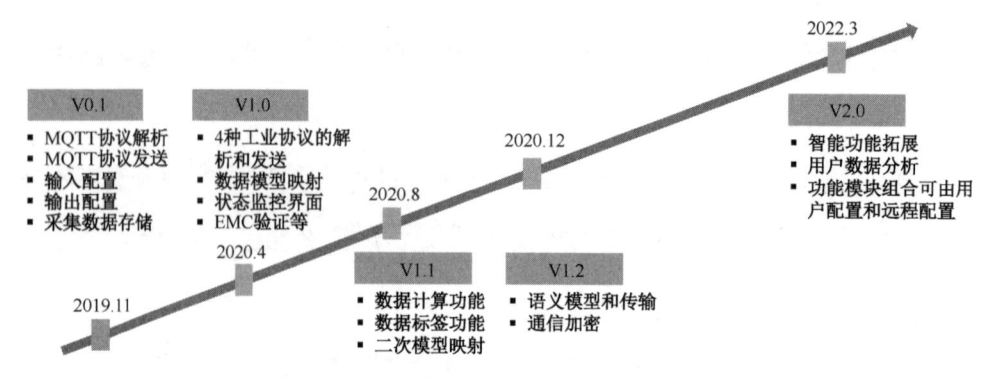

V0.1 (2019.11)
- MQTT协议解析
- MQTT协议发送
- 输入配置
- 输出配置
- 采集数据存储

V1.0 (2020.4)
- 4种工业协议的解析和发送
- 数据模型映射
- 状态监控界面
- EMC验证等

V1.1 (2020.8)
- 数据计算功能
- 数据标签功能
- 二次模型映射

V1.2 (2020.12)
- 语义模型和传输
- 通信加密

V2.0 (2022.3)
- 智能功能拓展
- 用户数据分析
- 功能模块组合可由用户配置和远程配置

图 6-3 "智能物联网关"产品路线图（产品开发角度）

在产品路线图上，孙品反复推算着可用的资源。对于项目经理来说能够调用的"资源"主要是项目团队的人力，而对于孙品这样的产品经理来说"资源"主要是从研发部门那里分配来的资金。所以，孙品做产品计划时，甚至在图中不同的节点上标注了可用于研发的资金数字。

做完了"智能物联网关"产品的路线图及相关计划后，首先要去研发部和公司层面确认立项。很快，研发部和公司层面都确定了这个产品的立项，意味着产品设计和开发的工作可以继续推进了。

接下来，可以细化产品需求的设计等工作了。在这个过程中，孙品是主导，王经参与了部分过程。在需求详细设计过程中，产品经理自然是负责需求的定义、解释等工作，而负责对接开发的项目经理之所以要参与，一方面为了减少后续需求澄清的工作，另一方面也可以在估算某些产品特性的开发难度、所需时间等方面给出专业意见。

孙品和王经密切配合，其实也有另外因素的考虑：严格地讲，产品立项和开发项目立项可以是两个不同的阶段，从时间节点上来说，产品立项早于开发项目立项。如图 6-4 所示。

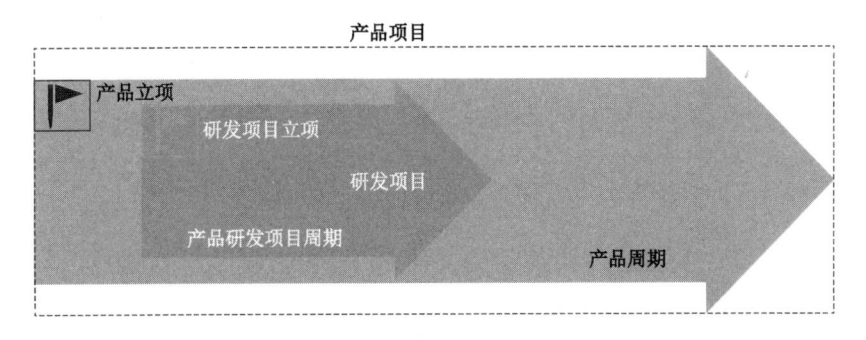

图 6-4 产品立项与开发项目立项的阶段区分

如果把产品的全部过程也作为一个项目来看，那么这个项目经理就是一个大项目经理，这时王经的权职范围是要大于孙品的；而如果王经只是产品开发阶段立项的项目经理，那么就内部关系而言，孙品作为产品经理是王经的"甲方"。吴健作为研发部总监，因为鼓励团队合作，鼓励大家"多一点立功心态，少一点避险心态"，鼓励"要做事，不要甩锅"，所以两人也就不争论这些问题，配合做好工作是共同诉求。这种风气是正面的，尤其在小团队里，一种正气有利于团队高效地合作。

6.2 产品需求背后的核心逻辑

在提产品需求的时候，需要考虑的东西是最多的，也是最重要的。后续的所有动作，都是基于对产品需求的思考。

吴健很重视产品需求，也很担心孙品对这事看轻了，所以找孙品和王经来一起聊聊。

吴健："在产品需求定义阶段，孙品你这边有需要协助的尽管提，比如做用户调研、产品调研需要的差旅和经费等，很多事也可以让王经协助你做。"

孙品："谢谢吴总。我和王经合作得很好，现在以及后续的一些工作也需要通力合作。"

吴健："在产品需求定义阶段，你的工作重点是什么，请说一说？"

孙品："产品需求最重要的事，是要明确产品需求背后的逻辑是什么。"

吴健："喔？详细说说，你指的'逻辑'是什么意思？"

孙品："产品需求对应着目标用户的痛点，所以核心逻辑就是两步，第一步，明确定义并完整描述用户痛点；第二步，根据理解和观察建立一个解决这个痛点的假设，也就是自己认为的解决痛点的可行方法。"

孙品继续说："在定义产品需求的核心逻辑之外，围绕着一堆内容和工具，比如确定目标用户以及确定调研对象都需要使用'用户画像'这样的工具，一个假设的想法如果太大就需要进一步拆解，做完假设之后需要设计调研问卷并进行用户调研，等等。如果脱离了'清晰并完整地描述用户痛点是什么'以及'解决痛点可以用什么方法'这两个内容，就是'捡了芝麻丢了西瓜'。

"只有抓住了'清晰并完整地描述用户痛点是什么'以及'解决痛点可以用什么方法'这两个内容，才算是抓住了产品需求的核心逻辑，才能在后续的产品实现中产生指向性的作用，避免产品偏离本意成为一个四不像的东西。"

王经："哈哈，我以为你说的'四不像'是指从不同产品介绍里面分别抄了一部分拼凑起来，把需求写得太高大上、啥都想要，导致项目实施时发现根本做不了。听完了你说的话，才知道你所谓的'四不像'是偏离了产品本意的需求描述。"

孙品："你说的'四不像'更多的是从项目实现角度来看的，害怕给一个'既能飞、又能跑、还能游泳'的需求，导致开发活动交不了差。屁股决定脑袋，你是项目经理嘛，所以你更关心实现。"

孙品继续说："当然，产品经理也不能不关心实现。需求最终是要交付给开发人员来实现的，对于资源和可实现性的考虑，我们在制定产品路线图时不是就反复衡量过吗？"

王经："没错。"

吴健："孙品把产品经理的工作说得举重若轻啊，做产品经理有那么容易吗？哈哈。"

孙品："的确不容易，方法论容易，操作不容易。单说描述用户痛点这一个内容，有很多工具和方法就需要使用到，否则很可能'一口吃不了个胖子'，无法描述出来。很多时候，用户痛点有很多，而这些痛点又分散在不同的用户场景里，很多零散的用户场景叠加起来是一个很大的用户场景。如果直奔主题说'用户痛点是什么'，恐怕真回答不出来。"

孙品继续说："还有就是，解决痛点可以用什么方法，这种解决方法的提出需要产品经理见得多、有发散思维。多数用户会直接说自己想要什么，但那个只是用户自己想到的方案，一方面比较浅层，另一方面只是基于用户自己的知识范围给出的直接答案。"

"举个例子吧，用户说自己要在墙上钉钉子，所以需求是想要一个电钻作为打孔工具。"

"'在墙上钉钉子'其实是个浅层需求，深一层的是要挂一幅画，再深一层的是为了纪念某个美好的时刻。"

"'想要一个电钻作为打孔工具'其实也只是用户想到的解决方案，用胶粘其实也可行、用锤子也能完成目标、打钉枪也是一个选择。"

"好的产品经理会想到挖掘需求背后用户的深层意图、深层需求，提出的解决方案往往是基于见多识广和跳跃性思维，而不是用户给根杆子就往上爬。"

孙品继续说："我把说的这些在白板上画一画吧。"

孙品在吴健办公室的白板上画了这样的一个图，如图6-5所示。

孙品补充道："我们现在的产品用不到这么复杂的逻辑，工业领域对如何照顾用户的体验等问题目前远落后于互联网消费领域，不过如果我们做好一点，那就是一种竞争力。"

听完了孙品对于产品的理解和清晰思路，吴健放心多了。

剧集六：从路线图中的规划到产品需求　第6章

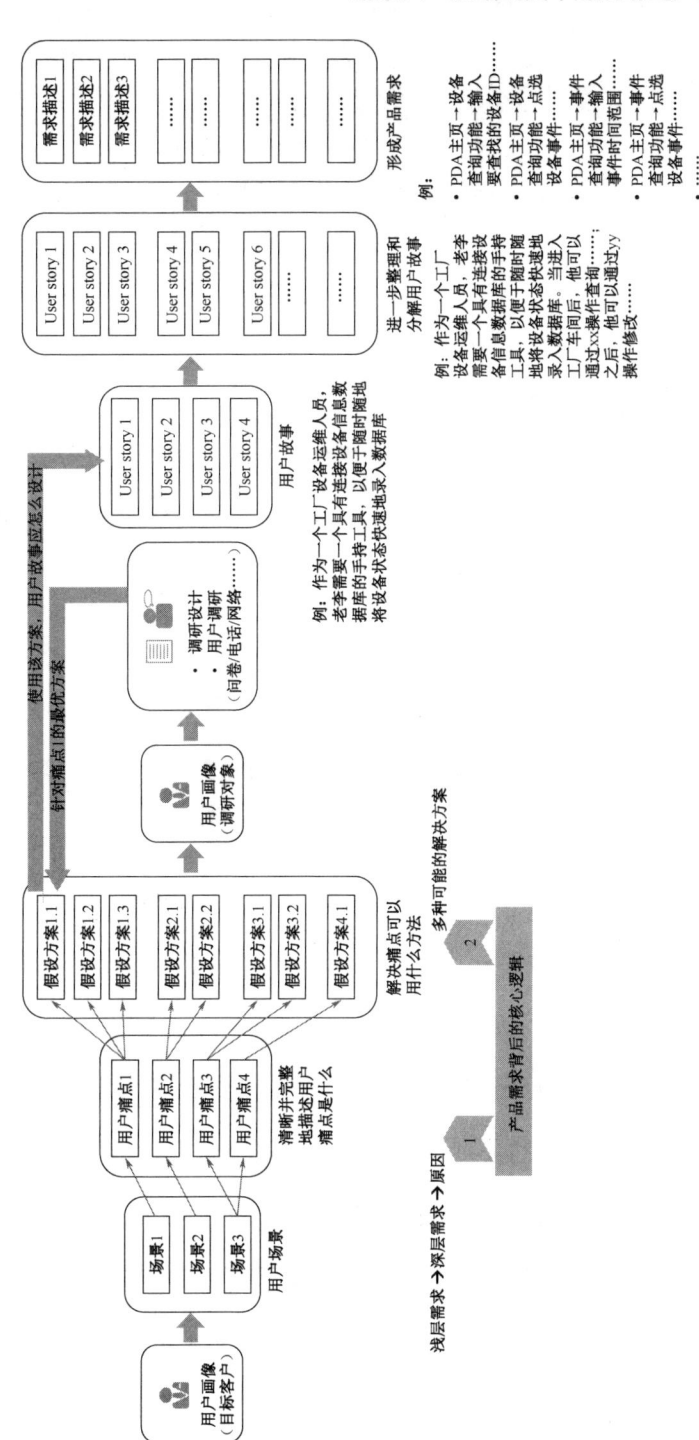

图6-5　产品需求的形成步骤及核心逻辑

113

6.3 从产品立意到需求描述：3步分解法

孙品和王经一起工作，时不时地两人也互相吐槽、调侃、开玩笑。

王经："哥们，当产品经理也有一堆糟心事吗？"

孙品瞥了王经一眼："当然了，你以为只有项目经理不容易啊。就拿现在 IOT 产品需求这方面来说吧，产品经理将需求传达给项目经理或开发人员后，经常遇到的问题是，产品经理写了一大堆文字，开发人员开发出来的东西却相差甚远，可见需求传递不是件容易的事。"

王经："这很正常啊，任何沟通在双方交流信息的过程中很容易出现误解或者遗漏，也可能存在二义性。所以，嘿嘿，你得把需求写得详细一些再交给开发人员呀。"

孙品："那当然喽，写详细不仅仅是文字，还要画图，一图胜千言嘛，说文艺一点，这叫'将产品需求具象化'。但做得越详细，需要的工作量就越大，你懂的。"

王经："的确不容易，但这就是你的职责所在，哈哈。不过，很多需求的定义，如果有类似的产品，参考一下还是能省不少力气的。说文艺一点叫'竞品分析'，说难听一点叫'部分山寨'，反正就是借鉴吧。"

孙品："借鉴当然是一个比较快捷的方式，但对手得允许你借鉴，如果有知识产权保护，这种风险还是不要冒。有时候是没得借鉴，属于你产品的创新，这种就比较花精力，各个功能不仅要体现出如何解决用户痛点，功能之间的逻辑也要自洽。还有的时候，就是算允许你借鉴，但你也要考虑这个内容是不是适合你的团队和公司，借鉴不等于盲目抄袭。"

王经："说的是。我们现在的工作阶段，产品立意有了，详细的需求定义，你打算怎么做呢？"

孙品神秘地笑笑："把大象装冰箱，总共分几步？"

王经："哈哈，我知道这个笑话，三步。第一步把冰箱门打开，第二步把大象放进去，第三步把冰箱门关上。做产品需求也这样？不是吧？"

孙品："拆解出产品需求我也是分三步。第一步，基于痛点和产品立意，粗略描述各个场景中应该有的产品特征；第二步，将产品特征分成产品功能，结合详细的场景来讲述用户是怎么使用它的，我把这一步称为'整理用户故事'；第三步，把用户故事进一步拆解并添加细节描述，整理成研发人员能读明白的形式。往往需要把第二步中的一句话拆解成几句话或者以表格的形式来描述。"

王经："举个例子？"

孙品："关于'智能物联网关'这个产品，我已经开始了整理需求的部分工作，就以这个为例吧。"

一边说着，孙品一边打开电脑，给王经展示了一个例子，如图6-6所示。

王经："嗯嗯，很清晰了，不过我还是有个疑问。那天你跟我一起，在吴总的办公室里画了一张'产品需求的形成步骤及核心逻辑'的图，这两张图应该有逻辑上的关系，你能给解释一下吗？"

孙品："你的逻辑思维还真是很强啊，哈哈。我电脑里也有那天画的'产品需求的形成步骤及核心逻辑'，我把两张图放在一起给你说说它们之间的关系吧。"

```
                                         以此为例
         ┌─── 登录页 ───┐
         │            │
"智能物联网关"─┼── 输入配置 ──┤ 通道配置
   产品    │    页    │ 协议配置
         │            │
         ├── 输出配置 ──┤
         │    页    │
         │            │
         └──  ……   ──┘
```

用户	设备
进入设备的输入配置页面	Web Server显示配置页面
在通道配置页面上输入通道号和通道名称	系统检查通道号和通道名称规则
点击保存按钮	系统保存配置并刷新页面

进入设备的输入配置页面，在通道配置页面上输入通道号和通道名称，点击保存按钮。系统检查通道号和通道名称规则，保存配置并刷新页面

第一步：
基于痛点和产品立意，粗略描述各个场景中应该有的产品特征

第二步：
将产品特征分成产品功能，结合详细的场景来讲述用户是怎么使用它的

第三步：
把用户故事进一步拆解并添加细节描述，整理成研发人员能读明白的形式

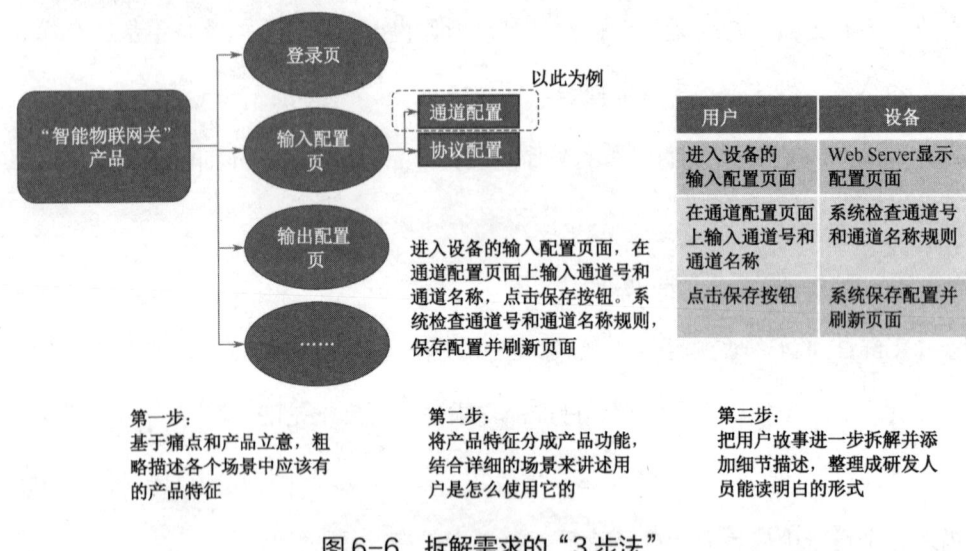

图 6-6　拆解需求的"3 步法"

一边说着，孙品一边把两张图都拷贝到了一页胶片里，动动鼠标画了几条线，展示给王经看。如图 6-7 所示。

孙品接着解释说："图中这两条虚线代表了两张图的范围映射关系。可以看到，现在用的这个'3 步分解法'其实是一个简化版。如果不涉及对解决用户痛点进行多种方案的假设，以及通过用户调研验证假设方案，那么这两张图的内容基本是一致的。"

王经："除了你说的，我看到还有两个地方不一样，前头的'用户画像'部分，还有后面的'形成产品需求'部分。用'3 步分解法'拆解出来的还不算'形成产品需求'吗？"

孙品："其实使用'3 步分解法'也算是形成了产品需求。细讲起来可能稍微复杂一些。

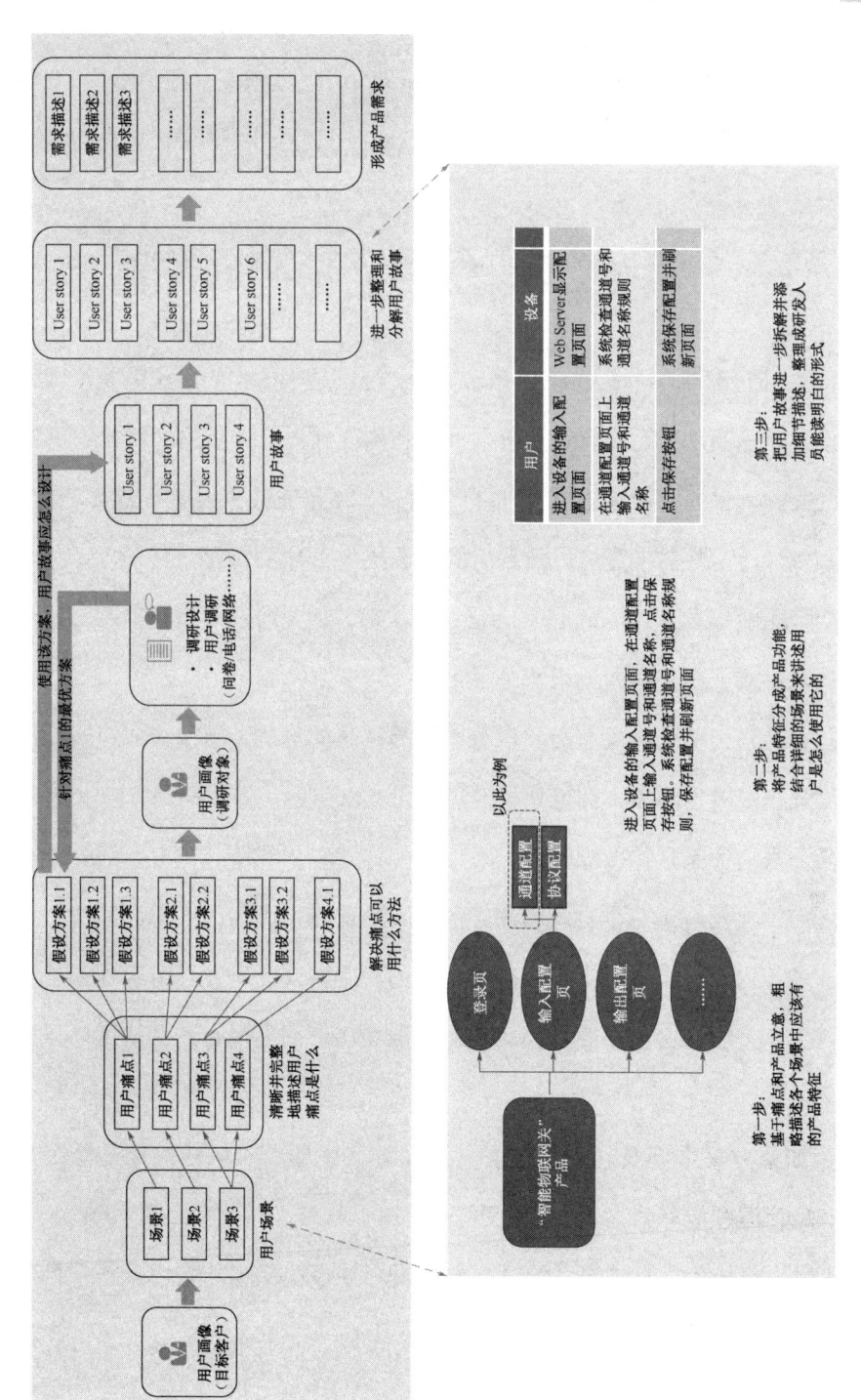

剧集六：从路线图中的规划到产品需求 **第6章**

图6-7　产品需求拆解的两张图之间的逻辑关系

"'3步分解法'拆解出来的是一个个'user story'，也就是'用户故事'。任何一个需求、想法都可以作为 user story，user story 只是一种想法或需求的描述形式。"

"由一条条需求组成的'产品需求列表'或'需求池'，我们称它为'Product backlog'。"

"使用'3步分解法'拆解出来的 user story 可以是未确定的，也就是后续不一定真要投入开发的，其是没有经过价值评估和实现优先级评估的'原始需求'。而 Product backlog 里的 user story 是经过价值评估，并且确认要实现的需求，算是'筛选过的需求'，这些需求是可以放到后面的迭代中去开发的。"

王经："明白了。到了 Product backlog 这一块后，都是研发项目经理的知识范畴了，我自己对接下来怎么做就很清楚了。"

其实，孙品几天前在吴健办公室讨论"产品需求的形成步骤及核心逻辑"这个话题时，画在白板上的那张图促使吴健思考了一个问题：他跟杨询一起 IOT 方案，与产品需求的关系是什么呢？

思考之后，吴健有了一个自认为满意的答案：首先，因为方案考虑了费用成本、时间周期等内容，所以方案是大项目级别的，不仅仅是研发项目级别或产品级别的；其次，方案未必需要新产品研发，可能使用市面上现有产品就可以搭建出来。

最后，如果方案中涉及新产品研发，那么方案中的需求描述更像是一个个"Epic"，产品管理领域称其为"史诗故事"，说白了就是"颗粒度大的 user story（用户故事）"。把方案中的这些"颗粒度大的用户故事"拆解开来，就是一个个 user story、一条条产品需求，如图 6-8 所示。

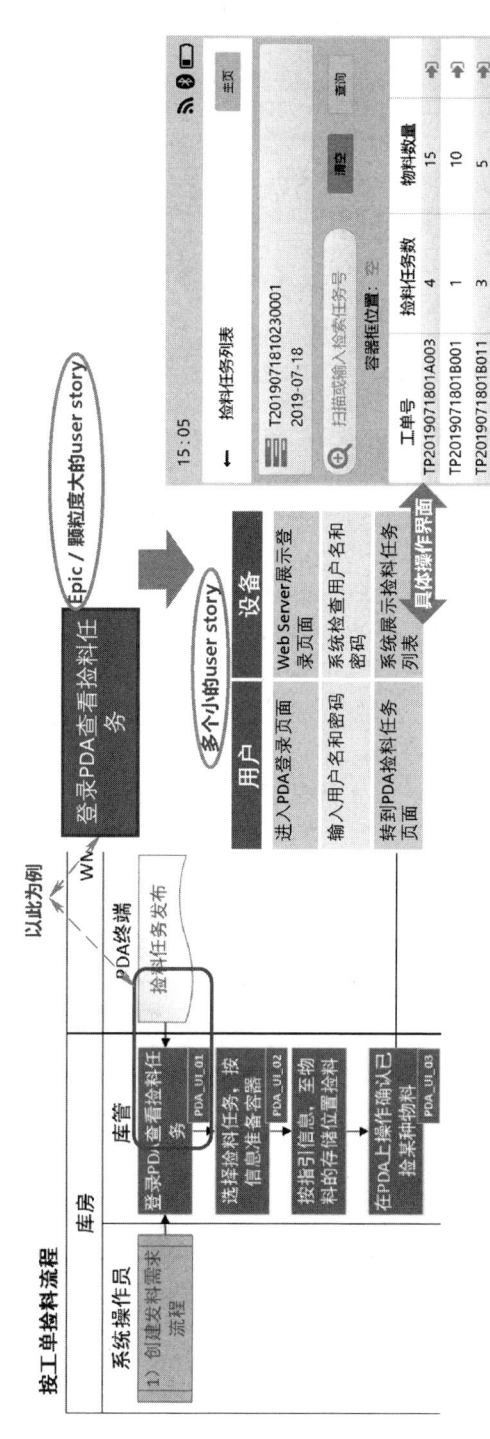

图 6-8 方案中的需求描述与产品需求之间的关系

6.4 非功能性需求怎么体现在产品需求里

非功能性需求是这样一种需求,它不一定能解决"我想要我的系统实现这种功能",而是解决"如何使这个系统在实际环境中运行",所以也有人把非功能性需求称为"性能需求",主要包括可靠性、可用性、可维护性、可移植性、安全性。

这些需求,一般用户提不出来,只有在某些极限情况下,这种认知才会被用户碰到。比如:

只有用户多到一定的数量,某个系统才会反应迟钝;

只有重新部署、把软件系统迁移到另一台服务器上时,才会发现版本适配等问题;

只有遭受过黑客攻击,才会发现原来系统安全很重要;

……

一开始没发现,只有系统运行时间长了之后,疼完了、痛定思痛时才发现之前不重视或忽略了系统的某些特性,这些特性就是非功能性需求。

孙品在跟王经交流拆分需求这个话题时,跟他说过一个观点:用"3步分解法"拆解出来的 user story 算是"原始需求";而 Product backlog 里的 user story 因为考虑了价值评估等因素,算是"筛选过的需求"。

这样说没错,也隐含了一个意思,那就是:直接由用户角度讲述并拆分出来的 user story,数量上也不等于 Product backlog(产品需求列表)里的 user story。

容易导致误解的地方在于:会使人觉得 Product backlog 里的 user story 数量少于原始需求拆分出来的 user story 数量。因为,Product backlog 里的 user story 是

"筛选过"的，越筛选自然应该越少。

但这样说并不准确，将用户的需求拆分成 user story（用户故事）之后，这些 user story 基本上都是功能性需求，我们刚说过，用户一般提不出非功能性需求。而非功能性需求应该是包含在 Product backlog（产品需求列表）里的。如何将非功能性需求包含在 Product backlog 里面？一般有两种处理办法：

一是将非功能性需求作为验收标准直接写在 Product backlog 的 user story 里，这样 Product backlog 里的一个 user story=原始的 user story+优先级+验收标准。或者，有的产品经理建议 user story 需要包含用户角色、功能、目的，这样而言，Product backlog 里的一个 user story=原始的 user story（用户角色+功能+目的）+优先级+验收标准。

二是将非功能性需求单列出来，在 Product backlog 里增加多个非功能性需求的 user story。很多时候需要这样做，因为多个非功能性需求是针对整个系统的要求，而不是针对某个功能模块的要求。

孙品意识到了这部分内容之后，担心王经对知识理解有误区，也担心后续做项目开发时这个问题还是要被翻出来，所以找来王经特意又聊了这个话题。

聊的过程中，王经又有了新的问题："怎么衡量一个产品功能是否值得开发？也就是如何衡量产品功能的价值或优先级？"

孙品："有个理论叫作'卡诺模型'（KANO 模型），是对用户需求分类和优先排序的有用工具，以分析用户需求对用户满意的影响为基础，体现产品性能和用户满意度之间的非线性关系。"

一边说着，孙品一边在网络上搜索出一张卡诺模型的图示意给王经看。卡诺模型的示意图如图 6-9 所示。

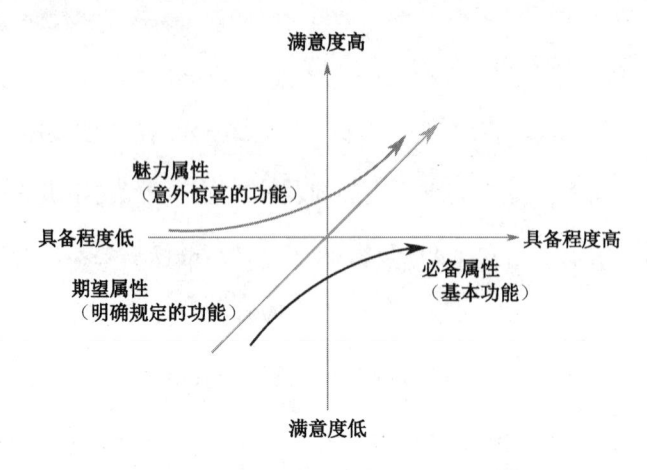

图 6-9　卡诺模型（KANO 模型）

孙品继续解释说："魅力属性，就是用户意想不到的、让用户有意外惊喜的功能。如果不提供这些功能，用户满意度不会降低，但当提供这些功能时，用户满意度会有很大提升。举个例子来说，整个手机系统的字体可以调大，方便不同年龄段的人清晰阅读，这就是一种魅力属性。

"期望属性，就是用户明确想要、产品明确规定的功能。当提供这些功能时，用户满意度会提升；当不提供这些功能时，用户满意度会降低。比如一台电脑的处理速度、赛车游戏中的驾驶操作体验，等等。

"必备属性，就是产品要有的基本功能。当优化这些功能时，用户满意度不会提升；但不提供这些功能，用户满意度会大幅降低。比如，在很多产品中都有登录验证、角色管理、权限管理功能，这些功能是必须要有的，但这些功能优化得再好也成为不了主要功能。"

孙品继续说："魅力属性、主要的期望属性、一小部分的必备属性，这些功能需求的价值大，优先级也高。"

6.5 一个需求文档的主要章节

孙品把"智能物联网关"这个产品的需求按"3 步分解法"拆解了之后，就相当于有了产品需求文档的主体。

产品需求文档应该包括的章节主要有：用户需求的背景、产品定位、产品特色、产品总体功能结构、需求列表里的每一个功能的具体说明、非功能性需求说明，等等。如图 6-10 所示就是一个产品需求文档的示例。

如果一定要找出哪几个章节是最能体现产品需求是怎么设计的，图中标星号的 6 个部分就是跟需求最息息相关的。以下是对这 6 个部分给出的示例。

1．产品总体流程图

总体流程可说明产品的基本用户行为路径，有助于产品理解，如图 6-11 所示。

2．产品总体功能结构（见图 6-12）

总体功能结构是从功能块的角度划分产品的功能，可以归纳总结产品有哪些主要的功能亮点。"产品总体流程图"是从用户角度、使用流程角度观察产品有哪些功能，属于产品功能的"动态图"，而"产品总体功能结构"是从产品角度、总结概括角度观察产品有哪些功能，属于产品功能的"静态图"。

3．产品需求列表

以"智能物联网关"产品的"设备管理"和"输入配置"两个功能类别为例，如表 6-1 列出的产品需求。

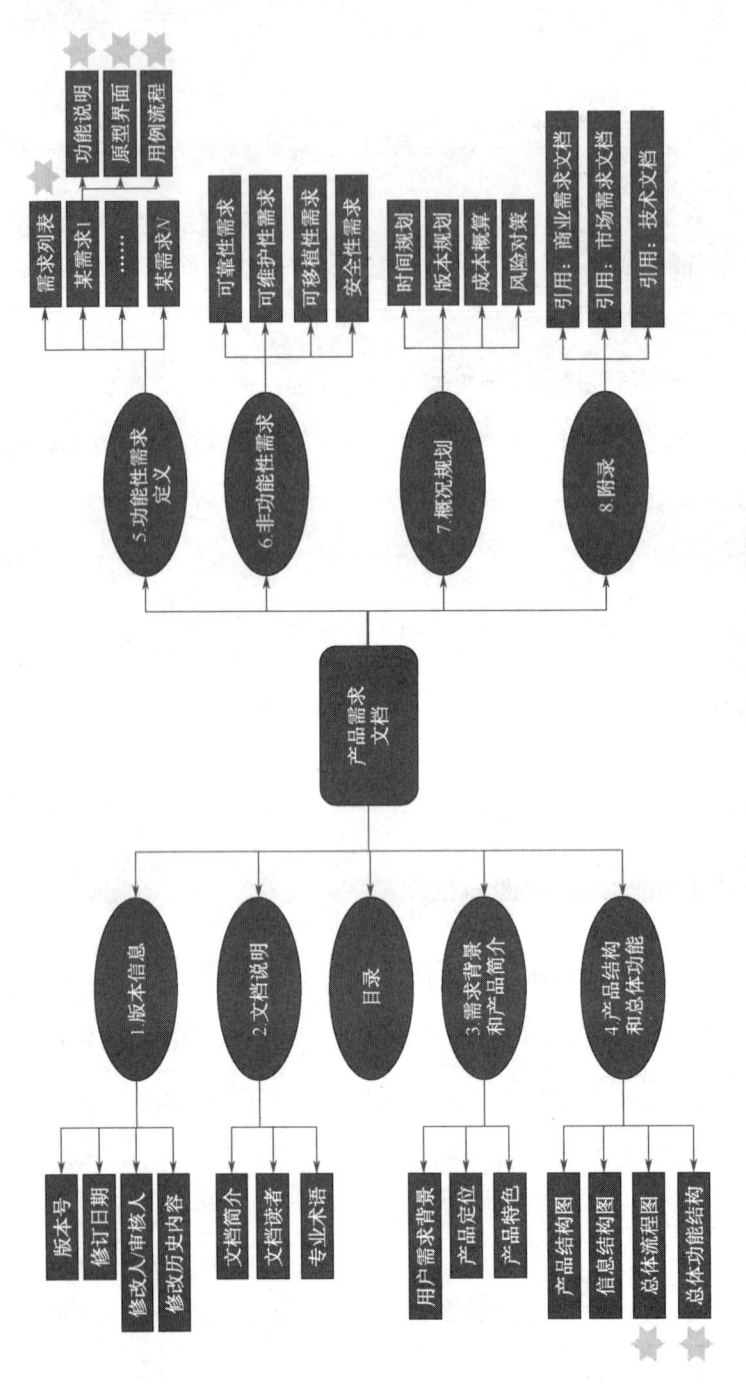

图6-10 产品需求文档的章节示例

剧集六：从路线图中的规划到产品需求　第6章

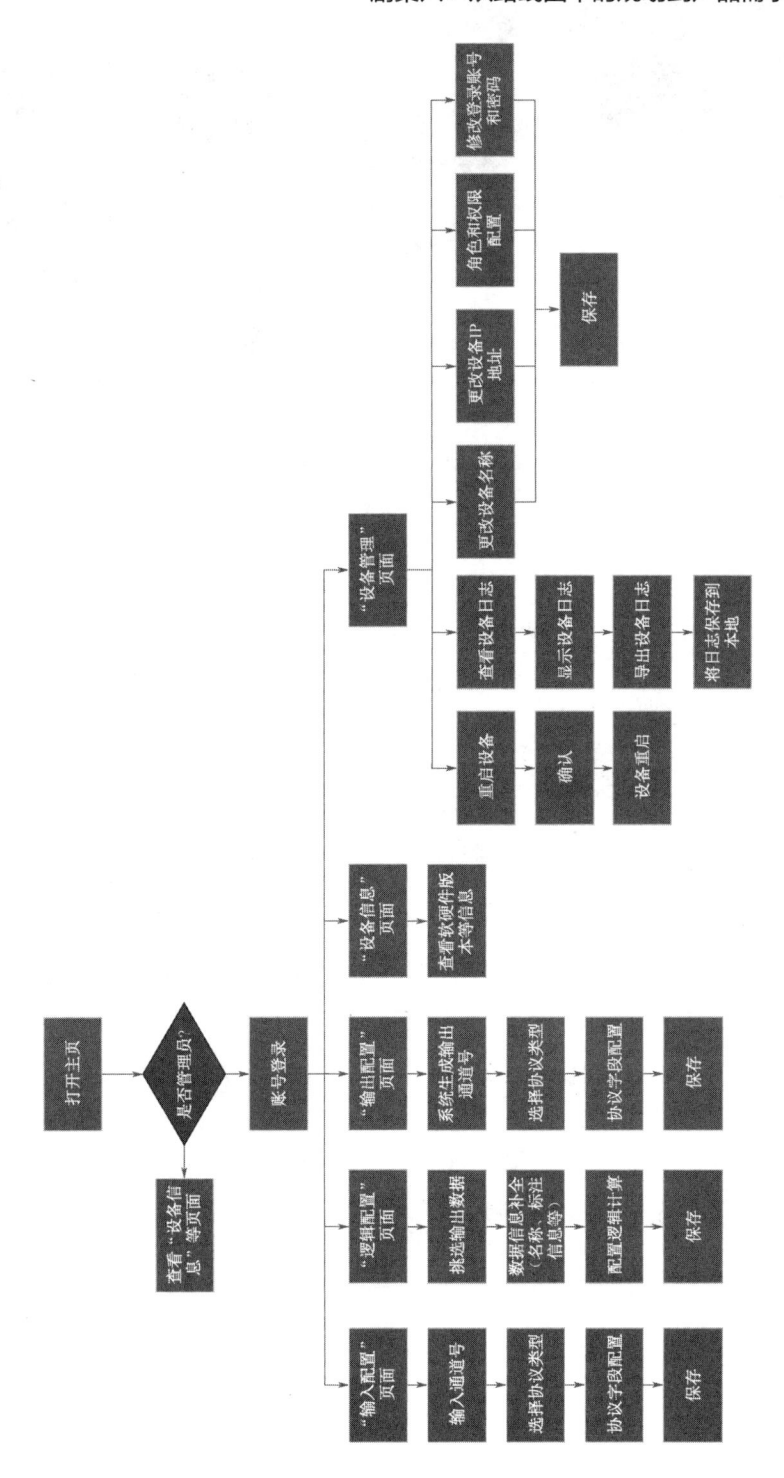

图6-11　"智能物联网关"产品的总体流程图

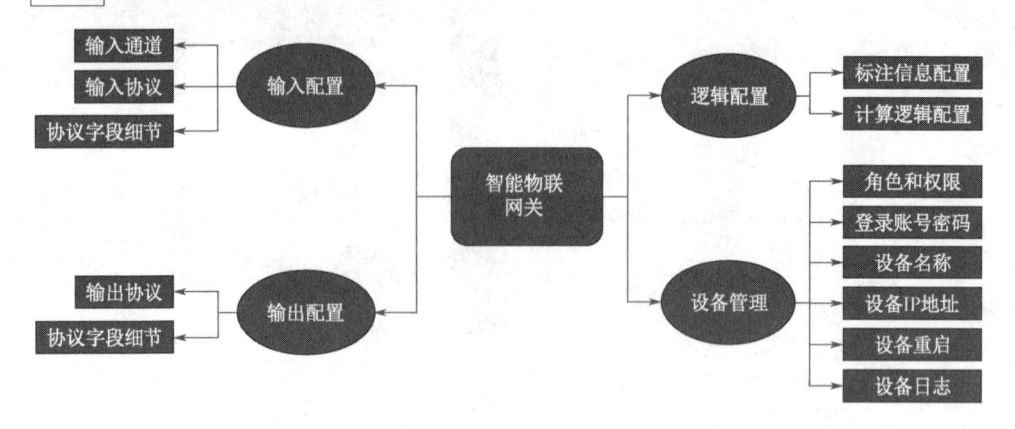

图 6-12　"智能物联网关"产品的总体功能结构

表 6-1　产品需求列表

模块/功能类别	功能	优先级
设备管理	Function A.1：修改登录密码	高
	Function A.2：角色和权限配置	高
	Function A.3：设备重启	中
	Function A.4：设备日志	低
	Function A.5：修改设备名称	中
	Function A.6：修改设备 IP 地址	高
输入配置	Function B.1：输入协议（MQTT）详细配置	高
	Function B.2：输入协议（S7）详细配置	中
	Function B.3：输入协议（OPC UA）详细配置	高
	……	
……		

功能说明、原型界面、用例流程，这三个条目的内容其实是对应一个具体需求描述里的内容。

4．一个具体需求条目的功能说明

以"智能物联网关"产品的"设备管理"中的第一个功能"Function A.1：修改登录密码"为例，表 6-2 列出了具体需求条目的功能说明。

剧集六：从路线图中的规划到产品需求 **第 6 章**

表 6-2 具体需求条目的功能说明

功能标号	Function A.1
功能描述	修改登录密码
需求说明	1. 默认登录者账号名和密码为 Admin，第一次登录时提示更改 2. 安全考虑，密码长度不应低于 6 位，且不能为纯数字 3. 如果新输入密码与原密码一致，无须提示"密码没有发生更改"等 （此处仅作关键说明，详细结合原型表述）
优先级	高
输入/前置条件	登录设备→"设备管理"→"修改登录密码"
输出/后置条件	1. 输入验证码 2. 提示两次输入新密码 3. 验证密码规则并保存新密码或弹出失败提醒
界面原型	见图 6-12（可放在后面单独列举，或提供链接）
用例流程	见图 6-13（可放在后面单独列举，或提供链接）

5．对应的原型界面（见图 6-13）

图 6-13 修改登录密码的原型界面

6. 对应的用例流程（见图6-14）

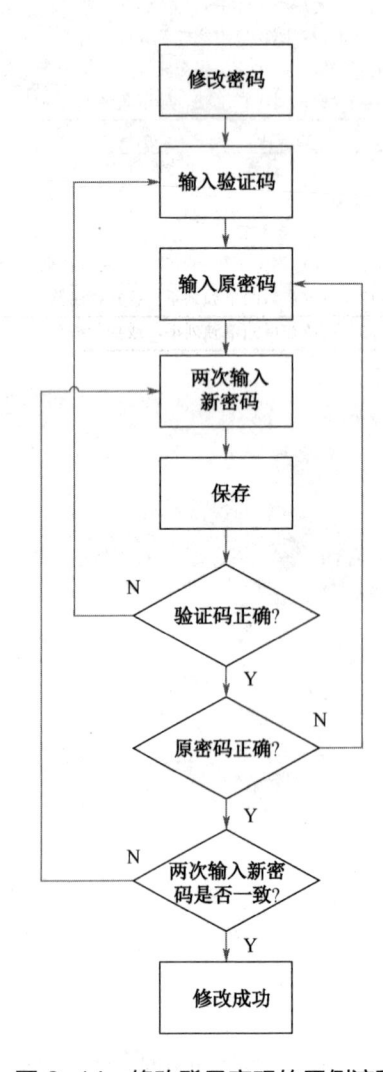

图6-14 修改登录密码的用例流程

6.6 方法论的陷阱：止步于关键词

王经与孙品一起做产品项目的过程中，二人经常有一些思想火花的碰撞，这些讨论、争论也有助于彼此提高对一些问题的认知。

有一次，王经问孙品："老兄，据我所知，产品管理跟项目管理一样，有一大堆的概念、理论等，怎么较少听你提及呢？"

孙品："的确有一大堆理论，单从产品领域的内容来看，'产品'这个概念的定义、'客户'与'用户'的区分、RWW（Real-Win-Worth，真实—胜利—值得）法评估市场机会，等等有很多。产品因为跟市场营销关系紧密，跟公司战略也相关，所以其他概念诸如 4P（Product-Price-Place-Promotion，产品—价格—渠道—促销）、4C（Customer-Cost-Convenience-Communication，顾客—成本—便利—沟通）、SWOT（Strengths-Weaknesses-Opportunities-Threats，优势—劣势—机会—威胁）等，也属于产品领域的相关概念，同样是不胜枚举。

"这些理论、概念、框架当然是很有用的，但它们是用于帮助思考的，如果借助这些理念或框架，把整理好的信息当成了结论，反而限制了这些理论、概念和框架的作用，违背了理论诞生的初衷。比如，很多人一谈到市场分析，就用SWOT，拍脑袋想出自己公司或产品的优势劣势在哪儿，而不再追求对市场信息的通盘了解和进一步思考，甚至满足于使用理论和框架，不再对如何解决问题、针对问题提出方案之后持续观察方案是否奏效进行跟进，那么这些理论、概念、框架反而成了解决问题的'拦路虎'。"

王经:"哈哈,没错。要活学还要活用。我还碰到用理论和框架怼人的,就是质疑你没有遵循什么理论和框架,所以全盘否定你的工作。"

孙品:"哈哈,那是把产品研发当成做题了。我觉得做实际产品的,最厉害的当然属于那种既懂理论又能把理论'兑现',实际做事也很厉害的。做好事的同时还能'引经据典',这样最厉害。"

王经:"那剩下的两种,就是'能做好事但理论没那么强的'和'理论挺强做不好事的'喽。我宁肯喜欢前者。"

孙品:"哈哈,我也一样,在没有那么多理论出来之前,大家照样是要做事的,只不过对某些概念和理论'日用而不知'。理论能行得通,实际没有操作性的,不是说没用,而是在做产品这样需要实物产出和具有工程性的项目中,看不到效果。"

王经:"其实我觉得如果理论行、实操不行,从另一个角度也可以说,理论还是不太行,因为那样的理论遗漏了很多因素,比较片面,是对现实世界的认知不足导致的。"

孙品:"好吧,哈哈,你这么说我觉得也没错。"

第 7 章

剧集七：从产品需求转化出研发项目需求

从产品需求到研发项目需求，到底有多远？这是一个因人而异、因项目而异的事情。

什么意思呢？首先，有了产品需求为什么还需要研发项目需求呢？产品需求是从用户角度来 IOT 产品功能需求描述（当然，也可能是非功能性需求描述）。拿着产品需求里的一条条描述跟用户去交流，用户能听懂。而当项目开发实现时，就需要研发人员能够听懂这一个个需求，从而指导接下来的开发实现工作。研发项目需求是从研发人员角度来描述的产品功能要怎么实现。

其次，产品需求一定需要"转化"，才能成为研发项目需求吗？不一定。这取决于两个层面：第一，如果产品经理写的产品需求已经掺杂了关于功能怎么实现的描述，而研发人员看了这种描述知道自己应该干什么，那就不用在两种需求之间"转化"或"翻译"；第二，如果产品经理写的产品需求很"用户化"，也就是没考虑研发人员怎么实现，但研发人员对这种产品功能怎么实现很熟悉（可能这个产品是很成熟的）或者研发人员经验足够丰富，那么也不用在两种需求之间"转化"或"翻译"了。

以上这么说比较抽象，我们来举个例子吧。比如，拿我们之前提到的一条产品需求描述为例：

进入设备的输入配置页面，在通道配置页面上输入通道号和通道名称，点击保存按钮。系统检查通道号和通道名称规则，保存配置并刷新页面。

不同的产品经理写这条需求的风格不一样。有的产品经理可能如此描述：

"进入设备的输入配置页面，在通道配置页面上输入通道号和通道名称，点击保存按钮。"

这种就是根本没有写系统应该做什么，纯粹从用户角度写的需求描述。

有的产品经理可能如此描述：

"进入设备的输入配置页面，在通道配置页面上输入通道号和通道名称，点击保存按钮。通道号和通道名称发送给后端进行规则检查，如果通道号不满足唯一性规则或非数字，通道名称含有特殊字符等不满足规则的条件，那么弹出错误提醒并不保存配置；如果满足规则，则调用后台接口将通道号和通道名称保存到数据库，并调用前端接口刷新页面显示已添加的有效通道。"

这种就是既从用户角度写了需求，也从技术角度写了应该大概怎么实现，很详细。当然不是说这种就一定好，因为如果遇到了不用在两种需求之间"转化"或"翻译"的情况，这样写产品需求反而是浪费时间。

是否需要在两种需求之间"转化"或"翻译"，取决于产品经理写的需求与研发人员想到的实现方式之间能不能弥合起来，如果距离太远，就需要"梯子"，也就是需要把产品需求描述"翻译"成研发项目需求描述；如果距离较近，或者是产品经理写的产品需求描述已经涉及了技术实现层面，或者是研发人员根据经验已经知道这些产品需求描述应该怎么实现，那就不用多此一举。总之，"周瑜打黄盖，一个愿打一个愿挨"，产品经理和研发项目团队手拉手，能把事做成了就行了。

当然，上面举的这个例子中，还有的产品经理可能如此描述：

"作为工厂设备的维护人员，我需要登录能够进入设备的输入配置页面，在通道配置页面上配置通道号和通道名称，以便后续能够把采集的数据读入该通道（数据就有了通道信息）。"

这是用典型的"用户角色+功能+目的"方式来描述 user story 的风格，也是一种不错的实践。

还有的产品经理可能把这条需求拆分成两条甚至多条需求描述：

"设备的输入配置页面分为通道配置和详细配置两个页面区域。

"在通道配置页面上可以配置通道号和通道名称并保存，不符合命名规则会弹出错误提示。

"在详细配置页面上可以配置工业协议的具体字段，比如 IP 地址、协议类型、协议起始字段（Modbus 等协议有该字段）、是否有加密方式（OPC UA 等协议有该字段）等。具体协议的字段参考其他需求描述条目。"

这样风格的需求描述就有更细的颗粒度。

哪种风格的描述更好？没有更好，只有更合适，所以说：因人而异、因项目而异。

产品需求描述中的一条条需求组成了 Product backlog（产品任务列表），研发项目需求描述中的一条条需求组成了 Technical backlog（技术任务列表）。

那么，不需要把产品需求描述"翻译"成研发项目需求描述时，是不是产品需求描述就等于研发项目需求描述了？其实还是有那么点不同，我们接下来就讨论这些问题。

7.1 项目经理的"管理型"和"技术型"

没有天生的产品经理,也没有天生的项目经理,这些经理在管理产品或团队之前都从事的其他岗位。不管是产品管理还是项目管理,只要能做好相关的工作就足够了,所谓"英雄不问出处"。

但如果真要问一下出处,产品管理、项目管理的来源可谓多种多样:有从程序员、架构师转为管理岗位的,也有从业务或实施转为管理岗位的。项目经理就是如此,由于大家各自的技术底蕴不同、观念不同,因此也成为了拥有不同管理思路的项目经理,大概可以分为"技术型项目经理"和"管理型项目经理"。

技术型项目经理通常是从技术岗位(程序员、架构师等)转做项目管理的,因此仍然透着很浓的技术底蕴,这个类型的项目经理大部分仍在扮演技术领导人的角色,其工作有如下特点:

(1)他在项目团队中兼职充当架构师或设计师的角色,甚至成为核心模块的代码编写者;

(2)类似于团队中的"高工",团队中有任何技术问题都可以找他咨询;

(3)充当救火队员,哪里需要人就去哪里补充,哪里出现问题就出现在哪里;

总之,技术型的项目经理就是一个技术经验比大家丰富的开发人员,也比其他人能干,很多时候都是撸起袖子亲自上。

管理型项目经理的技术底蕴通常没有技术型项目经理那么深厚,他有可能是从技术岗位转换过来的,也可能是从非技术岗位转换过来的,或者是之前有较多的研发经验但较长时间专做管理导致离开一线的开发设计时间较长。这个类型的项目经理，其工作有如下特点：

（1）注重项目流程，依靠流程能够很好地成为工作的监督者和项目进度的推进者；

（2）绩效考核的坚定支持者，经常用绩效作为工具激励团队；

（3）资源的协调者和运作者，能给团队成员争取利益，也能给团队成员"画饼"（描绘前景）。

一般而言，小公司大多数都是技术型项目经理，因为小公司对品牌以及背后的质量风险等问题沉没成本低，所以不需要那么重型和专职的项目管理，而一人身兼多职可以达到一份工资干几份活的效果。反之，大公司的品牌和出错的沉没成本太高，需要比较重型的项目管理流程和方法，研发的项目体量一般也比较大，所以倾向于使用专职项目经理，导致大公司多数都是管理型项目经理。

王经和孙品也讨论过这个话题，在讨论中还有一些其他的发现。

孙品："咱们研发部现在人虽然不多，但吴总还是区分了产品经理、项目经理、架构师等角色，说明他着眼于把部门做大。"

王经："我也这样认为。除了你说的原因，我觉得跟吴总自身的背景和经验也有关系。他出身 IT 行业，还是比较大的公司，大的 IT 公司的组织角色划分颗粒度是比较细的。"

孙品："是的。咱们部门现在人不多，对项目经理的要求可能要偏技术一点，你是做研发出身的，正好合适。"

王经翻了个白眼："孙哥是说等部门壮大了，我就不合适了呗？"

孙品："哈哈，没那个意思。没有哪个项目经理是 100%技术型的，也没有哪个项目经理 100%是管理型的，不过是工作的侧重点不同而已。很多技术出身的做管理型项目经理也很成功啊。"

王经:"你这个我倒是同意,而且技术型项目经理和管理型项目经理也是各有优劣,没有谁更好,只有哪种环境下谁最合适。"

孙品:"喔?各自优势的地方就不提了,你说说这两个类型的项目经理有什么不足?"

王经:"先说技术型项目经理的不足吧。

"技术型项目经理应对规模较大的项目时,往往放不下技术,又因工作太多而造成困扰,所以自己往往成了项目的瓶颈。

"技术型项目经理往往对技术比较自信,尝试用技术解决所有问题,对产品经理隐性需求的理解和管理不足,导致项目过程中可能偏离方向,很多功能做出来是从技术角度而不是从用户角度来实现的。

"人的精力是有限的,技术型项目经理对于团队的氛围变化不敏感,发现问题往往比较滞后。"

孙品一边听一边点头,王经继续说:"同样,管理型项目经理也是有不足的,体现在不同的层面。

"管理型项目经理的技术方案评估能力不足,遇到技术难题时自信也不足,这就导致估算项目周期时自己没有把握。

"管理型项目经理的技术风险评估能力不足,很可能在项目过程中遗漏了一些技术风险方面的考虑。

"所以,管理型项目经理至少需要一位跟自己互相信任的技术牛人一起共事,比如关系处得很好的架构师。"

孙品:"哈哈,总结得很到位。但是随着团队规模的不断扩充以及自身年龄和阅历的不断增加,技术型项目经理应该是逐渐向管理型项目经理转变的吧?"

王经:"没错,是这样。所以,经验丰富的项目经理,技术在他个人技能中所占的比例越来越低，提高自身的综合管理能力变得越来越重要。"

7.2 从产品需求到开发需求

Product backlog（产品任务列表）里的需求是以用户能够明白的方式，描述了一个系统的外在行为，它完全忽略了系统的内部动作，因为从用户角度而言没必要关心系统内部是怎么实现的。Product backlog 里的需求不需要提及任何有关数据库、记录、字段之类的对用户一点儿意义都没有的东西，而在开发需求中就要关注"系统内部动作""数据库""记录""字段"等因素，以便开发人员对所要开发的功能有统一的认识，并且保持接口一致性。

开发需求是将产品需求与具体的开发技术结合起来的产物，这个过程在职责划分清晰的公司中，往往是由负责产品开发的项目经理或技术经理来做，而不是由产品经理来做这个转化。把这些开发需求放在一起，就组成了 Technical backlog（技术任务列表）。

是否需要将 Product backlog 转化成 Technical backlog，取决于团队磨合的成熟度，比如产品经理写的需求与研发人员想到的实现方式之间能不能弥合起来。

像旭霓公司研发部这样一个刚组建起来不久的研发部门，还是需要写一个 Technical backlog，这是王经与孙品的共识。两人这一次的讨论，还有架构师戴构的参与，因为一些内容也与架构师有关系。

王经："孙哥，你之前跟我讲过一个拆解需求的'3 步法'，这个第 3 步不就是开发需求了吗？"

孙品在自己电脑上找到了王经说的那张图，如图 7-1 所示。

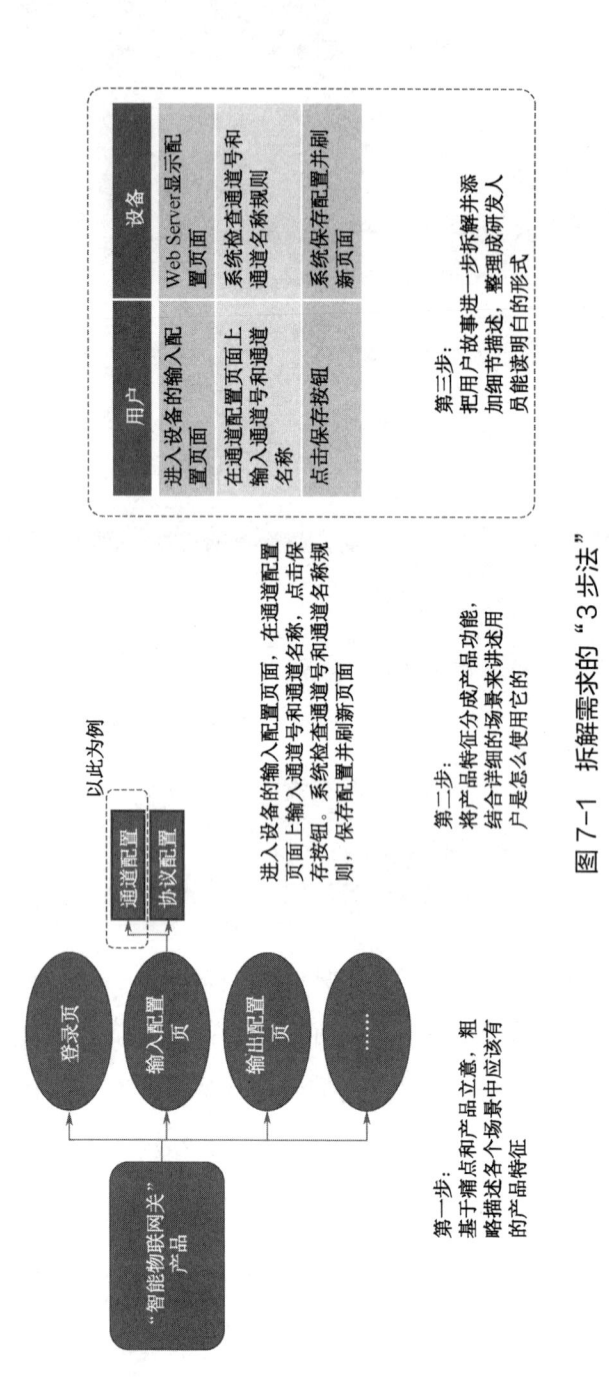

"剧说"工业互联网落地 企业数字化转型全栈演示

图 7-1 拆解需求的"3 步法"

孙品："哦，你说的是这个吧？"

王经："是的。"

孙品："的确如此。一般而言，产品经理维护的 Product backlog 把需求拆解成如图 7-1 所示的第 3 步这样的颗粒度，项目开发人员就不需要再搞一套 Technical backlog 了。多维护一个文档就多一份工作，'如无必要，勿增实体'这也是奥卡姆剃刀定律（Occam's Razor）提倡的'简单有效原理'。"

王经："考虑到我们团队刚成立不久，磨合没那么成熟，我们还是有必要把 Product backlog 里的需求一条条地转化到 Technical backlog 里，对吧？"

孙品："没错，我觉得是有必要的。其实很多磨合成熟一点儿的团队也依旧把 Product backlog 翻译一遍，形成 Technical backlog。他们这样做还有另一个原因。"

王经："你说的是在比较大的项目里，多个小项目团队交付的模块之间存在依赖。这些因素不需要从产品层面考虑，但是需要从技术层面考虑，是不是？"

孙品："没错，就是这样。"

王经："我遇到过。在复杂项目里，哪怕产品经理将需求写到很细的颗粒度，比如'用户输入用户名和密码后，点击登录按钮，前端页面中的用户名和密码以加密形式发送到后端数据库服务器进行解密比对，比对成功后用户侧页面跳转到登录成功后的个人主页'，这条产品需求已经写得够技术范了，但项目在实际操作中可能是前端团队先要把前端框架搭建起来，后端团队也需要先搭建后端的微服务框架，而数据处理接口封装的工作可能是由另外一个小团队来做。在实际开发过程中，有很多工作包的依赖，还有很多框架性的工作要提前搭建才能在后续具备迭代增加功能的条件，在这样的情况下，也是要写一个 Technical backlog 才能指导项目团队实现开发任务。"

戴构："是的，Product backlog 在开发实现阶段最终要转化成每个开发人员的 task，或者叫'任务'。磨合比较成熟的小团队，可以直接在开发迭代周期里把 Product backlog 里的一条条 user story 直接转化成多个 task。而对于配合不那么成熟的团队而言，Technical backlog 也能起到这个作用，那就是 Technical backlog 里已经比较偏向于拆分出前端要做啥、后端要做啥等内容了，已经比较偏向于 task 这个颗粒度的描述，后续再开发的时候就只需要花少量时间讨论怎么拆分 task 来实现 Product backlog 里的一条条 user story 了。"

王经："Product backlog 转化成 Technical backlog，离不开你架构师的参与呀。知道我指的是什么意思吧？"

戴构："明白。Technical backlog 里面的一条条技术需求怎么写，很多时候取决于架构怎么定义的。比如，同样一个登录功能，在前后端不分离的技术架构下，技术角度要描述后端怎么渲染模板进行业务响应；而在前后端分离的技术架构下，技术角度要描述前端展示什么样的界面以及后端如何处理业务逻辑；而如果使用微服务框架，后端的逻辑又需要拆解成多个组件。"

王经："那接下来我和戴构一起，将会把 Product backlog 转化成 Technical backlog，在这个过程中可能会对一些需求的描述进行确认和澄清，所以也免不了跟孙哥频繁沟通。"

孙品："为了把事做好，这些都是必然要发生的。"

戴构："把 Product backlog 转化成 Technical backlog，Technical backlog 里面的条目一般要比 Product backlog 数量多，因为拆解过程中一些基础技术组件和框架的搭建等内容，是产品需求描述里没有而技术需求描述里一定会出现的内容。

王经："是的。"

戴构："在转化 Technical backlog 的过程中，也是相当于我这边在开始做架构的工作了，因为要考虑技术实现，架构总体采用什么模式、分哪些大的技术组件、模块之间的通信方式等等，都要有个大概的考虑和设计。"

王经："是的。如果细究项目阶段的事情，我觉得现在我们是处于'计划阶段'，虽然不是'设计阶段'，但是有你这个架构师的很多工作在里面。我个人喜欢把'计划阶段'分为'定义''分析'和'计划'三个环节，写 Technical backlog 就属于'分析'这个环节。"

王经一边说着，一边在白板上画一张图，如图 7-2 所示。

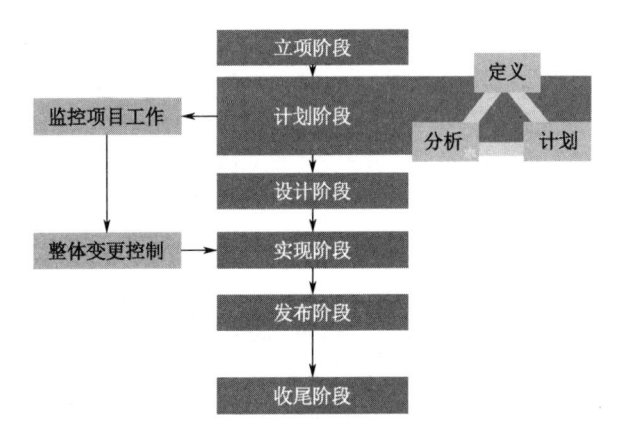

图 7-2 Technical backlog 属于"计划阶段"的"分析"环节

王经一边说一边看向孙品："孙哥，这只是我个人的一种划分方法，你对这个流程怎么看？"

孙品："你是以项目流程为主线画的图，我这边把产品流程画一下。"

孙品一边说着，一边在白板上补充画了一张图，如图 7-3 所示。

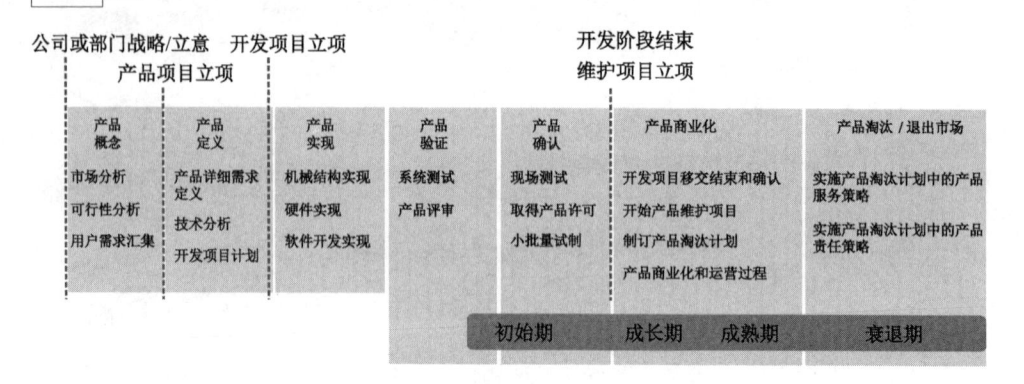

图 7-3　产品生命周期流程

孙品继续说："产品流程主要是从产品概念到商业化再到产品退出市场的整个过程，这个过程也叫作'产品生命周期'。"

"如果要把开发项目的流程融合到这张图里进行比对，应该是这样。"孙品一边说着，一边在图中又补充画了一部分，如图 7-4 所示。

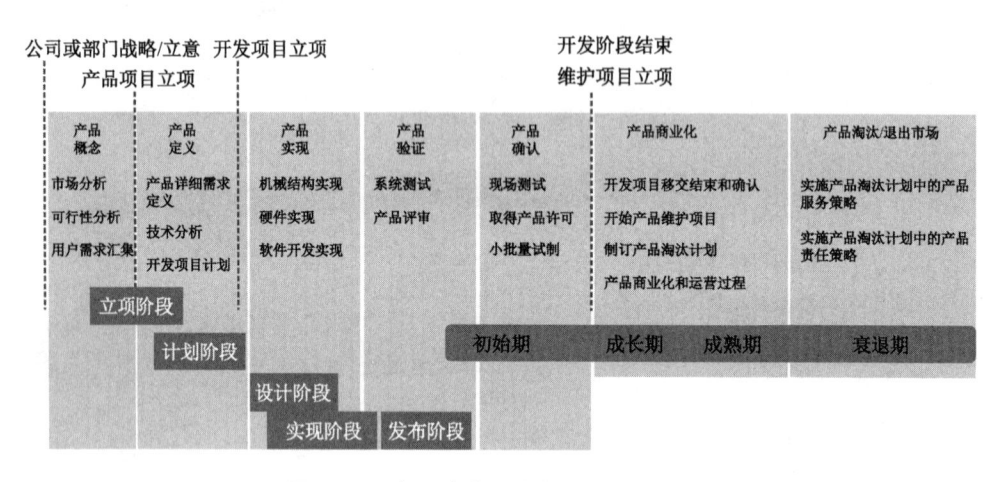

图 7-4　产品生命周期与开发项目流程

戴构看着白板感叹："做好产品管理和项目管理真的需要综合能力呀。"

7.3 估算，要跟你见几次面

估算的目的不是得到一个数值，而是通过估计项目进度和成本以及在给定时间框架内可以交付的功能，判断项目是否有商业价值和项目过程中风险的大小。

关于估算，孙品、王经和戴构就这个话题展开了讨论。

王经："我们在将 Product backlog 转化成 Technical backlog 这个过程中，还需要对开发需求的整体时间做大致的估算，这个估算的时间会反映在项目计划里。"

孙品："不仅是现在这个阶段做估算，我在产品立项阶段就做过估算。"

王经："是的，估算是需要多次的，具体可以做几次我说不好，但我觉得做一个项目最少要有 3 次估算。"

孙品："喔？说说至少要有哪 3 次估算？"

王经："产品立项时你需要对产品实现、验证、商业化等各个环节做估算，这是第一次估算；这里面的估算包括了项目的实现阶段，也就是对于产品开发的估算。

"我做项目计划过程中也需要对项目的各个环节做估算，估算同样包括时间维度的估算、花费金额的估算等，这是第二次估算。这次的估算需要跟产品经理的第一次估算做交流，对第一次的估算做修正参考。现在正处于项目计划阶段，这个估算马上就要做了，接下来要跟架构师戴构一起商量此事。

"到了开发实现阶段，很多开发人员接触到的就是关于工作包或任务（task）的时间估算，这是第三次估算。如果用敏捷开发流程（Agile），那时的估算是 Sprint Plan（迭代计划）的一部分。同样，第三次估算可能会修正第二次估算，也就是对项目计划里的估算做修正参考。"

孙品:"这3次估算总结得不错,而且每次的估算颗粒度不同,越来越细。就拿时间周期方面来说吧,第一次估算多数用'人月'表示,第二次估算多数用'人周'或'人天'表示,第三次估算多数用'人天'或'小时数'表示。那么,不同时期的估算有什么不同的估算方法吗?"

王经:"先说第一次估算吧,孙哥你在产品立项时使用什么样的估算方法呢?"

孙品又被反问回来了,笑着说:"虽然有各种估算方法,比如'三点估算法'(PERT)等。多数时候,我用的是'经验法',也就是'类比评估法',可能是拿我的直接经验作为参照,也可能是拿间接经验作为参照,找一个类似体量大小和复杂度的产品做参照来估算新产品所需要的时间和费用。

"如果找不到类似体量大小和复杂度的产品作为参照,我会用一个比例数乘以产品规模的方式来做估算。拿一个软件产品来说,产品规模指的是软件的大小,可以通过程序代码行的长度、功能函数的数量、数据库中表的数量、数据库的大小等要素来描述软件规模。软件规模越大,所花费的开发周期或人力投入就越多。当然,这个'比例数'不是一个简单的线性函数关系,软件体量越大越带来软件模块间相互关联度、复杂度的成倍增加。这个依然要靠经验,也很可能存在你说的后面的估算对第一次估算进行了修正参考,最终发现估算跟实际差别较大,需要修正。"

戴构接过话:"你这个'经验法'其实在第三次估算,也就是工作包或任务(task)的时间估算阶段,是最容易被开发人员使用的方法。一个工作包需要多长时间来开发,开发人员都会基于自己对这个任务的理解和自己的能力或经验来做一个评估。"

孙品看向了王经:"那现在只剩下第二次估算,也就是项目计划阶段的估算了,来说说你是怎么做估算的。"

王经："好的。之所以我前面说会跟架构师一起商量此事，是因为我做项目计划阶段的估算一般用'自上向下估算法'结合'专家判定技术'，'专家判定技术'又称为'Delphi 法'。实际操作就是找个专家跟自己一起来做，IOT 过程中需要把项目内容自上而下地使用 WBS（工作分解结构），然后考虑每个工作包的人力或时间需求、工作包之间的依赖关系以及工作包如何分配等几个因素，最终估算出总的人力需求和时间周期。"

"这么说比较抽象，我来画一下吧。"王经在白板上开始画图，如图 7-5 所示。

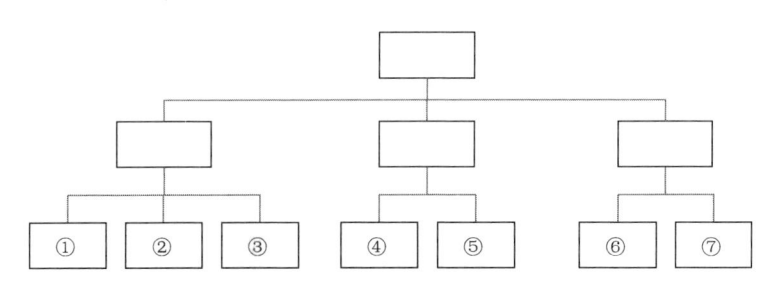

图 7-5　WBS（工作分解结构）

拆分后，底层的工作包就是①～⑦，这 7 个工作包之间可能存在一些依赖关系，或者说关联性，而有的工作包是可以并行开始的，所以在真正完成它们的过程中，完成路径可能如图 7-6 所示。

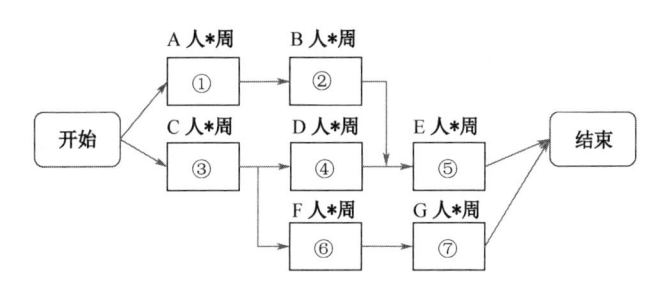

图 7-6　将工作包进行关联性排序得到的项目路径

可以看出，这个项目有 3 条路径：

①→②→⑤

③→④→⑤

③→⑥→⑦

至于哪条项目路径是最耗时耗力的，取决于 A~G 的数字到底是多少。我们给它们定一个数字吧，假设 A=3，B=5，C=4，D=5，E=2，F=2，G=6，如图 7-7 所示。

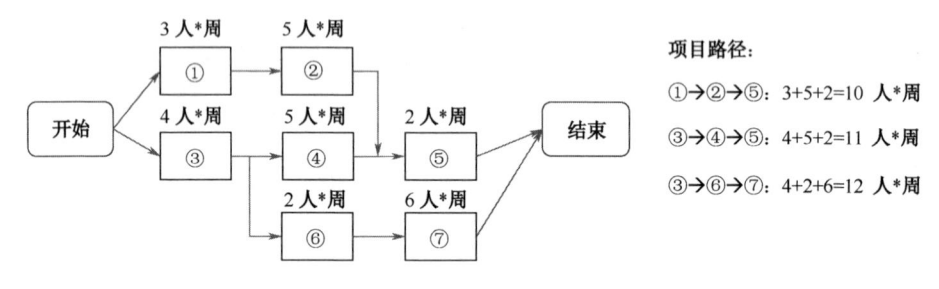

图 7-7　3 条不同项目路径所需资源

王经继续说："接下来是很有意思的部分了。3 条项目路径，是不是'③→⑥→⑦'就是关键路径呢？也就是从输入到输出经过的延时最长的路径？"

"其实是不一定的。时间、人、工作内容，这三者要平衡。"在 3 个内容中只能限定 2 个内容，最后 1 个是要随着情况调整的。这样就有三种情况。

"第一种，就是人员数量是可以调整的，是一个变量。而完成的时间周期和工作量是固定的。

①→②→⑤：3+5+2=10 人*周

③→④→⑤：4+5+2=11 人*周

③→⑥→⑦：4+2+6=12 人*周

剧集七：从产品需求转化出研发项目需求 **第7章**

"项目时间如果固定为 3 周，则：给①安排 3 个人，给②安排 5 个人，给③安排 4 个人，给④安排 5 个人，给⑤安排 2 个人，给⑥安排 2 个人，给⑦安排 6 个人。

"那么这 3 条项目路径从时间上就会同时完成，完成每个工作包只需要 1 周时间，完成每条项目路径只需要 3 周时间。这种情况多见于工厂里的生产，人可以按需调配，工人一人多岗，岗位替换性较强。

"第二种情况，就是项目时间可以拖一点，是一个变量。而人员数量和工作量是固定的。

①→②→⑤：3+5+2=10 人*周

③→④→⑤：4+5+2=11 人*周

③→⑥→⑦：4+2+6=12 人*周

"如果由于技能需求导致，能做 A 的有 1 个人，能做 B 的有 2 个人，能做 C 的有 2 个人，能做 D 的有 2 个人，能做 E 的有 2 个人，能做 F 的有 1 个人，能做 G 的有 3 个人。

"那么，对应地，有：

①→②→⑤：3+5/2+2/2=6.5 周

③→④→⑤：4/2+5/2+2/2=5.5 周

③→⑥→⑦：4/2+2+6/3=6 周

"那么关键路径就是第一条，也就是：①→②→⑤。所以要想加快进度，需要多招聘能做工作包①的人 1 个。这种情况多见于较为传统的瀑布式开发，功能一般不能削减，而项目周期可以在小范围内浮动。

"第三种情况，就是工作量可以适当减一点，是一个变量。而人员数量和时间周期是固定的。

①→②→⑤：3+5+2=10 人*周

③→④→⑤：4+5+2=11 人*周

③→⑥→⑦：4+2+6=12 人*周

"同样，如果由于技能需求导致，能做 A 的有 1 个人，能做 B 的有 2 个人，能做 C 的有 2 个人，能做 D 的有 2 个人，能做 E 的有 2 个人，能做 F 的有 1 个人，能做 G 的有 3 个人。

"那么，对应地，有：

①→②→⑤：3+5/2+2/2=6.5 周

③→④→⑤：4/2+5/2+2/2=5.5 周

③→⑥→⑦：4/2+2+6/3=6 周

"同样，关键路径就是第一条，也就是①→②→⑤。所以可以通过减少对工作包①的交付来平衡时间，或者通过多招聘能做工作包①的人来加快进度。这种情况多见于敏捷开发方式，项目周期不变，而交付的功能可以有所删减。"

王经解释的同时，戴构听得一边点头一边皱眉头，看着他略有所思的样子，王经问："戴工，你有问题要说吗？"

戴构："嗯……是的。我想想怎么说这个问题……有了，先说第一个问题吧，你做 WBS 的时候是按什么来拆解的？"

王经："关于 WBS 的拆解方法，许多项目管理的书籍都有介绍，常见的方式包括按照产品的物理结构、产品或项目的功能用途、项目的实施阶段和过程、项目组织的地域分布、各个子目标、部门或者职能角色等等。

"但是在开发项目中，我一般按技术组件来做 WBS 拆解。"

戴构："那么，我就有第二个问题了，你是按技术组件来做 WBS，那么你做 WBS 之后的工作包①～⑦就是类似于'数据库接口封装''前端框架搭建''前端业务层实现'这样的内容，而如果使用敏捷开发方式，在每个开发迭代里其实是按照一个个 user case（用户案例）或 user story（用户故事）的方式来开发的，你这个估算的方式在后续敏捷开发里可能不准呢。"

王经："你想得很深，哈哈。我先卖个关子，说一半留一半吧，后续进入敏捷开发迭代阶段，这个问题肯定会再被提起的。"

7.4 需求变更管理

再好的计划也不可能做到一成不变，因此变更是不可避免的，关键是对变更如何进行有效的控制。控制好变更必须有一套规范的变更管理过程，在发生变更时遵循规范的变更程序来管理变更。

需求变更，这是横亘在产品经理和项目经理之间的一层"绝缘纸"，多数产品经理与项目经理之间的矛盾其实都与需求变更有关。作为一起磨合工作的新团队，王经和孙品心里自然也清楚，所以想先深入地聊聊这个话题，大家达成共识，以免后续发生很多不愉快的事情。他俩在谈这个话题时，还邀请了商务经理李尚一起，有个跟此事相关且第三方的视角，一些话题更能够谈透彻。"

孙品："关于需求变更，我有一句玩笑但真实的话，那就是——没人喜欢需求变更，项目经理最不喜欢需求变更。"

王经一听乐了，孙品是从为项目经理着想的角度说的，他也补充道："我再补充两条我对需求变更的感受。

"需求变更是一定会发生的！

"大多数需求变更是合理的！"

李尚看两人像说相声似的，配合挺好，插了一句："哈哈，这算是需求变更的三条铁律，是吧？

"第一条，没人喜欢需求变更，项目经理最不喜欢需求变更。

"第二条，需求变更是一定会发生的！

"第三条，大多数需求变更是合理的！"

同时，李尚也说了自己的看法："项目中发生需求变更，我不像二位了解得那么清楚。我在职责中倒是接触过一些。

"通常对发生的变更，需要识别是否在既定的项目范围之内。如果是在项目范围之内，那么就需要评估变更所造成的影响，以及应对的措施，受影响的各方都应该清楚明了自己所受的影响；如果变更是在项目范围之外，那么就需要商务人员与用户方进行谈判，看是否需要增加费用，还是放弃变更。"

看孙品和王经点头认可，李尚继续说："其实，我一般接触到的是比较大的变更，变更超出了项目之前的计划范围，商务人员需要参与。我有个疑问，到底谁、在什么情况下才会引起需求发生变更呢？"

孙品："我认为，需求变更一般有3种情况。

"第一种是客户提出来的，这种变更在客户交付型项目中很常见。最常见的情况首无是增加需求，其次是功能变更，比如要求更改系统产生的数据和系统提供的服务。

"第二种是产品经理主动提出来的，这种一般是由于新的业务或市场条件导致产品需求变更。

"第三种是由公司内部提出来的，比如发生了一些情况：企业改组；扩大或缩小规模，导致项目优先级或团队成员变更；预算或进度安排限制，导致产品需要重新定义。

"如果非说有其他一些情况，还真的可能存在。比如，开发人员建议的修改，修改后的产品功能效果比前面的更好，等等，都可能导致需求变更。"

李尚："这么说，如果'客户是上帝'，产品经理是上帝的使者，哈哈，那么多数变更是自上而下地发生，少数情况下，也有自下而上发生的可能是吧？"

孙品："对的。但无论自上而下还是自下而上，项目经理永远是中间的环节，所以我刚才说'项目经理最不喜欢需求变更'。"

李尚："既然一定会发生需求变更，那就让它发生呗，为什么还去管理它呢？"

王经搭话了："需求的变更在研发项目过程中对项目周期会产生非常大的影响，如果不能及时管理，项目交付日期便会出现严重的拖延，不仅使用户对整个项目失去信心，同时研发人员也会产生很大的负面情绪。所以管理变更是为了让大家都看到变更是受控的、是有计划的、是有限的影响。"

李尚："所以说，管理变更，不是阻止变更，是要科学地变更，让变更可知可控。"

王经："总结得对。"

李尚："那怎么管理变更呢？"

孙品狡黠地笑了一下："还是让王经理说说吧，每次发生变更，他可是'中枢环节'，也是最希望需求变更能有限度发生的人。"

王经："从项目经理的职责来说，主要是发起变更流程、组织变更评估、记录变更过程和执行变更，我来画一下整个流程吧。"

王经在白板上画了需求变更的流程，如图7-8所示。

王经继续说："按这样的流程管理变更，变更就变得可控，变更控制委员会可以通过评估变更带来的时间影响、范围影响等，决定是否发生变更。变更控制委员会一般由客户代表、公司领导、产品经理、项目经理、关键技术负责人组成，商务人员也可能成为变更控制委员会成员。"

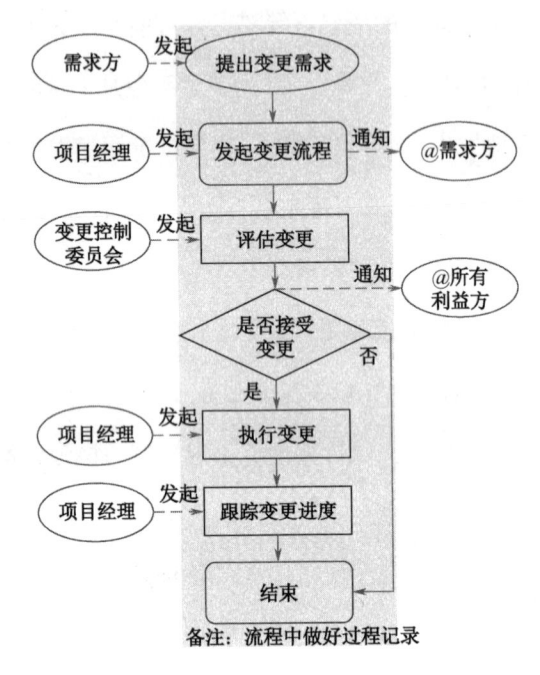

图 7-8 需求变更流程

李尚:"嗯嗯,有这样的流程的确可以过滤很多杂乱的变更需求呀。"

王经:"其实还有个重要的概念,就是'基线'。虽然变更流程会阻挡掉很多变更,但合理的需求变更最终还是要发生,所以要有一个变更的依据,或者说是'支点',这个就是'基线'。"

王经一边说,一边在之前画过的图中修改,如图7-9所示。

王经:"比如,在以前的基线版本1.0上,最终发生了需求变更,形成了新的1.1版本;而下一次变更就基于1.1版本,继续变更演化成1.2版本。"

孙品:"王经理解释得很好。为了尽量减少需求变更,除使用流程以及使用版本或者叫作'基线'进行清晰的需求管理之外,其实作为产品经理还有可以发挥作用的其他地方。"

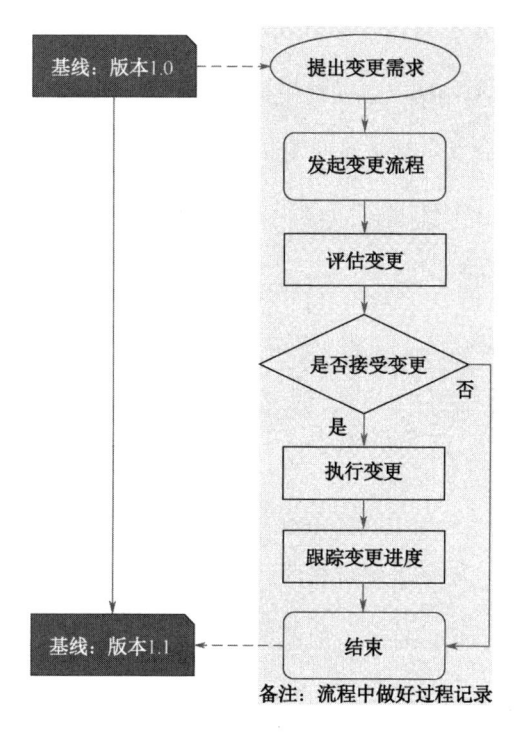

```
基线：版本1.0 ----→ 提出变更需求
                        ↓
                   发起变更流程
                        ↓
                     评估变更
                        ↓
                   是否接受变更 ——否——┐
                        ↓是            │
                     执行变更          │
                        ↓              │
                   跟踪变更进度        │
                        ↓              │
基线：版本1.1 ←---- 结束 ←————————————┘
备注：流程中做好过程记录
```

图 7-9　需求变更与基线版本

李尚："哈哈，我是外行，你给说说？"

孙品："那就是'预防为主'——合理设计产品原型。

"用户需求的描述，永远存在不够清晰和明确的情况，花费大量的时间也无法达成一定的共识。因此，在这个过程中只要大体上能达成共识就行了，细节上存在差异化是现实情况。然而怎么进一步弥合用户所想的内容和开发人员所认为的内容呢？

"这就需要通过原型的开发很好地解决在这个过程中出现的问题，它有效地让'虚'的东西以'实'的方式表达出来。一个界面、几个控件、外观形式、功能描述都明确下来，在和客户沟通的过程中用户基本上就理解了整个产品出来的效果是否是自己想要的，这样研发过程中的开发需求也能比较快地产生。"

王经："孙哥说得对，设计产品原型花多少精力也是门学问。花太少时间会导致表达不清，后续还会产生很多需求变更；花太多精力就容易减少真正的产品开发的时间，过犹不及。不过可以肯定的是，产品原型的方法对于澄清需求、减少需求变更还是很有作用的。"

7.5 研发项目计划制订

项目计划是项目计划阶段中最重要的一个环节，输出一个项目计划文档，这个文档是其他计划（如测试计划、质量保证计划等）的总纲，涉及了项目的方方面面。

王经最近尤其忙，原因就是正在制订研发项目计划，输出结果就是项目计划文档。但这个文档是需要考虑很多因素的，也需要跟很多人一起沟通。

王经召集了项目组所有成员开了一个短会，一方面是为了告诉大家项目计划关注哪些内容，顺便就有些内容一起讨论；另一方面也是为了把工作分配下去，大家将各自的输出内容合并到项目计划文档里。

王经："我先给大家看一下项目计划文档里需要注意的主要章节，大家有疑问或建议可以提出来，一起讨论。"

王经打开一张图，在会议室的投影仪里展示给项目组成员。如图 7-10 所示。

测试主管刘测提了一个问题："关于第 4 章里的'项目方法和流程'，在这块内容中我们项目会用什么方法和流程呢？"

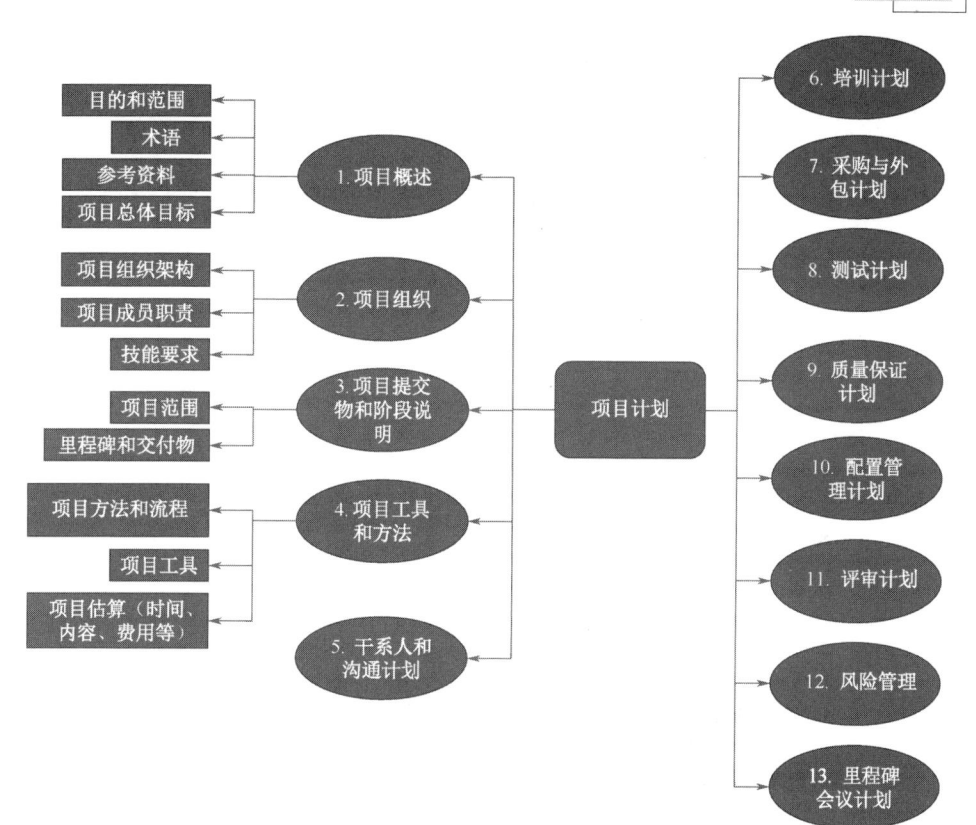

剧集七：从产品需求转化出研发项目需求 第 7 章

```
目的和范围 ┐
术语       ├─→ 1.项目概述 ┐
参考资料   ┘                │
项目总体目标                │
                            │
项目组织架构 ┐               │
项目成员职责 ├─→ 2.项目组织 ┤
技能要求     ┘               │
                            │         6. 培训计划
项目范围     ┐               │
里程碑和交付物├─→ 3.项目提交 ┤         7. 采购与外
              ┘  物和阶段说   │            包计划
                 明           │
                              ├─→ 项目计划 ─→ 8. 测试计划
项目方法和流程 ┐              │
项目工具       ├─→ 4.项目工具 ┤         9. 质量保证
项目估算（时间、┘  和方法      │            计划
内容、费用等）                │
                              │        10. 配置管
                  5.干系人和  │            理计划
                  沟通计划 ───┘
                                       11. 评审计划

                                       12. 风险管理

                                       13. 里程碑
                                           会议计划
```

图 7-10　项目计划文档的主体内容

王经："总体而言，我们采用'敏捷开发'的方式，敏捷 Agile 有很多种细分的方式，现在比较主流的是用 Scrum，我们可以用这种开发方式。"

刘测："你说的是以几周作为一个迭代开发周期的方式来逐渐移交 Product backlog 里的需求的开发方式，对吧？"

王经："是的，不过还不太一样。我是从更大的维度考虑如何使用'敏捷开发'的。"

一边说着，王经一边投影了一张图，如图 7-11 所示。

刘测："我从未见过这种图形的敏捷开发流程。"

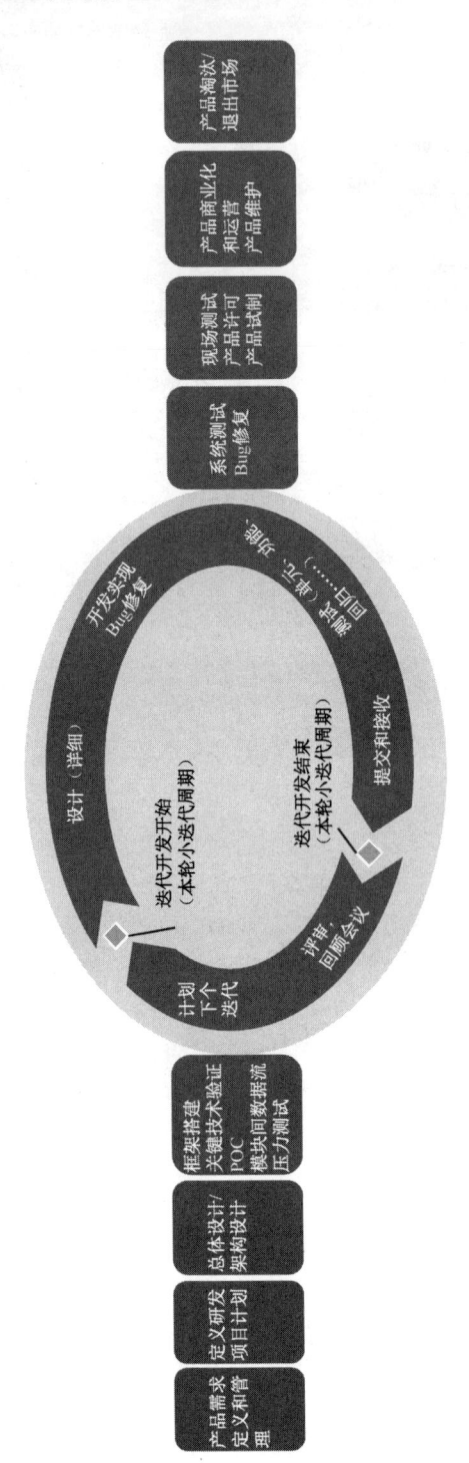

图 7-11 敏捷开发方式与产品生命周期（一）

王经:"是的,这是我根据多年带项目的经验画的一张图。图里面主要有两个突出的点。

"第一点,敏捷开发流程经常会成为需求不清晰的接口,很多使用敏捷开发流程的项目里,会强调'我们使用敏捷开发流程,一些内容会随着迭代周期逐渐清晰',结果导致了在需求还不清晰的情况下就贸然开发。

"还有就是,在很多使用敏捷开发流程的项目里,没有打通模块之间的数据流,也没有做过总体框架搭建,敏捷迭代其实无从开始,导致大家觉得敏捷开发方式不适用于自己的项目组,最终全盘否定了敏捷开发方式。

"所以,我在敏捷开发迭代这个椭圆形的前面,特意强调了'框架搭建''关键技术验证'等环节,再往前还有'总体设计''架构设计'和'产品需求定义和管理'等环节,以免大家误用了敏捷开发流程,只把敏捷当成了失败的借口。

"第二点,我画这张图是把敏捷开发流程与产品生命周期结合到一起,这样便于搞清楚咱们开发流程是如何与产品生命周期进行结合的。产品经理给我画过一张产品生命周期与开发项目流程的图,我现在把敏捷开发流程结合进来,你们可以看这张图,能更明白。"

王经投影了另外一张图,如图7-12所示。

孙品也在会议邀请之列,看着这张图,他频频点头赞许。

接下来,王经给大家详细介绍了他已经写了部分内容的项目计划,主要是:项目组织、项目范围、里程碑和交付物的初步计划、项目估算等内容,主要是项目计划文档的第1~4章的内容。过程中大家有一些问题和交互讨论,王经对部分问题做了解答。

再往下,就是把工作分配下去。几个主要的需要其他人输出的内容有:测试计划、质量保证计划、配置管理计划。

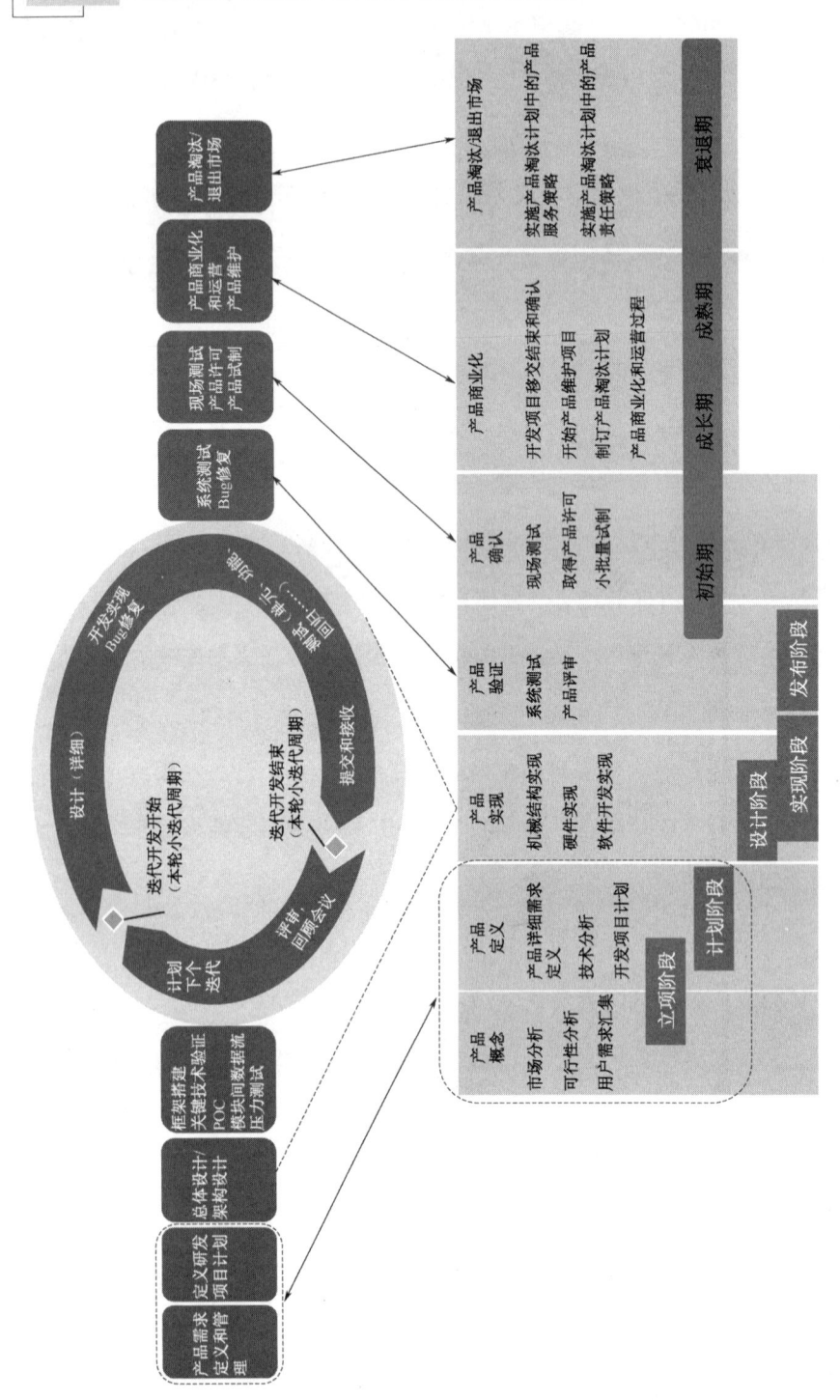

图 7-12　敏捷开发方式与产品生命周期（二）

测试计划（项目计划文档第 8 章）需要由测试主管刘测负责提供，质量保证计划（项目计划文档第 9 章）需要由质量经理杜量负责提供。配置管理（项目计划文档第 10 章）目前项目组并没有专门的人来做 CM（Configuration manager，配置经理），商量后只能由杜量和戴构一起合作，给项目提供 SDE（Software Development Environment，软件开发环境）及相关的支持环境。

为了确保刘测和杜量提供的内容是自己想要的，王经不禁问了一句："关于测试计划文档和质量保证计划文档，二位知道要提供什么内容才算完整吧？"

刘测先发话了："测试计划文档这边，主要是总体测试流程、测试类型和策略、进度计划、测试标准等内容，我也画一下吧。"

刘测在白板上画了一个测试计划文档需要包含的章节图形，如图 7-13 所示。

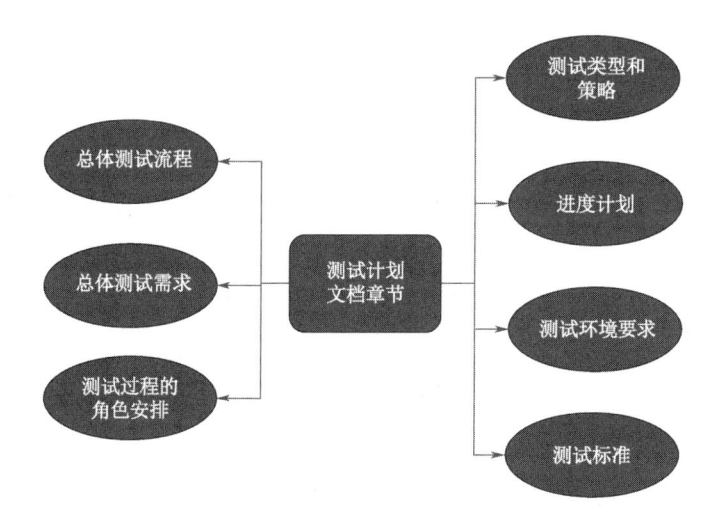

图 7-13　测试计划文档章节结构（一）

王经："你这里的'总体测试流程'是什么意思？主要描写什么内容呢？"

刘测："以前的开发模型基本是瀑布模型。软件开发的过程就像瀑布一样从上到下，不可回溯。软件开发过程严格按照计划、设计、开发、测试和发布的流程进行。在设计阶段不可以再去修改计划阶段产出的东西，以此类推。这种模型要求每一个阶段完成的工作一定是完整的，而且是没有任何错误的，例如，计划阶段的需求文档一定是完善的。每个阶段还必须严格按照之前规定的时间点结束掉，一旦延迟就会影响到下一个阶段的进度。我曾经经历的一个项目差不多是按照瀑布模型开发的，在设计阶段，UI 图出了一版又一版，客户一直不太满意，而且还要等到所有 UI 图全部出完，才能进入到开发阶段。

"如果考虑测试与开发的配合，要凸显测试的工作，那么瀑布模型在测试人员手里就被画成了'V 模型'或者'W 模型'，也有把'W 模型'叫作'双 V 模型'的。但我感觉'W 模型'和'V 模型'基本是一个意思，只不过特意体现了软件在各开发阶段中应同步进行的验证和确认活动，即使在'V 模型'中，这些工作虽然没有被明确写出来，但依然还是要 IOT。所以二者其实差别不大。"

刘测一边说，一边在白板上画着这几张图，如图 7-14 所示。

刘测继续说："由于我看咱们的项目计划里采用了敏捷开发方式，而且只在功能交付阶段使用敏捷迭代，把总体设计和系统测试放在了迭代周期之外，所以我需要让测试流程符合项目流程，就以 W 模型为基础进行改动吧。"

刘测一边说着，一边在刚才画的图上进行修改，改完的图如图 7-15 所示。

王经点点头，笑着说："我也从未见过这样的图形敏捷测试流程，不过我喜欢，因为适用，哈哈。"

王经问着，刘测同时在白板上画出各种备注和补充，直到所有问题问完，刘测画的测试计划文档在需要包含的章节中，已经补充了很多信息进去，如图 7-16 所示。

轮到讨论质量保证计划时，质量经理杜量接过话题，说："质量保证计划主要是定义 Quality Gate，也叫作'质量关口'。项目适用的各种标准，比如编码标准和发布标准等，我也在白板上画画这些内容作为示意吧。

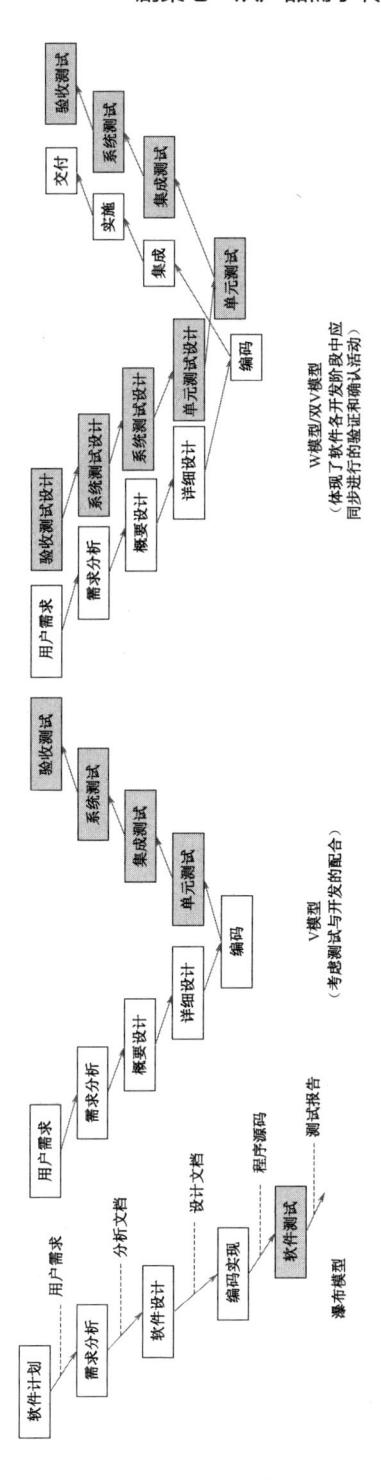

第7章 剧集七：从产品需求转化出研发项目需求

图 7-14 瀑布模型，V 模型，W 模型

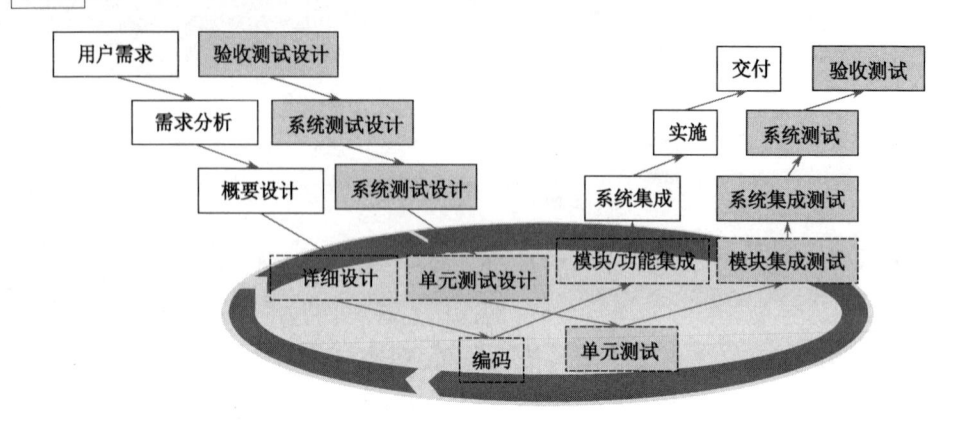

图 7-15　适配敏捷开发的测试流程模型

杜量在白板上画了如图 7-17 所示的"质量保证计划文档章节"结构。

杜量："质量保证计划的文档章节的很多内容对项目计划文档有所引用。现在只是'纸上谈兵'。在执行过程中最关键的是根据计划，把握住各个质量关口，或者叫 Quality Gate。通过了某个 Quality Gate 之后，开发的产品或软件才能允许进入下一个阶段，比如产品发布阶段或下一个正式的开发迭代等等。"

这下，王经比较放心了，刘测和杜量将会输出符合自己期望的成果。这个项目计划中剩下的章节主要是他自己的工作了，包括干系人和沟通计划、培训计划、风险管理、里程碑会议计划等。

由于目前团队规模较小，也没有合适的硬件开发人员，尤其是作为旭霓公司研发部尝试的第一个项目，更不愿意冒风险去做开发硬件这种投入时间长的工作，所以硬件开发主要通过外包进行，这也是"采购与外包计划"（项目计划文档第 7 章）中需要撰写的内容。这部分内容需要旭霓公司研发部与负责做硬件设计与生产的"佳涉"公司约定委托内容、验收标准、时间节点、纠纷处理等方面的内容，这些内容将为双方公司签订服务合同提供主体内容的参考依据。

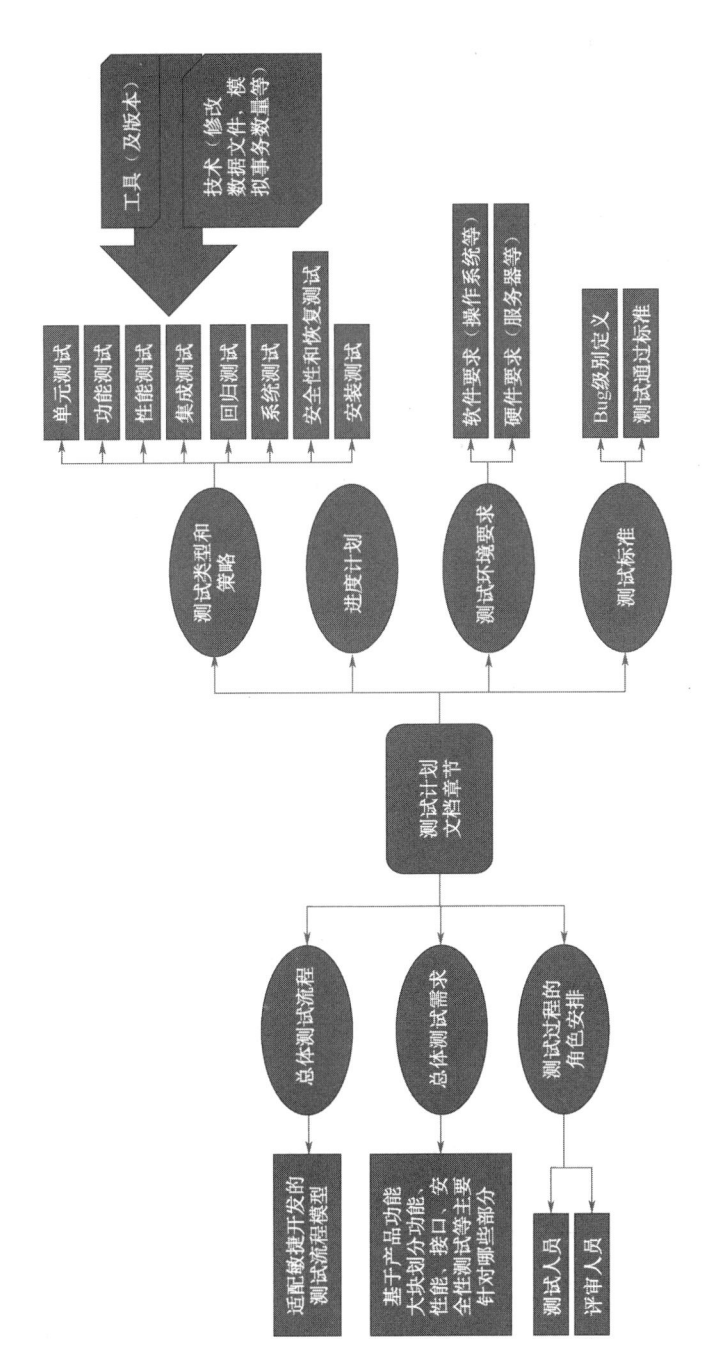

剧集七：从产品需求转化出研发项目需求 **第7章**

图 7-16 测试计划文档章节结构（二）

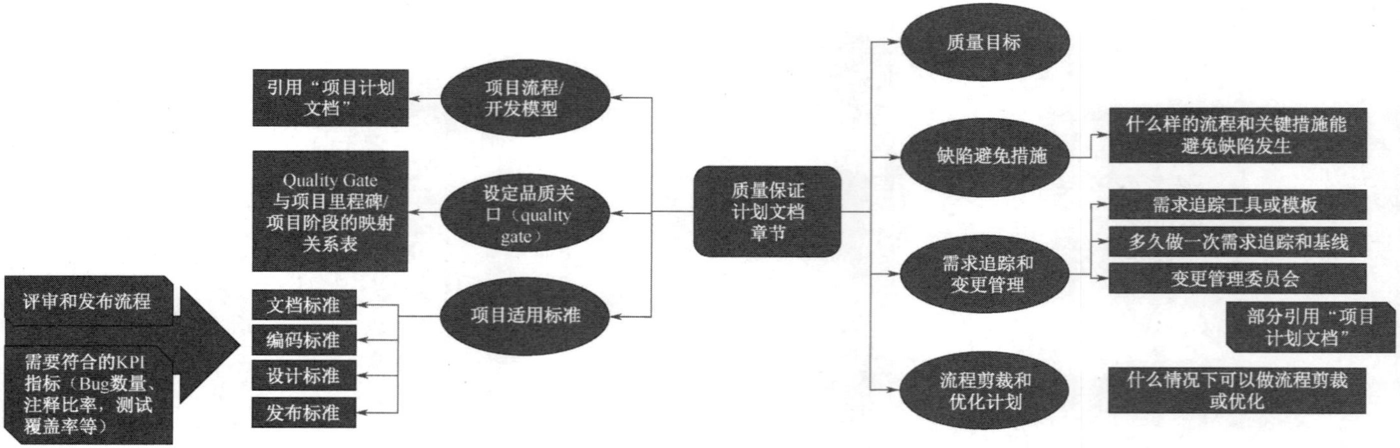

图 7-17 质量保证计划文档章节结构

会议结束时，王经给大家重新展示了项目计划文档章节的任务分配，这是项目经理推动任务发展的惯用技巧，如图 7-18 所示。

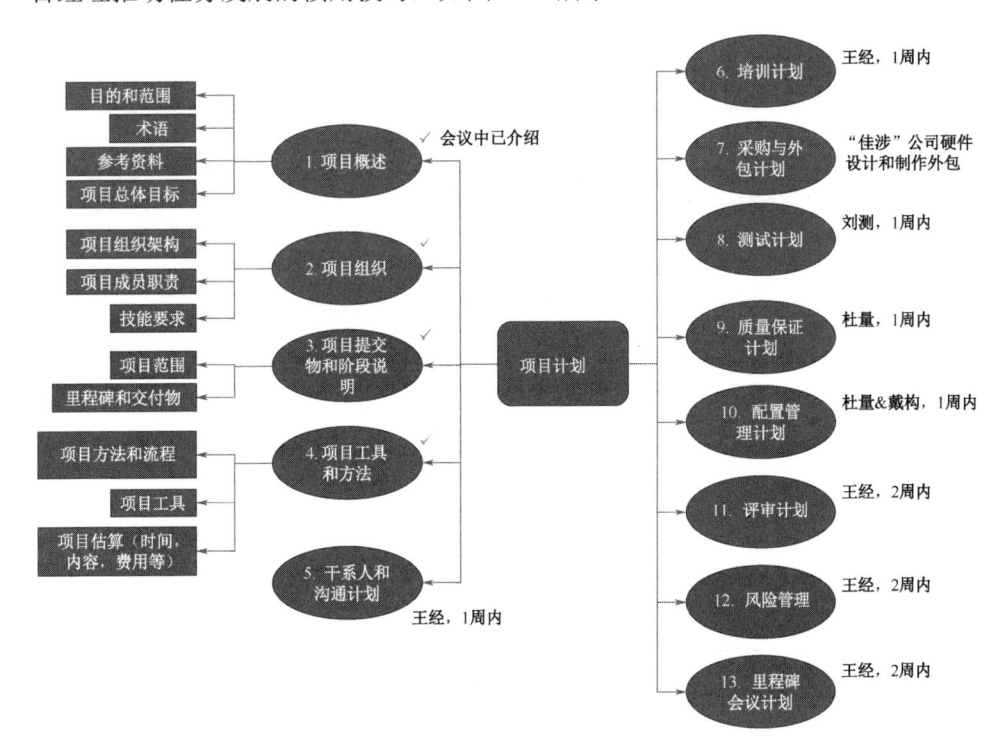

图 7-18　项目计划文档章节撰写任务安排

随着项目计划不同章节的完成和合并，旭霓公司研发部的"智能物联网关"项目组完成了第一稿的《智能物联网关项目计划书》，经过相关人员评审和公司内部汇报，形成了项目计划书的 1.0 版本。此时时间已到了 2020 年 1 月份，距离研发部成立过去了将近 4 个月。

第 8 章

剧集八：产品研发的架构设计

架构设计属于总体设计的一部分，总体设计包括系统架构设计、软件架构设计和系统物理配置方案设计等内容。偏软件的产品研发，或者说在以软件功能为产品功能实现的主要部分的研发项目中，软件架构设计是总体设计的主要部分。所以，在本案例中，软件架构就是项目设计阶段的重点内容。

随着项目计划文档、质量保证计划文档等几个计划文档的正式发布，质量经理杜量与项目经理王经检查了项目计划阶段所需要输出的成果之后，杜量宣布项目通过了计划阶段，进入设计阶段。

而"设计阶段"的工作，在旭霓公司的研发部中被拆分成"概要设计"和"详细设计"。以功能实现为主的"详细设计"会在实现阶段的开发迭代中进行，现在进行的"概要设计"的主要工作就是产品的软件架构设计。

8.1 架构的工作只发生在设计阶段吗？

宣布项目进入设计阶段后，王经跟戴构聊接下来的架构设计工作，质量经理杜量也来找戴构，跟他澄清并确认一些设计文档的输出成果和质量要求等，三人就架构设计这个话题聊了起来。

杜量："项目设计阶段，主要输出成果得看戴构的了。架构师主要就是在设计阶段贡献自己的能力。"

王经："哈，设计阶段架构师的确是最忙的，但架构师的工作不仅仅是在设计阶段。在产品需求阶段，戴构就一起参与了讨论，计划阶段他跟我一起做 WBS、估算项目计划的时间。甚至很多项目里，立项的时候，架构师就可能需要参与，评估项目的技术可行性等内容。

戴构点点头，接过话题说："到了编码实现阶段，有些人可能认为架构师是不参与的，这也是不对的。架构师只是参与得少一些，但依然需要参与。主要是一些重点、难点的地方，或者是公共基础功能，都由架构师来实现。

"另外在编码阶段，架构师还有一个重要的任务，就是确保开发人员按照架构设计去实现，不要偏离设计初衷。这就需要两个基本的操作，一个是架构师要把架构设计的成果跟开发人员讲解清楚，并不断沟通；另外一个就是要不断检查，比如参与代码的 Review，以确保架构设计的落地实现不出现大的偏差。"

戴构继续说："后面的系统测试、现场部署、产品运维等阶段，架构师要做一些技术咨询，或者是技术指导的工作。广义的架构设计，或者叫做总体设计，本来就包含部署架构的设计，或者叫系统物理配置方案设计，因此，架构师也会参与这些阶段，只不过也是参与得少一些。

"总之，架构设计需要贯穿软件工程的整个流程，只不过主要的工作量是在设计阶段。"

杜量笑笑："好吧，我是外行，听听你们说的还真是长知识。"

8.2 架构的作用

架构设计本质就是解决软件复杂度带来的问题。通俗地说，软件复杂度越高，软件开发起来难度越大、维护起来越麻烦、拓展新功能越费劲。

所以架构设计为的是让软件变得简单可靠。这包括让开发软件的程序员觉得舒服、维护起来便捷、增加用户使用量、拓展新功能时也不用把软件推倒重来。其实，让软件后续的开发、修改以及维护越简单，前期软件架构设计的工作就越不简单。

在探讨这个话题时，杜量作为一个外行，听得越来越迷惑，不禁问戴构："我知道有个名词叫'模块化'，你把软件架构设计得模块化了，不就达到架构设计的目的了吗？"

戴构："理想很丰满，现实很骨感。如果我们只是写一段独立代码，不和其他系统交互，往往在设计上要求不会很高，代码是否易于使用、易于理解、易于测试和维护，根本不是问题。

"大一点的软件，设计起来其实也还好，'模块化'貌似就可以了。真正的问题是——软件不是建造出来，甚至不是设计出来的，软件是'长'出来的，一开始想不到后来这个软件会有那么多'模块'。

"盖一栋大楼，楼无论多么复杂，都是可以根据设计的图纸，按图准确施工，保证质量就能建造出来的。然而现实中的大型软件系统，却不是这么建造出来的。往往是软件迭代了好多代之后，才成了一个超级大的软件。而在设计第一个版本的软件的时候，往往不可能考虑到这个软件未来会是一个'巨无霸'，但又不能不考虑这种可能性。所以说虽然随着软件'长'大，重构不可避免，但一开始不考虑这些因素就是一个失败的架构。"

"一开始就考虑这些因素，就不仅仅是'模块化'这么容易就能说得清楚了。"

戴构继续说："不过，从另一个角度而言，你说得也对。架构设计的主要工作离不开这几个方面——考虑将系统拆分成组件、组件之间用什么结构连接起来、如何来连接。

"但考虑这些是要面向不确定性问题，而且架构方案也是有很多种可能性的。所以，我当架构师这么多年，只能说试图在每个项目里做较好的架构设计，真的无法做出最好的架构。"

杜量："哈，严谨。我虽然不懂技术，但听得懂你这番解释。"

8.3 做个架构设计，总共分几步

项目经理王经对架构设计的工作很关注，虽然架构师戴构聊的关于架构的作用、架构设计的工作重点等观念与自己的认知是相合的，但架构设计毕竟是个要衔接后续开发迭代的"画蓝图"的活，需要把技术方面的事规划清楚，所以两个人需要统一一下认识，看需要把事情做到什么颗粒度，才便于后续驱动开发迭代过程。

王经："能给我讲讲你是怎么做软件架构的过程和输出物的吗？"

戴构："你想要详细点还是粗略一些？"

王经："最好详细一点，我作为一个技术出身的人能听得懂，但无须在每一个细节上过多深入。"

戴构："好的。以我自己的经验来说说做软件架构的过程吧，然后我们一起看看输出的最终产物是否符合你的预期，也就是是否能够对接到具体开发过程中。"

王经点头示意戴构继续说，戴构开始了他的"经验分享"："我有一个'十步搭建软件架构'的架构设计流程，完全是我自己的经验，可行性可以一起讨论。

"第一步，根据业务要求画初始元素。这一步很原始，但算是架构设计工作的破冰行为吧。在业务要求上就是这个产品在哪个环境中，这个环境需要它具备哪些主功能，具备的主功能可以当作初始元素。以我们的'智能物联网关'项目为例。

戴构一边说一边在白板上画着如下的图，如图8-1所示。

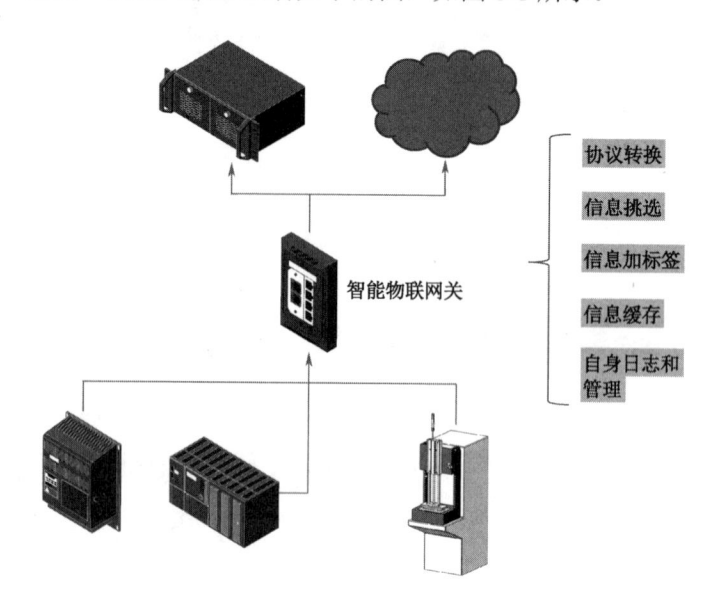

图8-1 架构设计第一步（根据业务要求画初始元素）

"第二步，我们可以加上业务流程的考虑，把初始元素进一步细化一下。"

戴构一边说一边继续在白板上画出了下面的图，如图8-2所示。

王经问了一个问题："目前你IOT这两步，感觉像是产品经理应该IOT事情。"

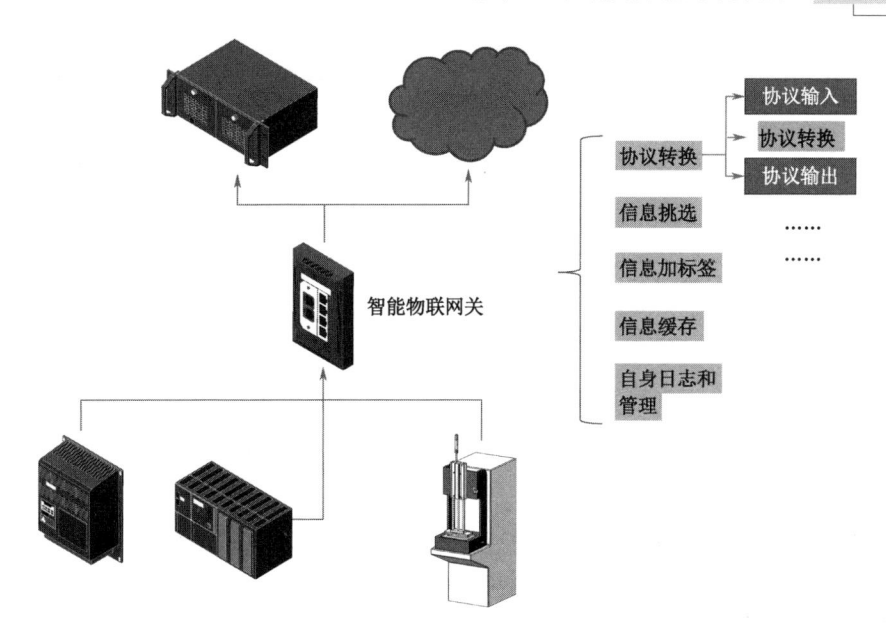

图 8-2　架构设计第二步（基于业务流程的考虑，细化初始元素）

戴构："是有那么点。以前我在小公司里，没有专职的产品经理，很多时候产品规划都是架构师或者有经验的工程师兼任的。即使有专职的产品经理，架构师重新把这些画一画还是有助于理解产品的，并不多余。

"就目前较粗的颗粒度而言，产品经理画出来的产品元素和架构师画出来的产品元素还是比较接近的。不同的是，产品经理的视角主要是凸显用户角度的产品功能组成，而架构设计从一开始就要考虑一些技术方面的东西，这些内容不是显性的产品需求，比如'信息缓存'等。"

戴构一边说一边在白板上画出了下面的图以供对比，如图 8-3 所示。

王经："哈哈，越往后，产品经理和架构师画出来的东西就越'分道扬镳'了。产品经理着眼于细化每一个功能的细节怎么描述，而架构师着眼于技术组件和技术机制怎么支撑功能的实现。"

戴构："是的。按我自己的经验，架构设计的第三步可以进行'概念建模'了。

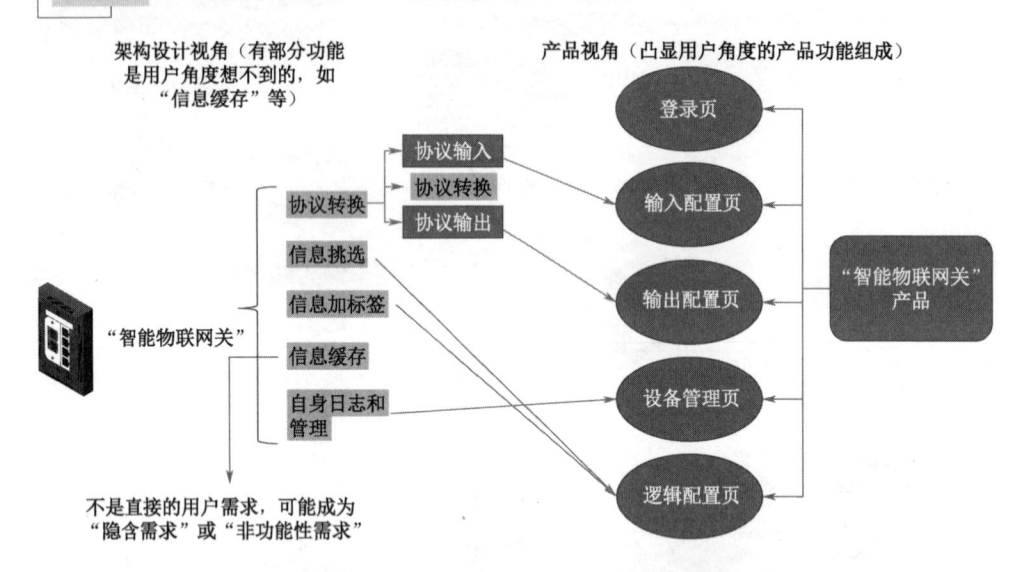

"剧说"工业互联网落地 企业数字化转型全栈演示

图 8-3 产品经理画出来的产品元素和架构师画出来的产品元素对比

王经:"什么是'概念建模'?"

戴构:"说白了就是画概念框图。我画一下示例吧(如图 8-4 所示)。"

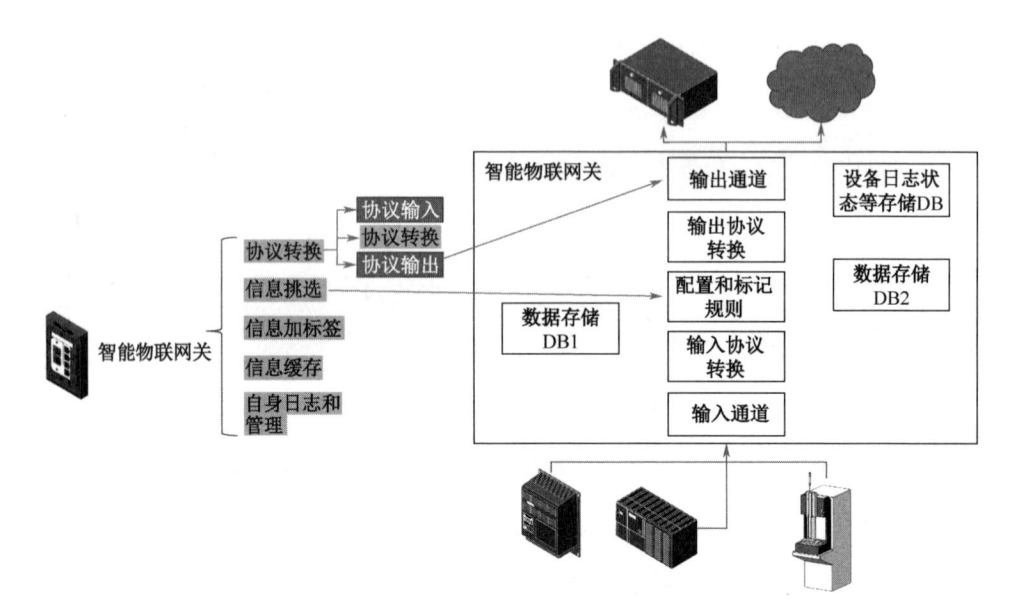

图 8-4 架构设计第三步(画概念框图)

戴构继续说："画概念框图，我指的就是用技术组成来'翻译'产品元素，用技术视角来表达产品元素。比如，我示例性地画了2根连接线。'协议输出'是个功能，其实从技术视角，需要有'输出通道'等技术组件支持，才能实现这个功能。

"引入概念框图，其实也就是引入了分层，不同的'框'处理不同的事情，架构设计要让不同的'框'干不同的事，也就是功能分层。

"第四步，就是概念的分解和细化，或者叫作'架构推导'。说白了就是把上一步概念框图中的内容再细化，考虑一些其他因素，比如一个框包含多少细分内容，细分内容的出现是不是带来了新的变化，等等。我还是画个图示例一下吧。"

戴构在白板上画出了图。如图8-5所示。

戴构继续说："第五步，我把它称为'逻辑设计'，通过第四步能够画出来一个产品内部的技术组件包括哪些'框'，但这些框是'死'的，需要考虑它实现功能时'动'起来是个什么样子。"

举个例子吧，就拿"检查和更新文件版本"为例，戴构一边说一边又画起了图，如图8-6所示。

戴构："在这个过程中，也可以或可能用到很多方法，比如用例验证、数据流验证，等等。总之，就是用数据、逻辑让框图中的各个部分交互起来，这样可以进一步把漏掉的元素补充上去，架构框里面的内容也就进一步丰富了。"

戴构讲得起劲，没有停下的意思："第六步，得考虑设计模式和技术组件选型，就是在这种功能逻辑下，需要使用什么设计模式或机制、哪些现成的开源软件模块就能干这个事，等等。这个过程中可能会有一些通用机制的提取，所以架构草图中的'框'可能进一步变多。"

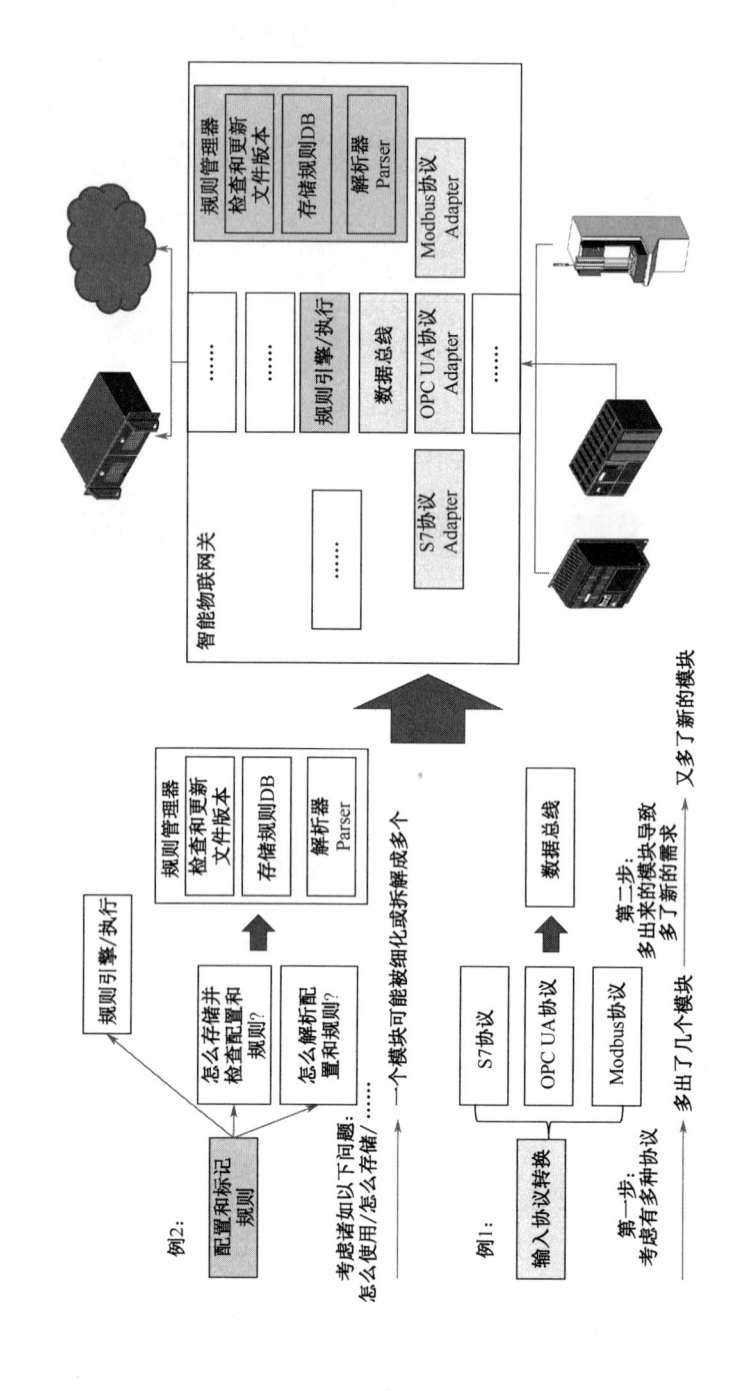

图 8-5 架构设计第四步（架构推导，概念的分解和细化）

剧集八：产品研发的架构设计 **第 8 章**

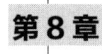

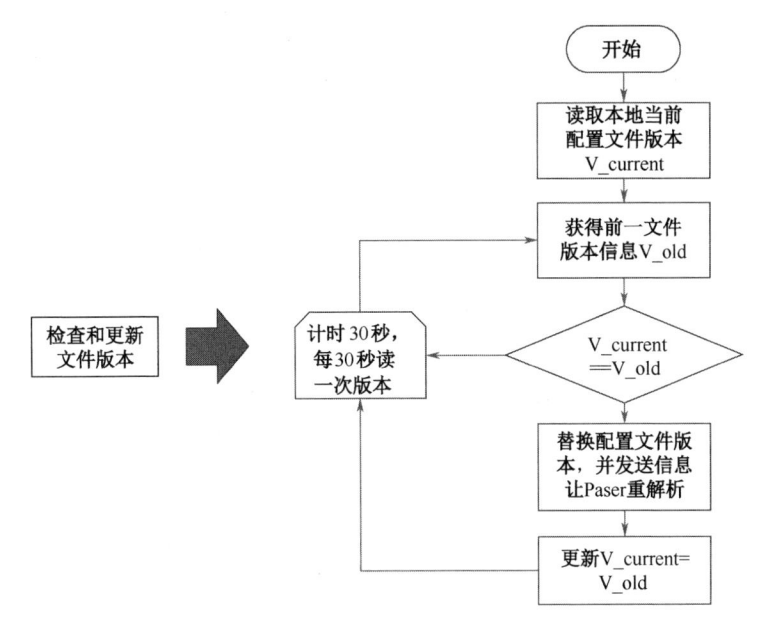

图 8-6　架构设计第五步（逻辑设计）

到了这一步，架构图基本可以用"包图"作为展现形式了。戴构在白板上画出示例，如图 8-7 所示。

王经这时插话打断了一下："你这里的第五步和第六步，顺序会有交叉吗？还是必须第五步的'逻辑设计'结束了才能进行第六步的'设计模式和技术组件选型'？"

戴构："哈哈，好问题。这两个事情之间可能存在交叉或迭代。刚才说的两个步骤，同样需要不断地修改、细化，这里面需要 N 个版本的迭代。两个步骤互相交叉使用，共同把架构的一些细节逐渐搞清晰。

"第六步中的技术组件选型，主要考虑哪些技术、哪些框架能够实现这些模块功能，这都需要架构师对这方面有知识储备，所以很多架构师'牛'的地方在于他见多识广。现在很多的架构模块都是利用开源软件。很多时候，用开源代码中的技术和机制就能实现。实现不了的部分，架构师自己写一部分机制或模块就能实现。"

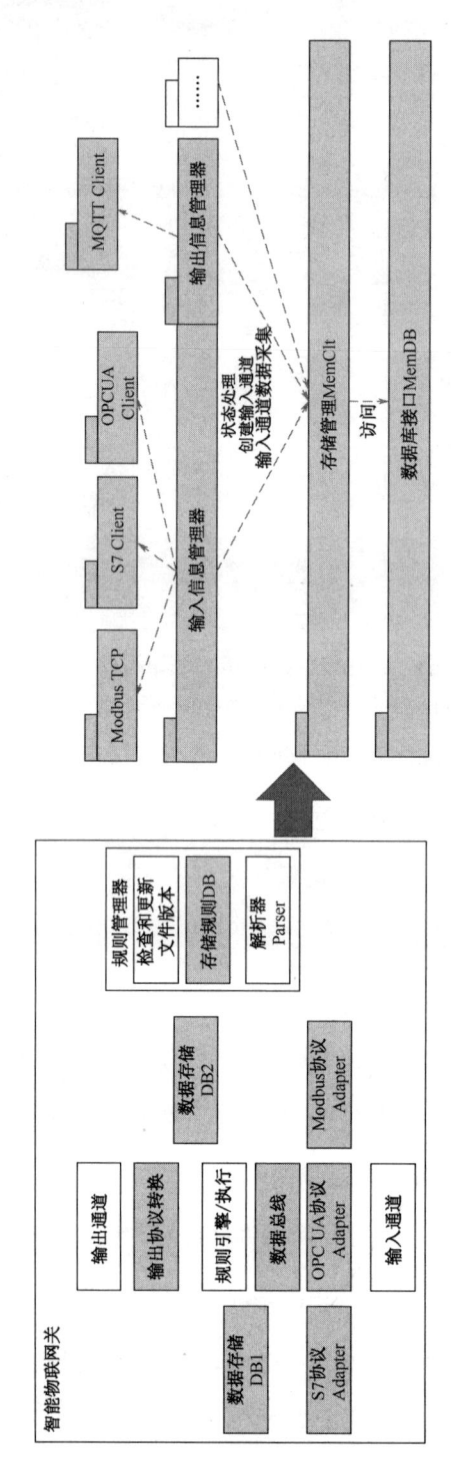

图 8-7 架构设计第六步（设计模式和技术组件选型）

王经:"哈哈,你都提到开源软件这个层级了,别告诉我经过这六步,架构设计就结束了,就等着依靠开源软件为框架去做编码就行了。"

戴构:"当然没结束,我的意思只是说现在开源软件功能很强大而已。

"上面的步骤细化拆分出来的软件模块很杂,是一个不断增长、爆炸的过程,我们接下来要做'减熵'。这里'减熵'不一定是系统的模块数量减少了,而是指各个模块负责的功能更专一化了,在覆盖所有需要处理逻辑的基础上,逻辑变得更简单、更清晰了。所以第七步,就是规整架构,划分出核心机制、子系统、子系统之间的接口、整个系统的对外接口等。

戴构在白板上画出示例,如图 8-8 所示。

"这本身就是一个'重构'的过程了,经过这一步,系统变得规整,更'模块化',也就更符合解决软件复杂度的要求。

"在做第七步的过程中,因为对之前画出来的软件框做了一些合并或增减,所以子系统的主逻辑函数有的能从第五步的'逻辑设计'中直接借用过来,有的可能发生了变动。总之,还是可能有步骤的回退和交叉的。"

戴构继续说:"第八步,就是从不同的视角再次审视架构。比如涉及具体的信息处理,模块之间是如何'各司其职'的,需要哪些接口等。"

到了这一步,架构图基本可以用"包-接口图"作为展现形式了。戴构在白板上画出示例,如图 8-9 所示。

戴构继续说:"进一步地,就是'解包',也就是把每个包都拆解成多个类,画出类图,这是第九步的主要工作。

"之前画出的架构图中的每一个'包',其实都相当于一个个小的子系统,现在我们需要把一个个小的子系统内部的组成画出来。"还是画一个图作为例子吧。

戴构在白板上画了图,如图 8-10 所示。

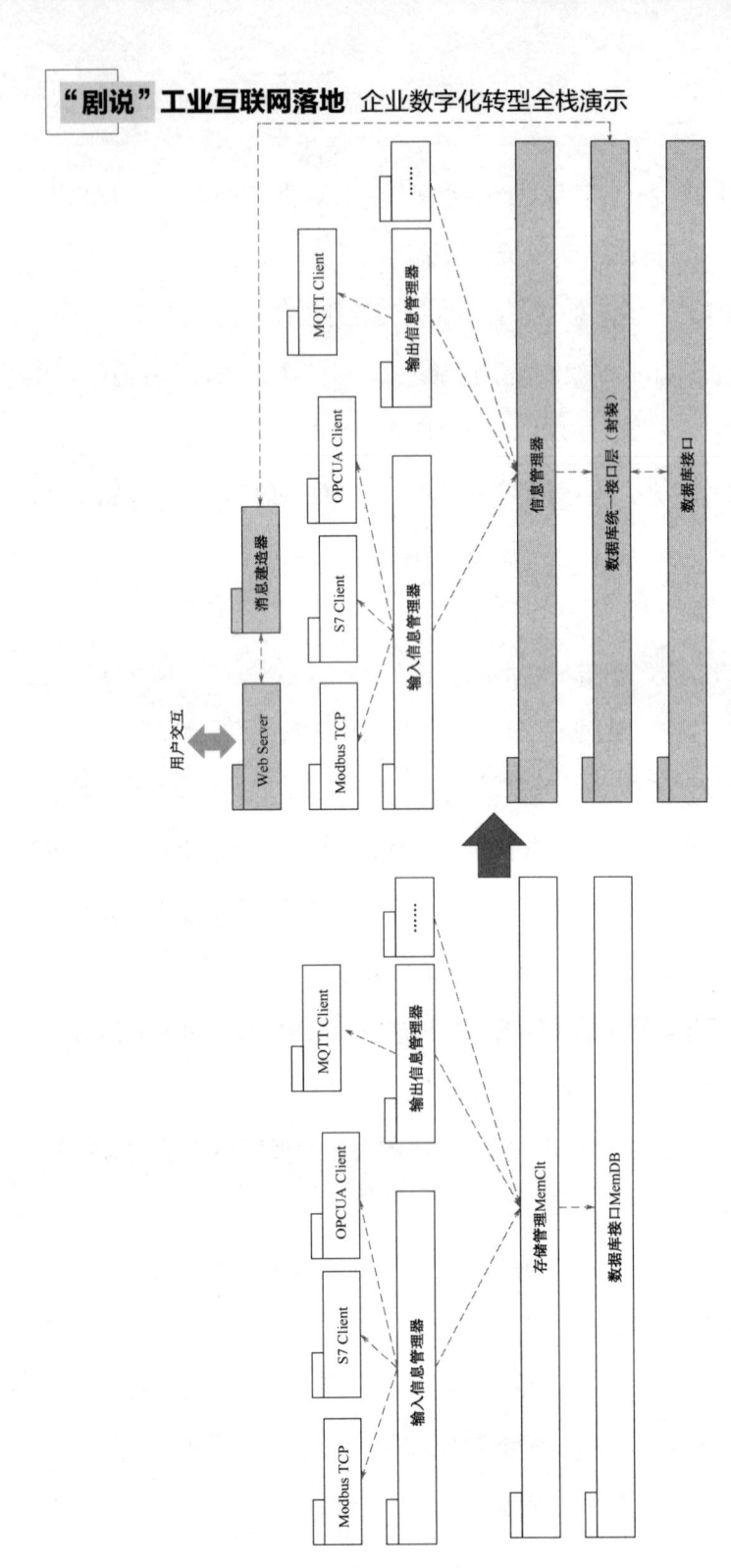

"剧说"**工业互联网落地** 企业数字化转型全栈演示

图 8-8 架构设计第七步（规整架构，划分出核心机制、系统对外接口等）

剧集八：产品研发的架构设计 第8章

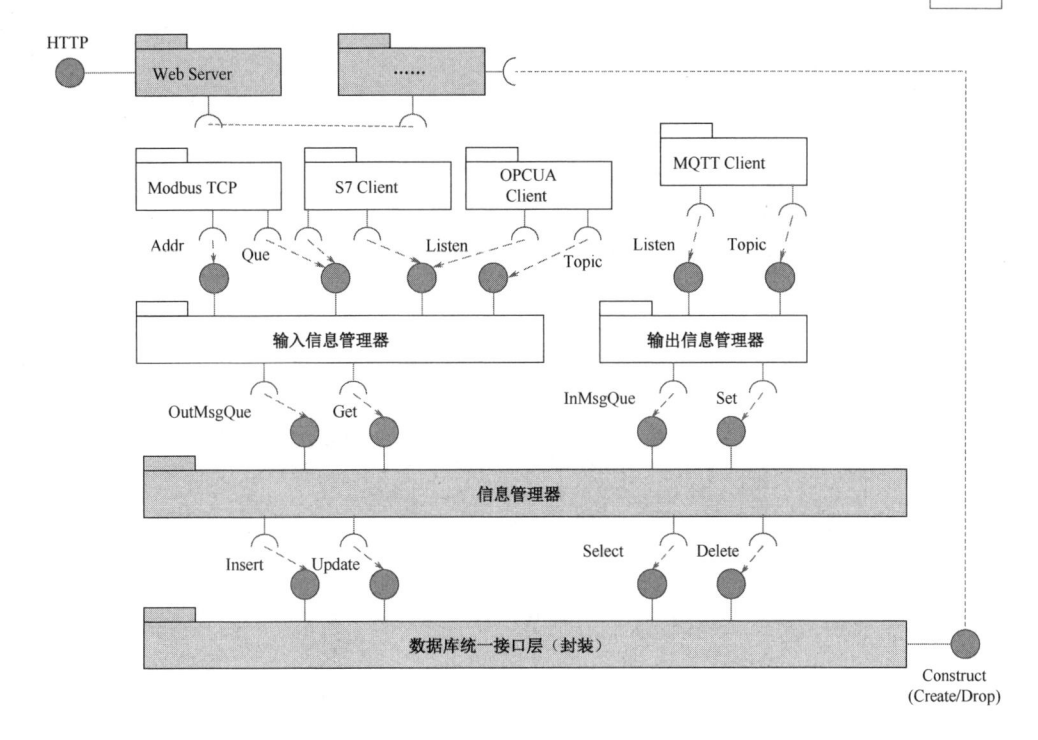

```
HTTP
 ○── [Web Server]   [······]
         └─┬─┘         └─┬─┘
           │             │
  [Modbus TCP] [S7 Client] [OPCUA Client]  [MQTT Client]
        │        │          │                │
       Addr     Que        Listen  Topic    Listen  Topic
        ○        ○          ○       ○        ○       ○
      ┌───────────────────────────┐      ┌───────────────────┐
      │      输入信息管理器         │      │    输出信息管理器   │
      └───────────────────────────┘      └───────────────────┘
           OutMsgQue    Get                 InMsgQue    Set
              ○          ○                     ○        ○
      ┌──────────────────────────────────────────────────────┐
      │                    信息管理器                          │
      └──────────────────────────────────────────────────────┘
           Insert   Update              Select    Delete
              ○       ○                    ○        ○
      ┌──────────────────────────────────────────────────────┐
      │              数据库统一接口层（封装）                    │
      └──────────────────────────────────────────────────────┘
                                                         ○ Construct
                                                         (Create/Drop)
```

图 8-9　架构设计第八步（从不同的视角再次审视架构，包-接口图）

戴构继续说："进一步地，可以把类图内的组成详细描述一下。第八步的'包-接口图'中考虑到的接口，会在具体的类中包含这些接口。"

戴构在白板上画了另外一张图，如图 8-11 所示。

王经："已经到类图这个层次了，架构设计是不是可以结束了？"

戴构："主要的工作已经完成了，还可以继续做些事情。进一步地，可以使用用例图来串一遍，看一个个用例图的情况，数据是否能在各个模块之间'跑'起来或者说'模拟流通'起来，系统运行/重启/意外的时候，各个模块之间是如何'接力'运行的，等等。

"这算是第十步，也就是使用'活动图''时序图'甚至'状态图'等来表达架构中各个类和方法之间的运行机制。"

一边说戴构一边画了这样一个图，如图 8-12 所示。

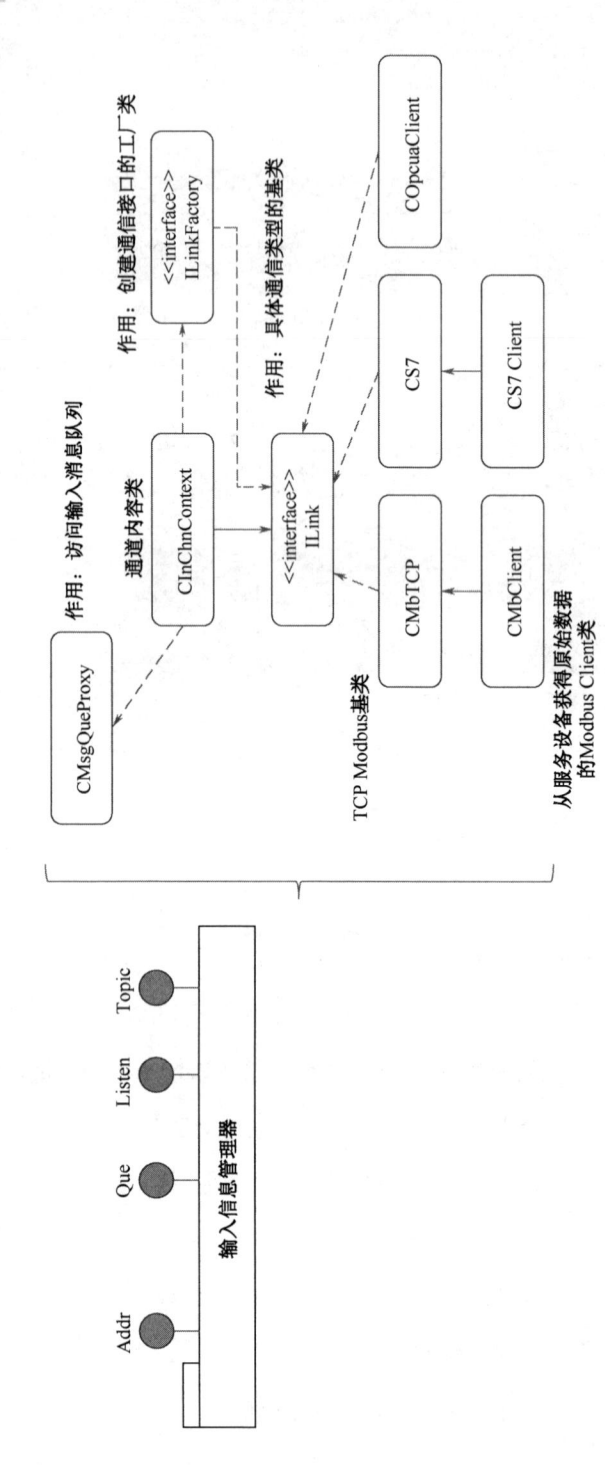

图 8-10 架构设计第九步（阶段 1，将"包图"拆解为"类图"）

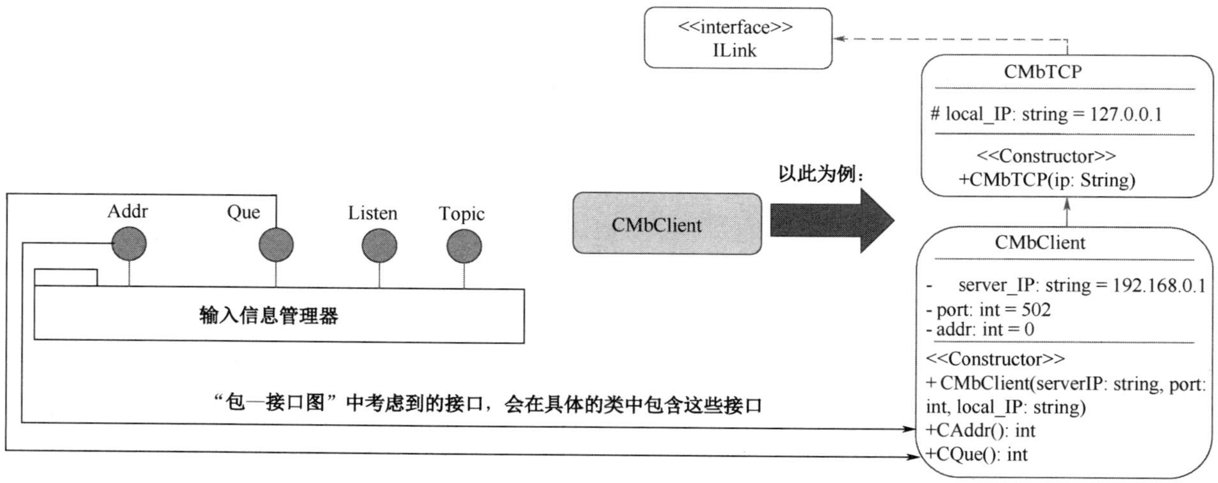

图 8-11 架构设计第九步（阶段 2，将每一个 "类" 中的元素细化）

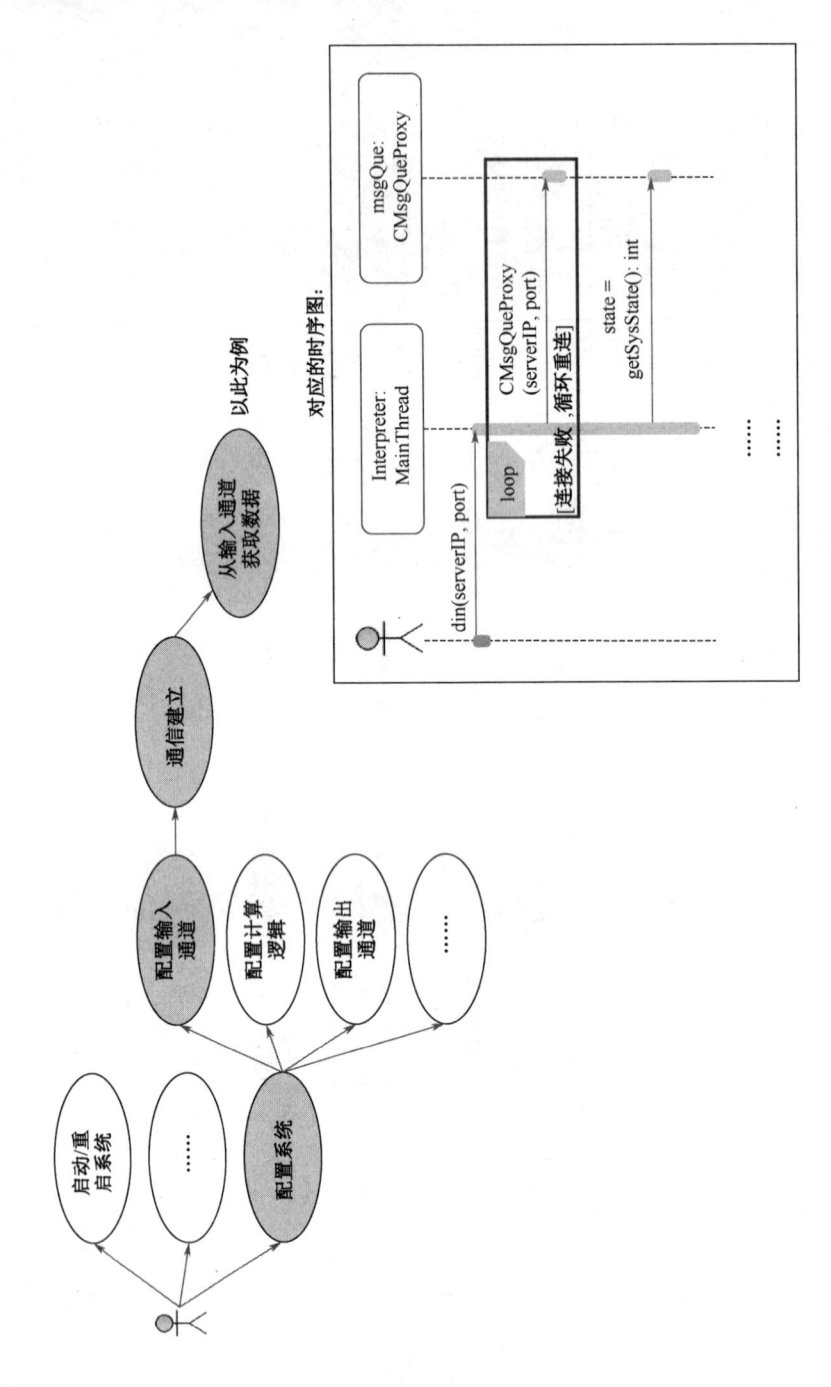

图 8-12 架构设计第十步（用例对应的时序图等）

在这张图里示例的是使用时序图来'解释'一个 user case（用例），通过这样的图可以进一步验证类图中的元素是否能够工作起来、如何工作起来，进一步调整或者说增加及修改类图中的元素，把每个类内部的元素如何工作起来，捋得更清晰。

"当然，也可以画一下'活动图'，'活动图'有点类似于第五步的'逻辑设计'。但不一样的是，第五步的'逻辑设计'是对一个个'框'，或者叫'块'，或者叫'包'的运行逻辑进行的描述。而这里的'活动图'是针对'类'这个级别的运行逻辑的描述，也可以说这里的'活动图'可以参考'逻辑设计'中的内容进行印证。

"使用'活动图''时序图''状态图'等来表达架构中各个类之间的运行机制，这样做可以解释'类'这个颗粒度里的函数等元素是怎样通过顺序地处理某个数据或完成某个整体功能而配合起来的。"

王经听得直点头，开玩笑地问了一个问题："这么多？已经到第十步了，还会有第十一步、第十二步吗？"

戴构神秘地笑笑："可以继续有啊，比如性能考虑、冗余设计等，可能需要把前面的设计过程再捋一遍。但设计一个能用的东西，以上十步包含了大多数所需的步骤了。"

王经："嘿，做架构设计还真是个累活，既是脑力活，也是体力活。"

戴构："没错，我这个'十步搭建软件架构'的方法，在步骤之间会存在交叉和迭代，把工作做细还是需要很多耐心和精力的投入的。总体来讲，我说的这些是方法、步骤，在具体项目中，反复组合使用这些方法，比如层级分解、逻辑关系、自顶向下、自底向上、由外向内、由内而外。"

王经："哈哈，你如果不讲解那十个步骤、不举例子画图，你说的这些名词抽象到无法理解。但通过例子,就可以用这些抽象的词汇来总结了。这些词是不是也可以说成类似于问题分类、抽象剥离、归纳划分、深层思考、由点及面、步步为营……?"

戴构:"哈哈,是可以,反正能做出东西再用抽象的词汇描述,怎么都行。如果做不出东西,用这些抽象的词汇听起来像忽悠人。"

王经:"你这十个步骤下来,可以输出架构设计文档了吧?"

戴构:"是的。结合文字描述一下,架构设计文档就出来了。架构设计文档,我觉得主要就是把这十个步骤拆分出来的结果描述清楚,清晰地表达这些内容——

"(1)这个架构的框图是个什么样子,包含哪些子块?核心机制是什么?

"(2)整个架构有哪些主要的对外接口?

"(3)系统的核心机制详述、各个子块或子系统内部之间是如何围绕这个核心机制工作起来的,各个子块或子系统分别负责什么主要职能,'总—分'或者'整个系统与子系统之间的关联'的逻辑表达清楚。

"(4)主要用于沟通各个子块或子系统的'连接器'是怎么设计的?比如这种'连接'可能是一种封装了 hook 的机制主线程、主数据库等。

"(5)系统运行/重启/发生意外时,分别由哪些子块或子系统参与了这个过程?最好细化到类这个层次。

"(6)一个类里面的实现核心是什么?比如说,注册函数、通知信息函数,详细的话可以添加这些主要函数的伪码。

"(7)在具体的 user case 中,类和它的元素运行顺序是怎样的?时序图和活动图怎么来表达这些 user case 中的过程?

"(8)性能等因素的考虑,这可能涉及系统的健壮性、时效性、冗余性设计,为了满足在某些场景下的需求是怎么在技术层面体现的。"

王经认真地听着戴构激情洋溢的表述，最初对架构设计的担心逐渐释疑，觉得戴构能够输出的内容符合他的预期，颗粒度够细，也能够指导、驱动后续的开发迭代过程。

8.4 派别之争："功能派"与"重构派"

我们前面刚说过，架构设计不仅发生在设计阶段，它实际上是一个过程，围绕着软件系统，对它的架构进行定义、文档编写、维护和改进并验证实现等，把这一系列活动组合起来，就是我们所说的架构设计。架构设计的产物就是一个系统的架构，输出形式是架构文档。

随着架构设计工作按戴构的"十步搭建软件架构"法进行，架构文档的各个章节也逐渐填充起来，从戴构的架构设计工作开始，到架构文档经过评审并发布1.0版本，时间大约过去了三周。

王经对戴构的工作还是很满意的："这么快，不到一个月就设计完成，而且文档评审也完成了。"

戴构："这是个小系统，不复杂，所以时间短。大系统的架构设计就会比较周折，系统一大，各种问题就会出来，比如大系统后续'重构'的可能性也大，而且几乎是必然发生的。"

王经："我们这个项目后续就不需要'重构'吗？"

戴构："说不上一定不会，只是说系统越小，这种'重构'推倒重来的可能性越小。一般而言，不管系统大小，都没有完美的设计，'功能派'与'重构派'的纷争也一直会存在。"

王经："你给说说什么是'功能派'与'重构派'？"

戴构："'功能派'对于架构设计的态度是——先干起来再说，实现功能为主。'重构派'对于架构设计的态度是——经常想着推翻之前的架构设计，认为系统遇到的问题是前期架构设计不合理导致的。"

王经笑笑："那么，哪种观点对呢？"

戴构："没有对错之分。只是根据时间段来看待系统遇到的问题。

"一般而言，刚开始做一个东西时，'功能派'会占主导，因为想象不到客户体量到底有多大，所以把功能实现了、快速推出产品、获得用户反馈，这些事是当务之急，所以大多数架构师虽然对架构会有一些后期可能的拓展性的考虑，但是一般不会做过度设计。毕竟，时间也是项目成本嘛。

"到了后期，用户越来越多、功能要求越来越复杂，系统功能越来越改不动的时候，'重构派'会占上风，用清高的评论说'看吧，我早就说要重构的吧？'的确，这个时候肯定是要重构的，现在提重构肯定是正确的。而之前提重构，是否正确谁也不知道。"

王经："这种争论避免不了，是吧？"

戴构："几乎必然存在。不知道哪一天我们也会遇到类似的情况，你大概知道会有这个事，并且知道这个事为什么会发生就行了，哈哈，总之得有心理准备。"

王经："所以，你是习以为常了，对吧？"

戴构："是的。架构师可以尽力在第一次架构设计时就考虑系统的可拓展性、可变更性等要求，要是不考虑这些，架构师也就没必要存在了。但最终系统能拓展多大、维护多久、有多少用户量，都是现实发生才是真实的。所以，还是避免不了先期重'功能'后期要'重构'的情况。但是，准备好了就不纠结了，可以坚定地做好自己的事。"

8.5 不急于开发，先验证关键技术风险点——POC 和原型的重要性

一般而言，POC（Proof of Concept，概念验证）、Prototype（原型）以及 MVP（Minimum Viable Product，最小可行产品）是产品领域的名词。在技术开发领域也会提到它们，主要指的是从技术角度来看，功能成熟度不同的产品。

架构设计文档发布正式版本后，吴健也关注了这个信息，于是叫来项目经理王经、产品经理孙品、架构师戴构一起聊聊接下来的工作内容。

吴健："架构设计结束后，开发实施工作是怎么计划的？"

王经："我的想法是，接下来的确进入了编码阶段，但马上要开始的编码阶段不需要使用迭代的方式，而是先搭建框架，在架构设计的各个模块之间跑一个简单的数据流，也就是说当简单的数据流能在各个编码得很粗的模块框架跑起来后，再进入迭代开发的编码过程。"

孙品："我记得你画的那张'敏捷开发方式与产品生命周期'图，也就是说，接下来先实现技术角度的 POC 或 Prototype 是吧？"

王经："没错。POC 主要是验证关键技术风险点，比如，架构设计中会用到一些开源组件，而这些组件的可用性、两个组件的不同版本之间能够协同工作、组件的性能是否符合要求等，这些技术风险点需要先进行验证。

"而 POC 结束后，搭建 Prototype，这里我指的是技术原型，主要是在各个组件之间跑通一些简单的数据流，保证各个组件或子系统已经有个框架在那了，

而且能运行起来。接下来进入编码的迭代开发阶段后，主要就是着眼于功能的实现了。

"在 Prototype 这个环节上，我一般会使用圆形便利贴来指示各个模块和接口是否大致完成了，这样项目组的成员都能看到哪部分可用和整个系统的框架完成的大致比例。"

王经说着，在白板上画图做了示例，如图 8-13 所示。

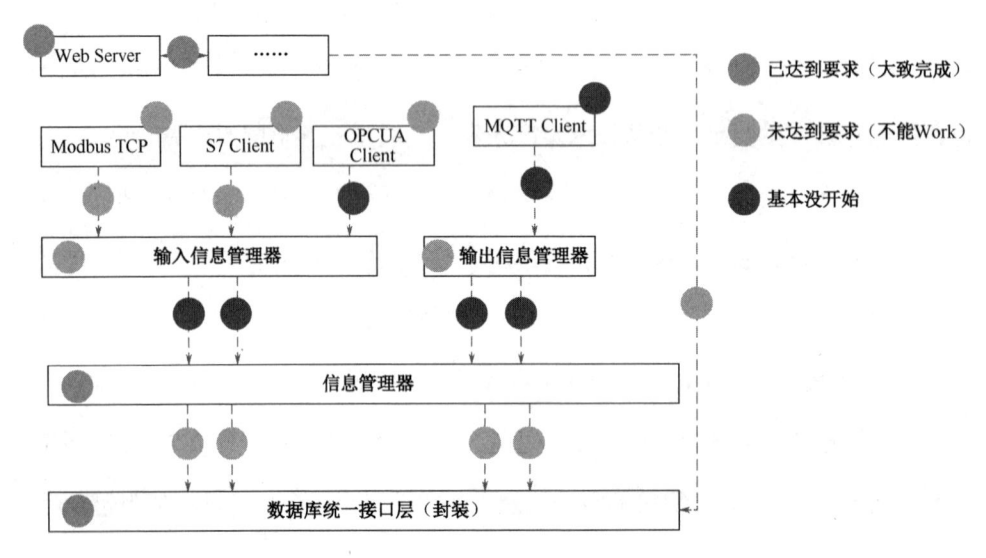

图 8-13　技术 Prototype 编码阶段的项目管理方法

戴构插了一句："为什么不用类图呢？"

王经："哈哈，做 Prototype 嘛，不需要把所有的内容都实现，只需要把大致的框架跑通就可以了，至于每个框中包含哪些具体内容，进入编码的迭代开发阶段后再做就行。而且，如果我这里用类图，Prototype 阶段项目管理的代价较高，项目进入迭代开发阶段所需要的时间也长。"

孙品也提了一个问题："进入编码的迭代开发阶段之前，实现 POC 和

Prototype，需要进一步实现 MVP 吗？"

王经："不需要，MVP 是最小可行产品，属于具有最基本或最核心功能的产品，放在迭代开发阶段去实现。一般的，迭代开发阶段的前几个迭代周期，最主要目标就是实现 MVP，实现了之后，可以给它一个版本号 V0.1 甚至 V1.0，作为开发过程中的一个项目基线版本。"

吴健听着大家的这些讨论，认为整个团队还是能达成共识的："可以进入开发实施工作了，而进入开发实施工作的第一个阶段就是搭建 POC 和 Prototype，验证关键技术风险点并跑通整个系统框架，然后再通过迭代开发去一个个垒功能。"

第 9 章

剧集九：项目管理与敏捷式开发过程

旭霓公司的研发团队，按计划进入了项目的实施阶段，主要就是指软件开发阶段。而且，按照计划，实施阶段先做 POC 和 Prototype，这个过程进行了一个半月，对几个技术组件的选型风险进行了评估，第一个 Prototype 也有了雏形。

软件开发存在两个极端：一个是没有任何管理成本，所有的工作都是为了软件的产出，但是这种方式却往往导致软件开发过程的混沌、产品的低质量、团队士气的低落，属于"欲速则不达"的结果。

另一个是大量管理活动的加入：评审、变更管理、缺陷跟踪。虽然管理活动的加入能够在一定程度上提高开发过程的有序性，但是成本却也因此提高，更糟糕的是，很容易导致团队的低效率，降低创新能力，属于"过犹不及"的结果。

因此，寻找一个平衡点，用低成本的管理活动带来最大的产出，即高质量的产品，这是项目管理要追求的目标。敏捷式开发过程就是这样一种项目管理方法。

当然，敏捷式开发过程不适用所有类型的项目，如硬件开发类型的项目。如果要做一个完整的电脑主板，难道要先用敏捷方法做一个仅有 CPU 和晶振时钟组成的电路，然后下一次做一个有 CPU、晶振时钟、内存的东西，再下一次才为其添加硬盘？这样做不仅导致硬件设计的工作要反复进行而耗费大量时间和硬件成

剧集九：项目管理与敏捷式开发过程 第9章

本，前期设计的硬件电路哪怕没有 EMC（Electromagnetic Compatibility，电磁兼容性）问题，也不能保证增加了部分元器件后它仍没有问题。

此外，敏捷式开发所提倡的"迭代"也不适用于软件项目的所有阶段，在没有一个基本清晰的需求列表或者 Product Backlog，以及一个清晰的架构设计带来的技术组件规划之前，贸然使用"迭代"只能让不清晰的部分持续混沌下去。所以，我们提倡做完 POC（Proof of Concept，概念验证）和 Prototype（原型）之后再执行敏捷开发的迭代过程。

根据需求做出可交付的产品，这个过程有以下几个重要的转化步骤。

第一个步骤：把产品需求内化为项目需求。这一步在把 Product backlog 转化成 Technical backlog 时实现。

第二个步骤：把项目需求分解为技术模块。这一步在架构设计时实现。

第三个步骤：把技术模块的实现拆分为开发人员的工作内容（task），这一步在迭代开发中实现。这部分是本章要讨论的主要内容。

9.1 用 WBS 进一步拆解有待细化的工作包

WBS（Work Breakdown Structure，工作分解结构）在前面的"估算"章节中提过，做 WBS 有利于在拆分出工作包之后，把工作包按照依赖关系串联起来，并估算每个工作包需要投入的资源，然后发现项目的关键路径，从而制订项目计划。

这就是：计划和分解时自上而下，实现和集成时自下而上。

这里再次使用 WBS 是跟之前有着传承性的：架构师设计出来的软件架构，

需要拆分成开发人员能够实现的工作包（task）来实现。相当于之前估算的时候 IOTWBS 颗粒度较粗，现在所 IOTWBS 颗粒度更细。

关于如何做 task 的 WBS，孙品、王经和戴构再次碰到了一起，来讨论这个问题。

戴构问王经："现在到了项目的实现阶段，而且因为 POC 和 Prototype 也快完成了，进一步的工作包拆解可以开始了吧？"

王经："没错，我正在做这方面的事。咱们一起交流交流？"

孙品："你之前说，WBS 的分解方法可以按照产品的物理结构、项目的实施阶段和过程等好几种方法来分解，你一般按照技术组件来做 WBS 拆解，没错吧？"

王经："是的。"

孙品："那我还真是有个问题想得到答案。那就是——项目使用敏捷开发方式，在每个开发迭代里其实是按照一个个 user case（用户案例）或 user story（用户故事）的方式来开发的，而你是按技术组件来做 WBS 的，这两者之间不是一个维度，能联系起来吗？"

王经："哈哈，好问题。我来说说我的想法吧。"

王经一边在白板上画，一边解释：

"按技术组件来做 WBS，WBS 的模块是一个个的技术 task，如图 9-1 中'①-1''⑦-2'等。在敏捷迭代开发中，user case（用户案例）或 user story（用户故事）作为最小的交付单位，user story 是各个技术 task 的'横切片'。"

王经继续说："举个例子来说吧——

"'⑦-2'的内容是开发实现 CMbClient 类。

"user story 1 的内容是实现 Modbus TCP 的连接，以便于后续读取 TCP 通道上 Modbus 协议发送的数据。

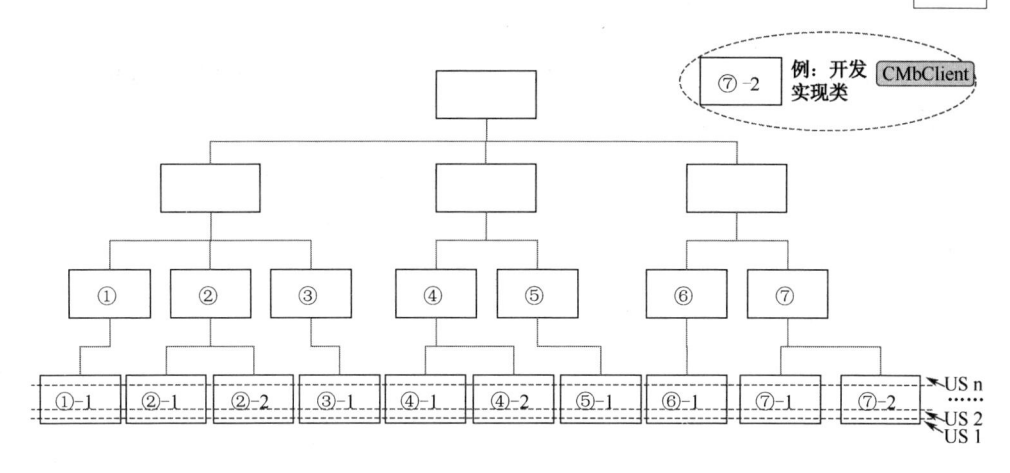

图 9-1　User　Story 是按技术组件做出的 WBS 的"横切片"

"这样，user story 1 就要求能实现一部分'⑦-2'，比如完成 CMbClient 类的基础函数和 CAddr()接口函数，还要能实现一部分'①-1'、实现一部分'③-1'。"

孙品："维度不一样的两个东西，硬是扭在了一起。"

王经："是的，其实这是不得已而为之。项目估算很难，通过拆分成技术组件，比较容易做项目估算。而且，从架构师角度输出的内容就是技术组件。而为了交付优先级更高的产品功能、灵活应对用户需求变化，又需要采用敏捷式的迭代开发，必然要从需求或功能角度来实现开发迭代过程，那就是需要从 user story 的角度来管理开发进度。"

戴构想到了一个问题："我看很多互联网公司直接用 user story 来推动开发，也没有问题呀？"

王经："视情况而定。一个团队越成熟，成员之间的能力可替代性越强，越可以减少 task 拆分的工作量。也就是说，开发一个 user story，如果团队成员都能独当一面，可以自己把这个 user story 实现出来，那么就不用拆分了，一个 user story 交给一个人去开发就行了。

"但现实情况中，能开发前端的做不了后端，能做后端的却又未必懂 Firmware（固件）开发，大家之间的能力可替代性比较弱，尤其在复杂项目中、涉及多个技术栈的项目中、磨合程度不深的团队中。所以，还是要把 user story 进一步拆分成前端人员的 task、后端人员的 task。"

戴构："会不会存在这种情况，也就是当初按 WBS 来估算的时候，项目周期 10 个月就可以了。但使用 user story 来迭代驱动开发时，发现前面几个 user story 对某几个开发人员的依赖比较严重，而项目后期才对另外几个开发人员的依赖比较多，结果算下来项目周期需要 11 个月。会有这种事情发生吗？"

王经："当然会。所以说估算有好几次，后续的估算会对前面的估算做修正。估算是一个逐渐精细、逐渐接近现实状况的过程。这个我们之前是聊过的。"

孙品："有没有方法让这两种估算的结果尽量相近？也就是说，通过按技术组件做 WBS 的估算结果，尽量接近于用 user story 来拆分 task 的执行过程？"

王经："好问题，我觉得是有一些方法的，主要有以下三种。

"第一种方法：user story 颗粒度尽量细一点，也就是不要太大。这样的话，更多的 user story 可以在一个迭代周期中实现，让团队的每个开发人员都有 task，尽量减少'有人空闲有人忙'的情况。

"第二种方法：在执行迭代开发周期中，主要的顺序还是按照 Product backlog 或者 Technical backlog 里的优先级来实现，兼顾项目组成员的能力和任务瓶颈，做适度调整。

"第三种方法：敏捷开发方式，如果在时间和工作量方面进行取舍，就是要求项目周期不变，而交付的功能可以有所删减。所以，如果某些低优先级的产品功能实在交付不完，那也应该是优先级低、不影响产品整体使用体验的功能。敏捷开发方式是有'包容精神'的，哈哈。"

三人聊着这个话题，越聊越清晰。最终，还在白板上留下了以下这张图（如图 9-2 所示）。

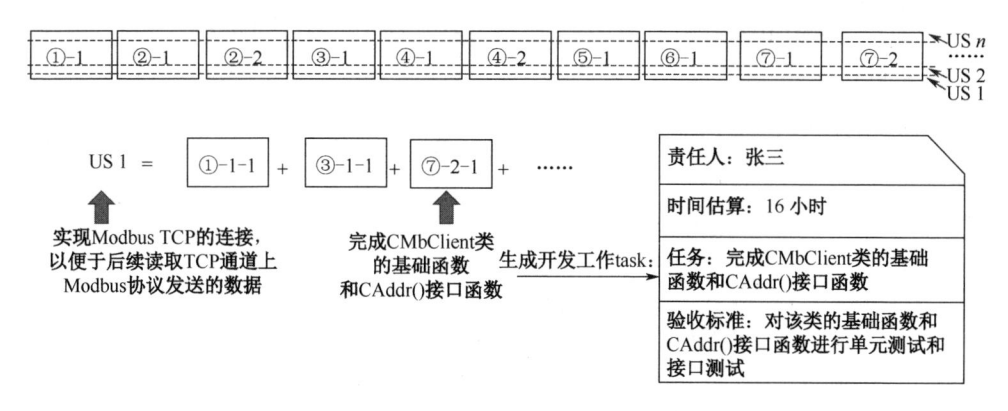

图 9-2 User Story 是 WBS 的"横切片"——技术 task 的再组合

9.2 敏捷式开发方式中，流程怎么体现"敏捷"

项目的 POC 和 Prototype 基本完成，马上需要进入实施阶段的迭代开发过程，王经想召集项目组一起做个敏捷开发流程（Agile）的交流会议，一方面算是培训，另一方面也算是统一大家对敏捷开发的认识。

Agile 有好几种形式，近几年比较流行的是 Scrum，原始含义是指英式橄榄球次要犯规时在犯规地点对阵争球。这一概念被引入到产品开发（尤其是软件开发）中来，即开发团队作为一个整体前进，在团队内部"传球"并保持前进，这也许可以更好地满足当前激烈的市场竞争和用户需求变化。Scrum 作为一种常用的敏捷方法，是一种以人为核心、迭代、循序渐进的开发方法，提倡"增量迭代、小步快跑、及时交付"的思想，把一个大项目分为多个相互联系、但也可独立运行的小项目，并分成不同阶段分别完成，在此过程中软件一直处于可使用状态。

从哪里开始介绍呢？王经想了一下，还是从基本的术语开始介绍吧，毕竟新招来的开发人员对敏捷开发可能并不熟悉。如下是王经介绍的敏捷 Scrum 中的几个主要术语。

（1）Sprint：原意为冲刺，Scrum 中的 Sprint 指一个迭代周期，即一个交付阶段一般 2～3 周为宜，特别是互联网项目。

（2）Backlog：待办列表，即等待认领或者开发的任务列表。

（3）Product Backlog：产品待办列表，指产品的需求列表。

有的项目为了匹配项目的复杂度或团队配合成熟度，会进一步把 Product Backlog 拆解为 Technical Backlog，也就是技术角度的开发需求列表。

（4）User Story：用户故事，指一个需求，也就是一个功能点。

（5）Story Point：故事点数量，衡量用户故事的工作量大小的计量单位，一般为 d/h。

（6）Product Owner：产品负责人，简称 PO，即产品经理，是需求提出方，需求决定者。

（7）Sprint Task：实现一条需求需要 IOT 一个技术任务。

这些术语很容易理解，接下来，王经介绍了 Scrum 中的"1234"，也就是：

1 个进度指示工具——燃尽图（Burn Down Chart），每天更新，标记一个迭代周期内的工作还剩多少（如图 9-3 所示）。

2 种工件——Product Backlog（产品需求列表）和 Defect backlog（待修复的缺陷列表），在这两种工件里挑选的内容会形成这一个迭代周期 Sprint 里的待实现内容，也就是 Sprint backlog。

同样，这里的 Product Backlog 在某些项目实操案例里，会先转化成 Technical

Backlog，将 Technical Backlog 里的内容作为 Sprint backlog 的输入。

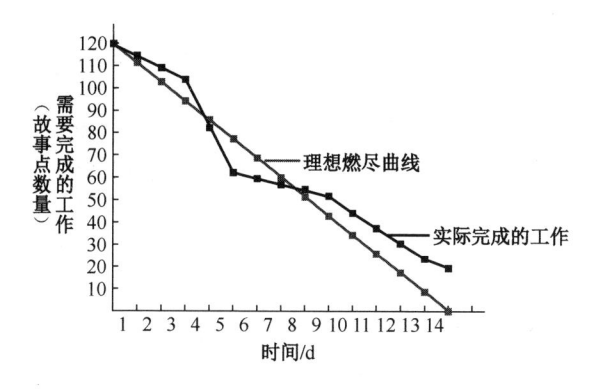

图 9-3　燃尽图（Burn Down Chart）

3 种角色——Product owner（产品负责人，一般是产品经理担任）、Scrum Master（敏捷专家，一般由项目经理担任）、Scrum Team（团队成员）。

4 个会议——Sprint 计划会议、每日站立会议、Sprint 评审会议、Sprint 回顾会议。

再接下来，就是介绍以上这些内容怎么运行，也就是 Scrum 的一般流程，如图 9-4 所示。

王经总结道："简而言之，以 backlog 里的 user story 为驱动，这是输入；经过 Sprint 的循环迭代，持续完成可交付的产品/功能，这是输出；——这就是 Scrum 的基本思想。"

展示完这个流程图之后，有几位开发人员之前没有用过 Scrum 的方式，有很多疑问。此时，王经又从另一个角度进行了解释："这样吧，我换个角度来解释。

"之所以说 Backlog 里的 user story 是驱动，因为它是输入，是待办事项。有事要做就会有压力，这是原始动力。但原始动力怎么最终变为输出的产品或功能，其实驱动的过程中主要是经过 4 个会议衔接起来的。

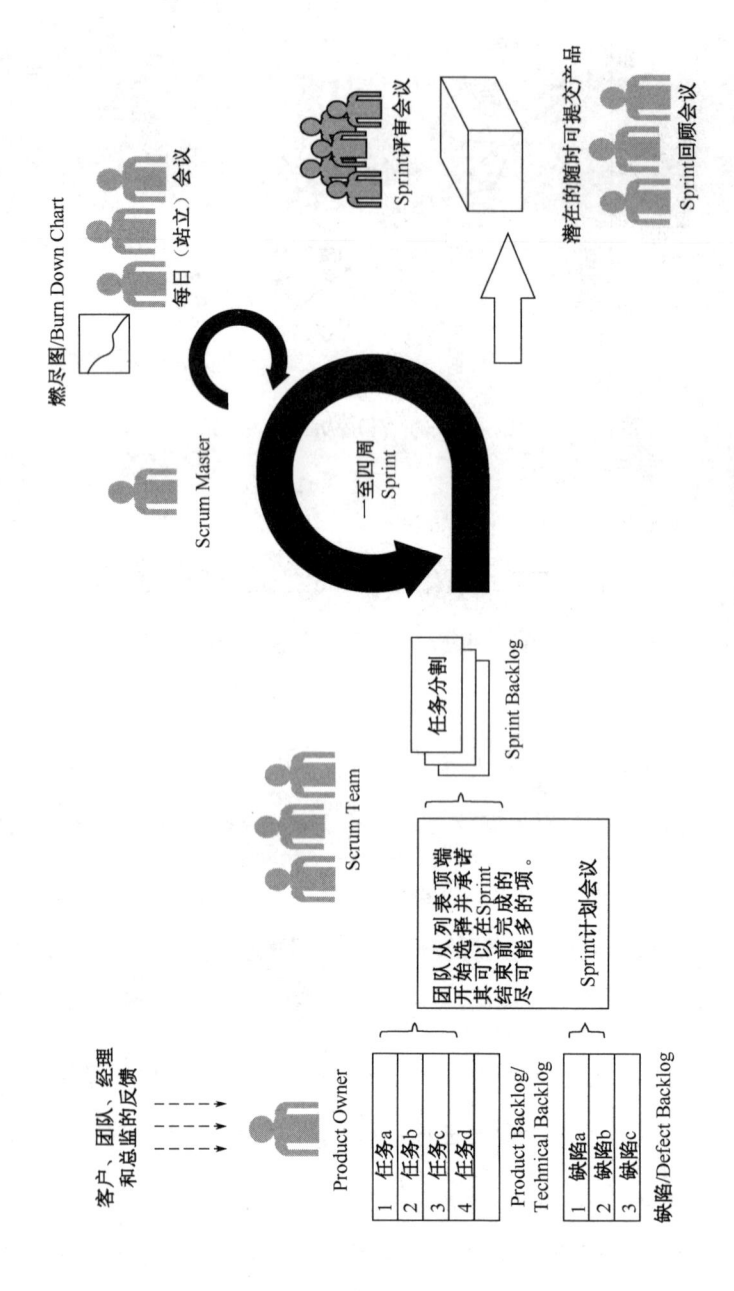

图 9-4 Scrum 的一般流程图

先说第一个，Sprint 计划会议。由 PO、Scrum Master 和团队成员一起，分析和评估 Product Backlog（产品待办列表）并创建 Sprint Backlog（Sprint 待办列表），并为 Sprint Backlog 中的任务做时间估算，从而确定这个 Sprint 的周期和目标的过程。这个过程的图示如图 9-5 所示。

把 Sprint Plan Meeting 要进行的内容进行一下总结：

（1）分析和评估 Product Backlog；

（2）创建 Sprint Backlog；

（3）对 Sprint Backlog 中的任务做估算；

（4）确定 Sprint 的周期和目标；

（5）团队挑选任务，承诺 Sprint 目标；

（6）PO、Scrum Master 及 Scrum Team 一起讨论如何达到 Sprint 目标。

"再说第二个，每日例会。每日 Scrum 例会大家都站在团队的看板（Kan-ban Board）前，由 Scrum Master 主持，PO 和 Scrum Team 的成员参与。Scrum 团队所有成员轮流回答以下 3 个问题：

（1）昨天我完成了什么工作？并将完成的工作更新在看板上的'任务列表'区域。

（2）今天我打算做什么？

（3）我在工作中遇到了什么困难？

另外，Scrum Master 还要更新看板上的"燃尽图"区域，让大家知道目前项目的开发进度。看板示例如图 9-6 所示。

第三个会议，Sprint Review Meeting（Sprint 的评审会议），或者称为 Spring Demo Meeting（Sprint 演示会议）。

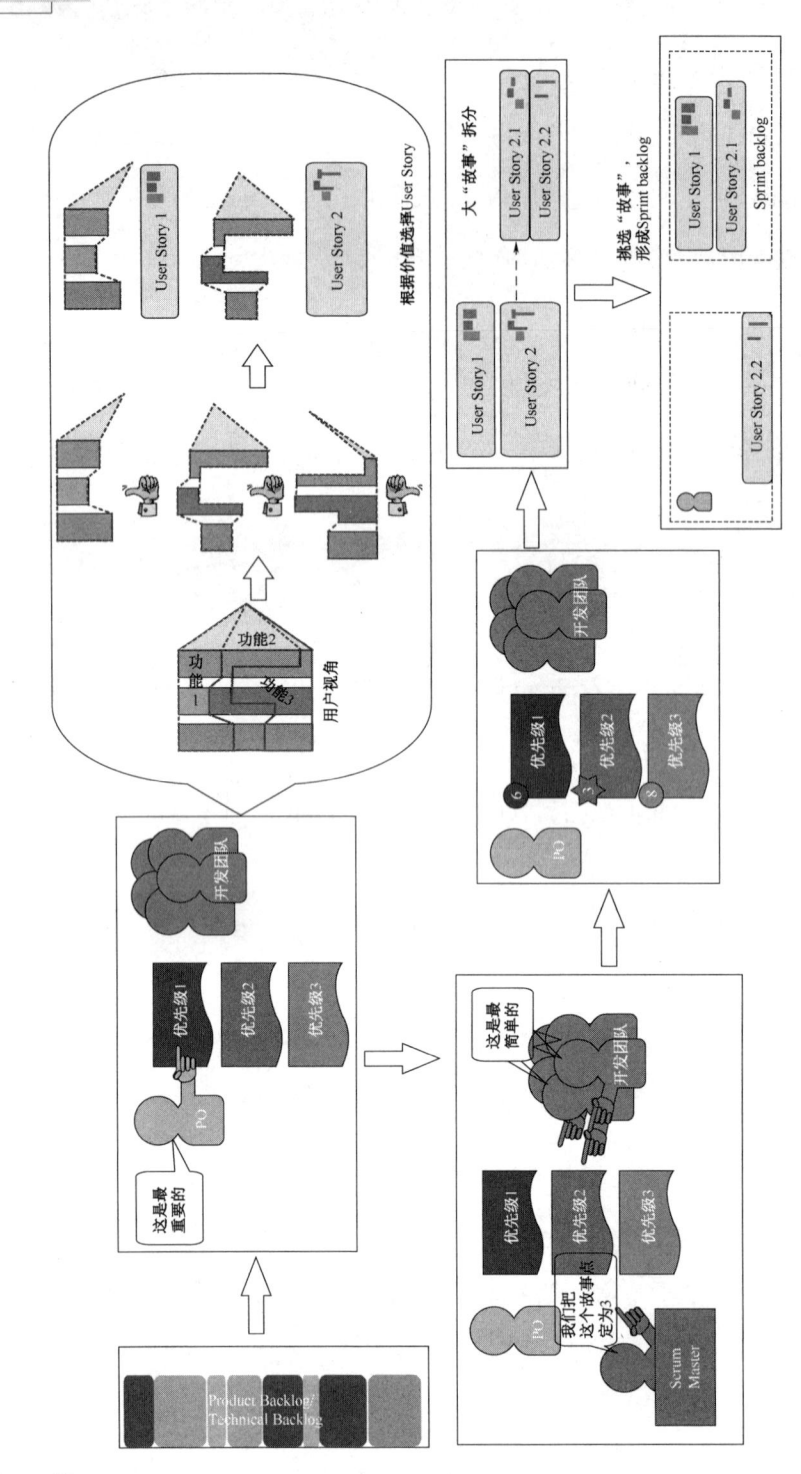

"剧说"工业互联网落地 企业数字化转型全栈演示

图 9-5 Sprint 计划会议要 IOT 事情

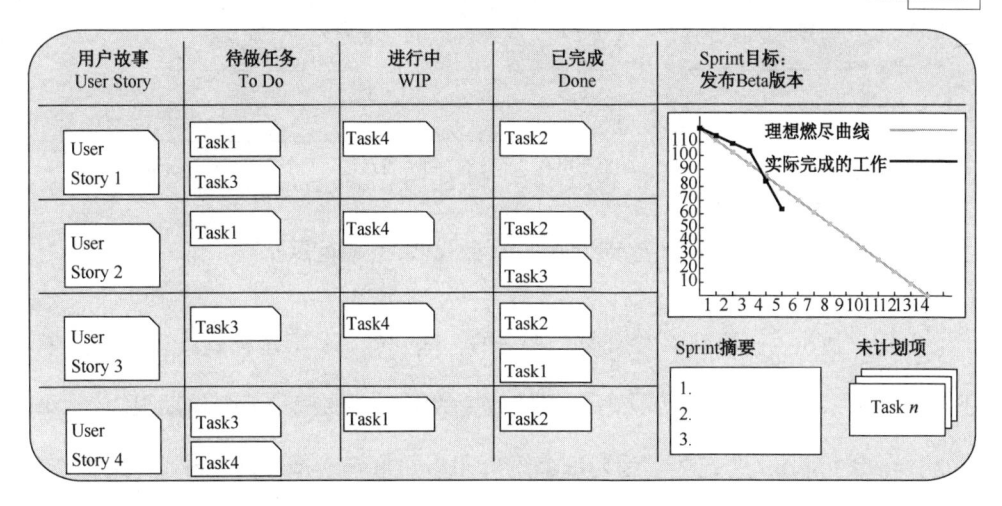

用户故事 User Story	待做任务 To Do	进行中 WIP	已完成 Done	Sprint目标: 发布Beta版本
User Story 1	Task1 Task3	Task4	Task2	
User Story 2	Task1	Task4	Task2 Task3	
User Story 3	Task3	Task4	Task2 Task1	
User Story 4	Task3 Task4	Task1	Task2	

图 9-6 每日站会看板

Sprint Demo Meeting 主要是 Scrum Team 的成员给 PO 演示自己 IOT 可展示的东西。概括来说，其内容主要是：

（1）在开始之前，Scrum Master 阐述 Sprint 的目标；

（2）要给开发 Demo 者展示的机会；

（3）不要做花里胡哨的演讲，演示可以工作的实际代码；

（4）注意力放在我做了什么，而不是我怎么 IOT；

（5）时间尽量控制在 2 小时内，最好在 1 小时内解决。

第四个会议，Sprint Retrospective Meeting（Sprint 回顾会议），Sprint Retrospective Meeting 的目的是回顾一下团队在流程人际关系以及工具方面做得如何，团队识别出哪些做得好、哪些做得不好，并找出潜在的改进事项，为将来的改进制订计划。

在 Sprint 回顾会议中，每个成员轮流发言，大家一起讨论改进的方法，Scrum Master 在回顾看板上记录问题、总结问题。回顾看板上的内容如图 9-7 所示。

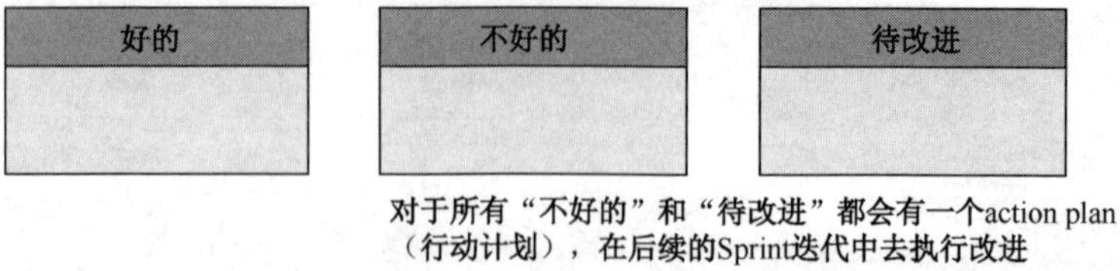

好的	不好的	待改进

对于所有"不好的"和"待改进"都会有一个action plan（行动计划），在后续的Sprint迭代中去执行改进

图 9-7　Sprint 回顾会议总结记录问题

王经一边讲，一边回答大家插入进来的一些问题，一不留神就过去了一上午。王经总结道："Scrum 这套方法怎么体现敏捷的呢？主要就是那个周期很短，一般是 2～4 周的 Sprint 迭代环。因为每个短周期需要重新选择 user story 去评估并实施，所以可以快速地应对需求的变化。"

结束前，有人问了最后一个问题："Scrum 方法里，3 种角色是 Product Owner、Scrum Master 和 Scrum Team，难道没有产品经理和项目经理吗？"

大家都笑了，的确是个尖锐的问题。

王经回答道："Product Owner，产品负责人，其实担任的就是产品经理的角色。

Scrum Master，敏捷专家，是一种弱管理的职能，主要是根据 Scrum 流程来组织整个团队的活动，比如 Scrum 的 4 种会议等。

因为 Scrum 只偏重软件开发的过程，所以没有提到项目经理这一职能，而在真实的项目全流程里，还要有项目计划、项目采购等各种事情，这不是 Scrum Master 的职责，一定是项目经理要干的工作。

所以，在项目的整个过程中，项目经理一定是要有的。而 Scrum 迭代开发阶段，项目经理可以兼任 Scrum Master，当然很多大项目里也可以由富有技术经验并且懂 Scrum 流程的工程师来担任 Scrum Master。"

王经笑笑补充说："在咱们的开发项目里，由我这个项目经理兼任 Scrum Master。"

9.3 敏捷开发中的测试工作怎么做

在以 Scrum 为代表的敏捷开发中,强调的主要是开发过程,对测试较少提及。但作为测试主管的刘测却不得不考虑这些问题。为了能统一测试组的工作步调,刘测也针对测试小组开了相关的讨论会。讨论的主题主要是 2 个:第一个是测试 case 的生成问题,第二个是测试如何与开发在敏捷流程中配合的问题。

如何根据需求文档生成测试用例?刘测这样跟测试团队讲述:"测试用例也是分层次的,有较粗的层次,也有较细的层次,这与不同的测试阶段有关系。

"单元测试属于白盒测试,我们暂且不论。剩下的几种测试类型,从执行测试用例的角度,顺序应该是模块集成测试→系统集成测试→系统测试→验收测试;但从测试用例设计时间的先后角度,顺序是相反的,验收测试→系统测试→系统集成测试→模块集成测试,测试的颗粒度越来越细,测试用例也从偏向于'场景用例、系统用例'逐渐偏向于'模块功能和接口用例'"。

刘测一边讲解,一边展示了一张图,这张图的主体还是适配敏捷开发的测试流程模型,它上面标注了不同测试阶段的用例颗粒度,如图 9-8 所示。

接下来就是如何设计场景用例、系统用例、功能用例、模块功能和接口用例。

刘测继续解释说:"场景用例,是按照用户的实际操作与业务逻辑设计用例,不必涉及很复杂的操作或逻辑,把用户最常用的、正常的操作流程作为一个场景设计测试用例。

"设计场景用例,主要输入产品需求文档里的'产品的总体流程图',并结合产品需求说明和产品部署图等;理解场景,找出测试点,然后把测试点细化为测试用例。"

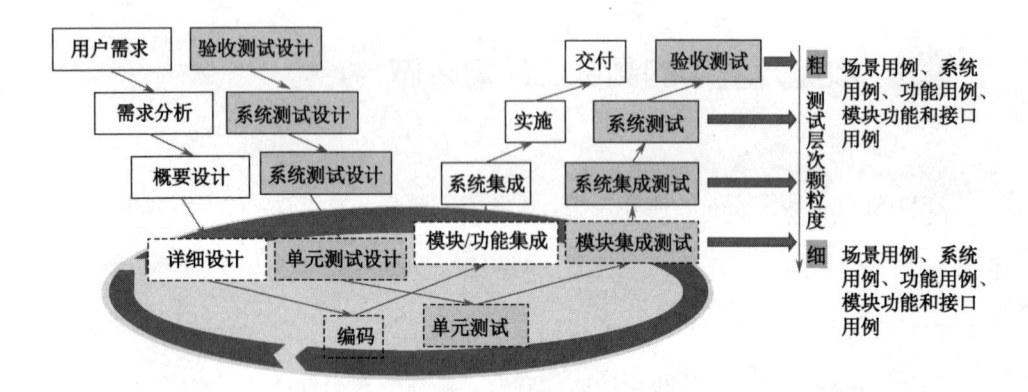

图 9-8　不同测试阶段的用例颗粒度不同

刘测展示了另外一张图来示意这个过程（如图 9-9 所示）。

刘测继续说："系统用例，是用户场景的细化，包含正常场景、分支场景和异常场景，是两个或多个有关联的功能组合而成的场景。此外，系统用例还需要考虑系统的性能问题，也就是包含性能测试的用例。

"设计系统用例，可以基于场景用例，使用等价类划分、边界值法等测试方法，进一步丰富测试用例，形成的测试用例。"

同样，刘测展示了一个例子，如图 9-10 所示。

刘测："功能用例，用于验证各功能点的业务规则，包括界面元素和各功能的业务规则验证，主要针对单个功能点。

"设计功能用例，可以复用系统用例，在此基础上再进一步丰富。可以说，系统用例中除了性能测试的用例，剩下的跟功能测试相关的用例，属于功能用例的一部分。功能用例需要更丰富，可以参考产品需求文档里的'功能需求定义'章节，理解功能，找出测试点，然后把测试点细化为测试用例。"

同样，刘测展示了一张图来示意这个过程（如图 9-11 所示）。

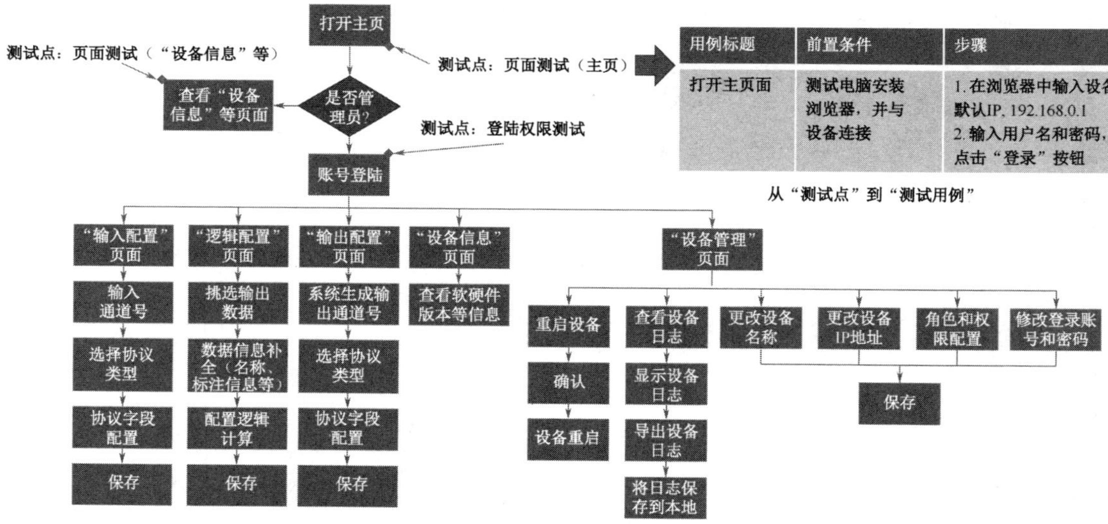

剧集九：项目管理与敏捷式开发过程　**第9章**

用例标题	前置条件	步骤	预期结果	优先级
打开主页面	测试电脑安装浏览器，并与设备连接	1.在浏览器中输入设备默认IP:192.168.0.1 2.输入用户名和密码，点击"登录"按钮	页面跳转到默认主页，页面元素显示完整，无误	高

从"测试点"到"测试用例"

图 9-9　由"产品的总体流程图"写出"场景用例"

205

"剧说"工业互联网落地 企业数字化转型全栈演示

用例标题	前置条件	步骤	预期结果	优先级
打开主页面（正常情况）	测试计算机安装浏览器，并与设备连接	1.在浏览器中输入设备默认IP地址192.168.0.1 2.输入正确的用户名和密码，点击"登录"按钮	页面跳转到默认主页，页面元素显示完整、无误	高
打开主页面（错误用户名和密码）	测试计算机安装浏览器，并与设备连接	1.在浏览器中输入设备默认IP地址192.168.0.1 2.输入错误的用户名和密码，点击"登录"按钮	页面显示"用户名或密码错误"	高
打开主页面（空用户名和密码）	测试计算机安装浏览器，并与设备连接	1.在浏览器中输入设备默认IP地址192.168.0.1 2.用户名和密码为空，直接点击"登录"按钮	页面显示"用户名或密码不能为空"	高
打开主页面（不规范的用户名或密码）	测试计算机安装浏览器，并与设备连接	1.在浏览器中输入设备默认IP地址192.168.0.1 2.在用户名框里输入'or 1=1--，在密码框里输入随意字符，单击"登录"按钮	页面显示"用户名或密码错误"	高
……	……	……	……	……

系统用例

用例标题	前置条件	步骤	预期结果	优先级
打开主页面	测试电脑安装浏览器，并与设备连接	1.在浏览器中输入设备默认IP地址192.168.0.1 2.输入用户名和密码，点击"登录"按钮	页面跳转到默认主页，页面元素显示完整、无误	高

场景用例

图 9-10 使用等价类划分、边界值法等测试方法，场景用例丰富为系统用例

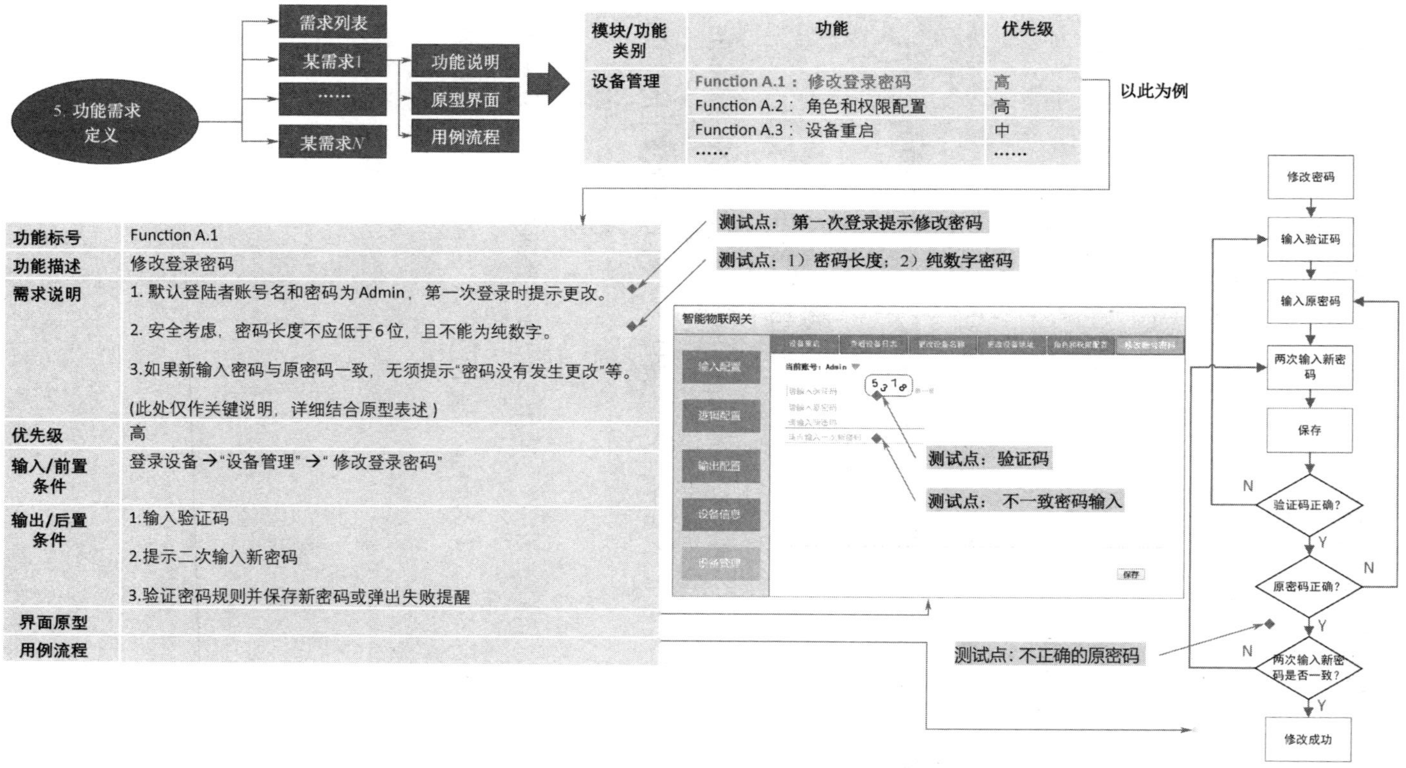

图 9–11 根据产品文档的"功能需求定义"写出"功能用例"

刘测继续解释模块测试的相关内容:"模块功能和接口测试,需要了解产品各个模块的功能、业务流程、状态转换、接口参数;这个基本属于'灰盒测试'了,就是介于'白盒测试/代码测试'与'黑盒测试/功能测试'之间。

"设计模块测试的用例,可以参考架构设计文档中的'模块流程图',或者参考'包-接口图'结合'用例'等,以模块作为测试边界,找出测试点,然后把测试点细化为测试用例。"

刘测又用了一张图来展示这个过程,如图9-12所示。

关于"测试case的生成问题"刘测讲解结束,接下来就在测试小组内介绍和讨论"测试如何与开发在敏捷流程中配合的问题"。

经过刘测的讲解和大家的讨论,大家总结出了在Sprint迭代阶段,测试与开发配合的2种方式,一种是在每个Sprint中,测试需要测本Sprint内开发的工作包;另一种是在每个Sprint中,测试需要测上一个Sprint内开发的工作包。

这两种配合方式都可以,依团队的具体特点和选择而定,如图9-13所示。

经过一番讲解和讨论,大家对敏捷流程中的测试工作怎么做、怎么与开发工作配合等都有了较清晰和统一的认知。

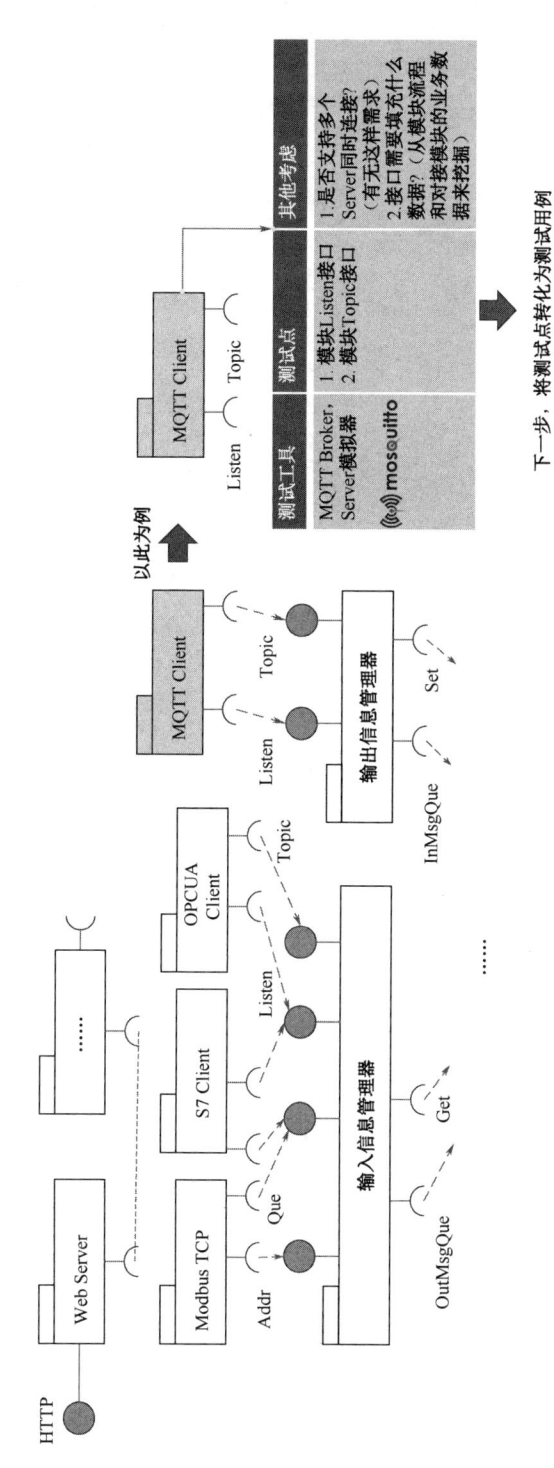

剧集九：项目管理与敏捷式开发过程 **第9章**

图 9-12　参考架构文档的"包-接口图"等整理出"模块测试用例"

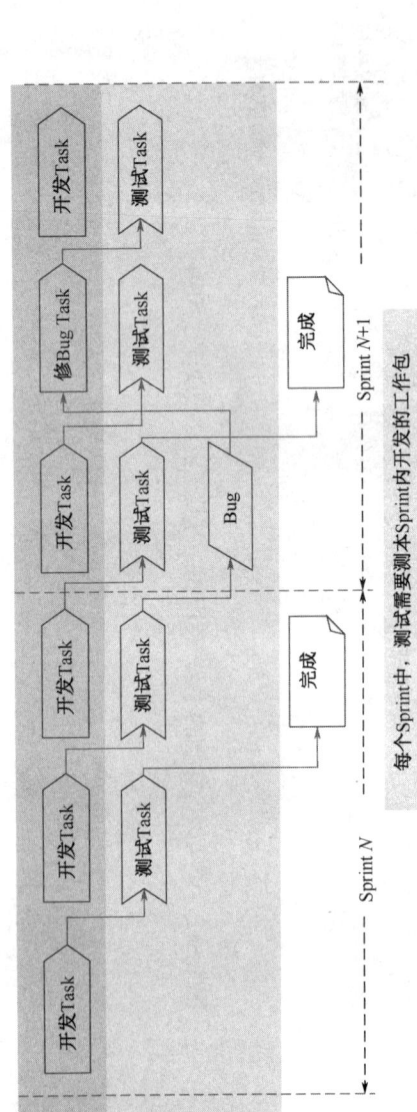

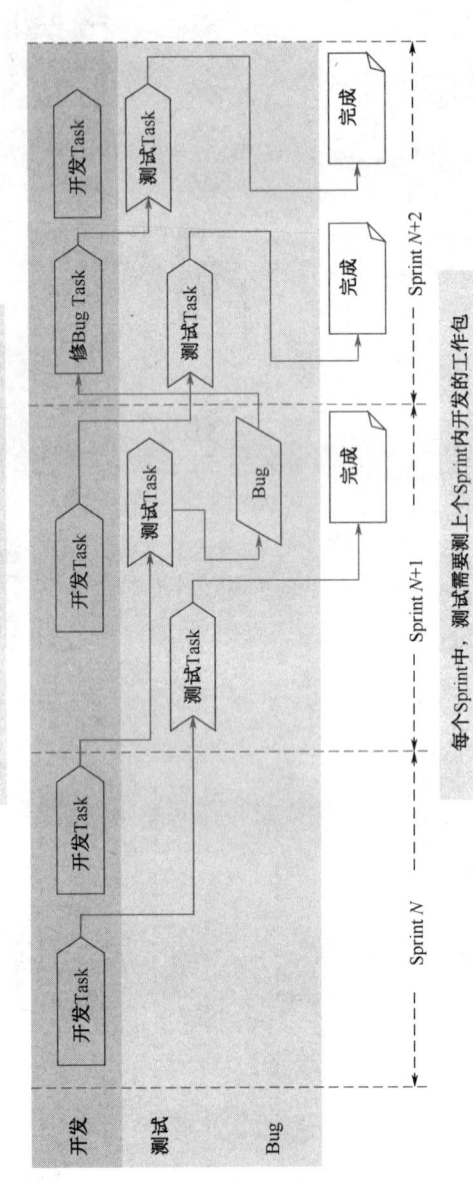

图 9-13 测试与开发在 Sprint 中配合的 2 种方式

9.4 敏捷是一种弹性的方法，不要非左即右

现实中，我们其实在不断地接触方法论。比如说，为了控制项目的进度，项目经理要求所有的开发人员每周递交一份详细的进度报告，这就是一种方法、一种技巧。如果把开发过程中的这些技巧系统地组织起来，就能够成为一种方法论。

对待方法论，有两个误区：一个是轻视方法，甚至不使用方法，最终也就体会不到方法体系带来的益处；另一个是严格遵照方法，不能灵活裁剪使用方法，最终囿于方法论而僵化了团队的行为。

好的方法论，它们都有一个适合的范围，没有一个无所不能的方法论。一个成功的方法论是要能够被多个项目所接受，并且能够成功实现软件交付的方法论。

敏捷其实也有轻重之分，关键在于是否能够做到有效和灵活。

重型（Heavy Weight）方法，也就是有大量诸如需求规约、设计模型等中间产物和复杂控制的软件开发方法。轻型（Light Weight）方法则相反，开发工作的中间产物简单，项目的监视和控制过程也较简单。

我们不能要求一支 6 个人的团队和一支 20 个人的团队用同样的方法，前者可能采用轻一些的敏捷方法，后者可能采用重一些的敏捷方法。人数增加的时候，对原先的方法肯定要做适当的调整，比如说在原先的敏捷方法上增加一些重型方法的技巧。

关键的问题在于，把重点放在沟通、反馈、频繁交付软件这些关键的因素上，也就是做到有效和灵活。

所以，总体上，敏捷开发要避免让项目流程过于繁杂，敏捷开发鼓励成员渴望成功，而不是惧怕错误。

如果采用了过于重型的方法，那么项目经理的工作就集中在防止和跟踪错误上，大量工作流程的制定是为了保证项目不出错。

过于重型的方法的一个弊端就在于，大家都在防止错误，都在惧怕错误，因此人和人之间的关系是很微妙的，要达到充分的沟通也是很难的。最终，连对人的评价也变成是以避免错误的多寡作为考评的依据，而不是成就。

9.5 项目经理的十八般兵器

旭霓公司的"智能物联网关"项目进入开发迭代过程阶段，王经把项目管理得井井有条，整个过程在团队的配合下，没有手举无措的事情发生、没有职责不清的问题产生，也基本没有卡住项目进程的事情发生。

有一天，吴健找来王经，说是要到公司管理层汇报这个项目，让王经准备一下。

王经觉得自己的想法应该先跟吴健交流一下，看有什么指导意见，然后再准备资料。

吴健："说说你的思路。"

王经："公司管理层有的人不一定知道我们这个项目，所以我将从几个方面介绍项目，让与会的领导对项目有个整体认识。"

王经一边说一边在白板上画图，如图 9-14 所示。

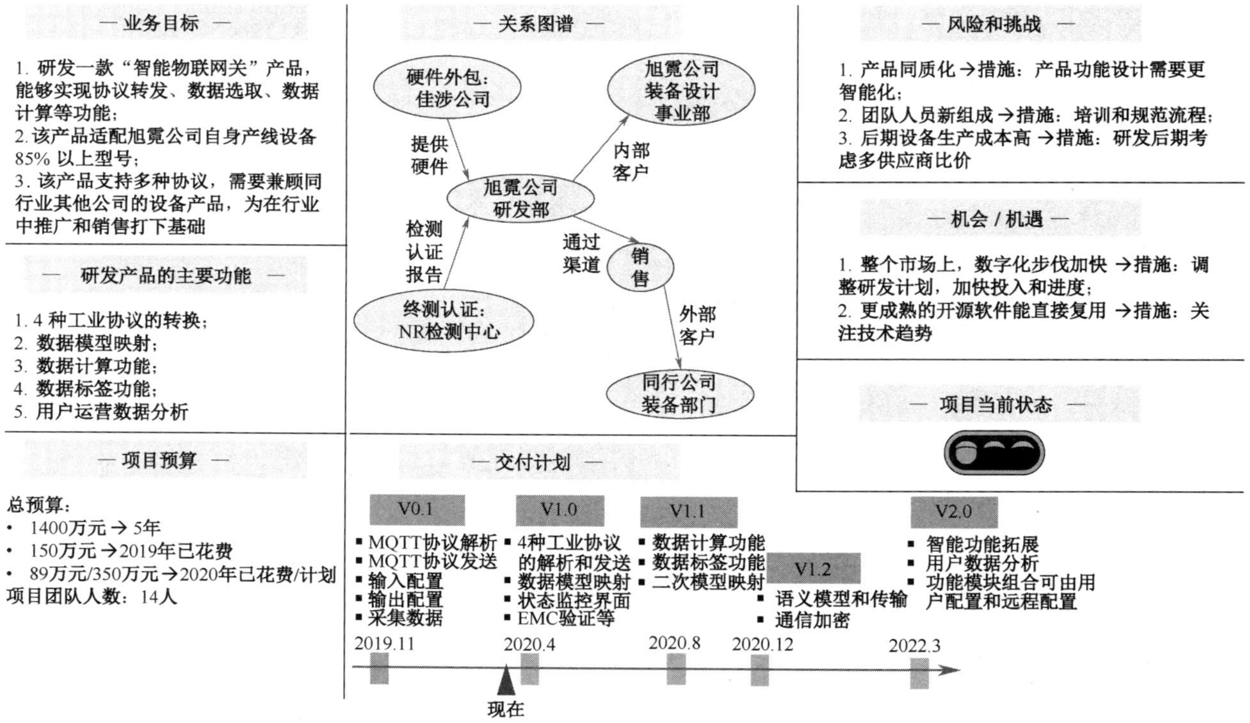

剧集九：项目管理与敏捷式开发过程 **第9章**

— 风险和挑战 —

1. 产品同质化 → 措施：产品功能设计需要更智能化；
2. 团队人员新组成 → 措施：培训和规范流程
3. 后期设备生产成本高 → 措施：研发后期考虑多供应商比价

— 机会/机遇 —

1. 整个市场上，数字化步伐加快 → 措施：调整研发计划，加快投入和进度
2. 更成熟的开源软件能直接复用 → 措施：关注技术趋势

— 项目当前状态 —

— 关系图谱 —

硬件外包：佳涉公司 → 提供硬件 → 旭霓公司研发部 ← 内部客户 ← 旭霓公司装备设计事业部
旭霓公司研发部 → 通过渠道 → 销售 → 外部客户
旭霓公司研发部 → 通过渠道 → 销售 → 同行装备部门
检测认证报告 ← 终测认证中心：NR检测中心

— 交付计划 —

V0.1	V1.0	V1.1	V1.2	V2.0
MQTT协议解析 MQTT协议发送 输入配置 输出配置 采集数据	4种工业协议的解析和发送 数据模型映射 状态监控界面 EMC验证等	数据计算功能 数据标签功能 二次模型映射	语义模型和传输通信加密	智能功能拓展 用户数据分析 功能模块组合可用 用户配置和远程配置
2019.11	2020.4	2020.8	2020.12	2022.3

现在

— 业务目标 —

1. 研发一款"智能物联网关"产品，能够实现协议转发、数据计算等功能；
2. 该产品适配旭霓公司自身产线设备85%以上型号；
3. 该产品支持多种公司的设备产品，需要兼顾同行业其他广和销售，为在行业中推广和销售打下基础

— 研发产品的主要功能 —

1. 4种工业协议的转换；
2. 数据模型映射；
3. 数据计算功能；
4. 数据标签功能；
5. 用户运营数据分析

— 项目预算 —

总预算：
- 1400万元 → 5年
- 150万元/2019年已花费
- 89万元/350万元 → 2020年已花费/计划

项目团队人数：14人

图9-14 介绍项目的主要信息

213

吴健："嗯，不错，这的确能从大面上反映一个项目的状态。部分细节也要准备一下，以备提问。"

王经："是的，细节部分我想主要是两方面，一方面是进度情况，另一方面是费用情况。这个颗粒度的东西，平时在进行项目统计时已整理好了。"

王经一边说一边打开了计算机，投影了两张图片，如图 9-15、图 9-16 所示。

王经继续补充道："当然，进度状态也可以用'挣值（EV, Earned Value）分析'等方式来展示，只不过我比较习惯用这种把因素分开画图的方式。"

吴健："我们通常讲'QCD'，Quality 是质量，Cost 是成本，Delivery 是交付，你这里提到了进度和费用，也就是交付和成本的事，质量方面也要提及。"

王经："明白。涉及质量，因为涉及了开发迭代过程，也就是说统计图的横轴一般都是跟迭代周期 Sprint 有关，所以我把它归类到了颗粒度更细的这一类。这个颗粒度的东西，平时进行项目统计时已经整理好了。"

王经一边说一边投影了两张图片，如图 9-17、图 9-18 所示。

吴健："可以，你按上述准备吧，有人问也可以清晰地展示出来。"

王经："好的。"

吴健微笑一下："我在想，还有颗粒度更细的吗？"

王经："哈哈，有。那就是我自己平时使用的各种工具了，但我觉得项目汇报不用精确到这个程度，比如风险记录单、干系人分析矩阵、原因分析工具和项目记录，等等。"

吴健："当然，公司层面的项目汇报到不了这个颗粒度，以前我们部门内部项目汇报时，我倒是看到过你展示这些工具。

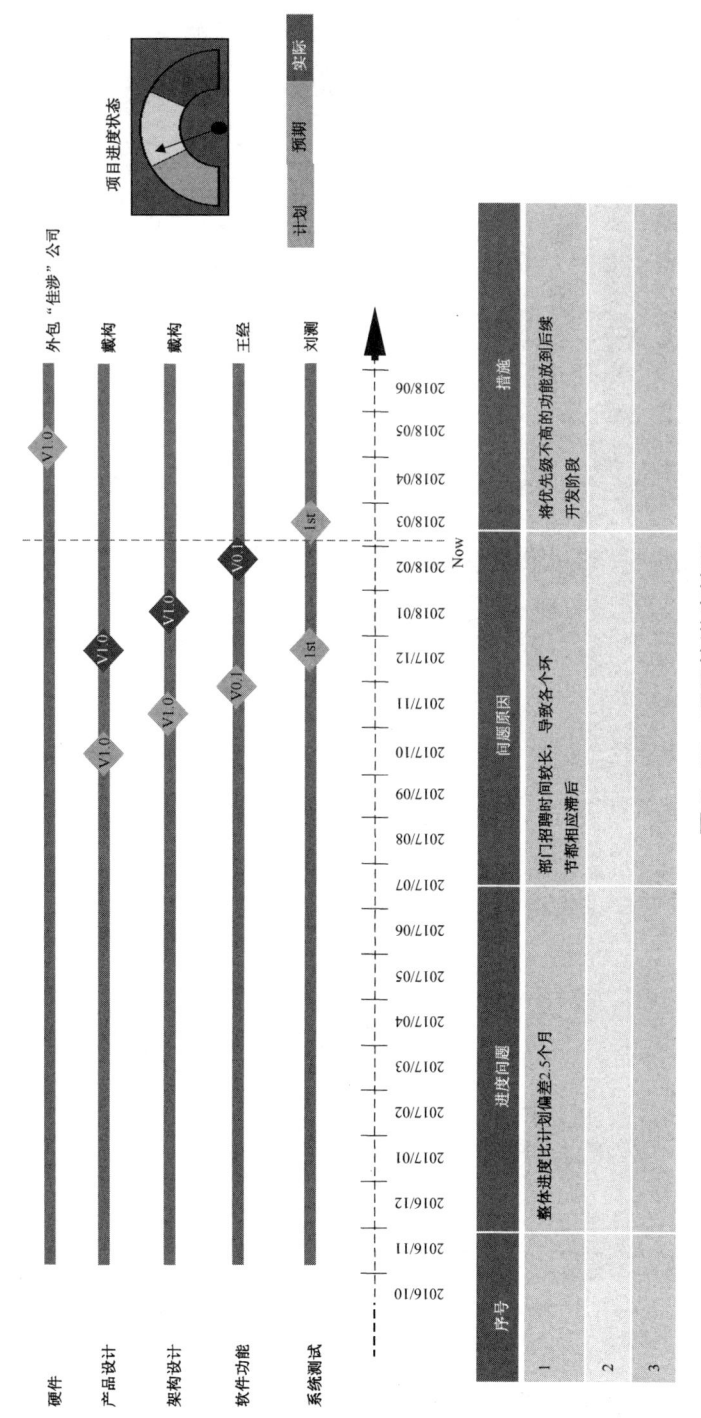

剧集九：项目管理与敏捷式开发过程　第9章

图 9-15　项目的进度情况

215

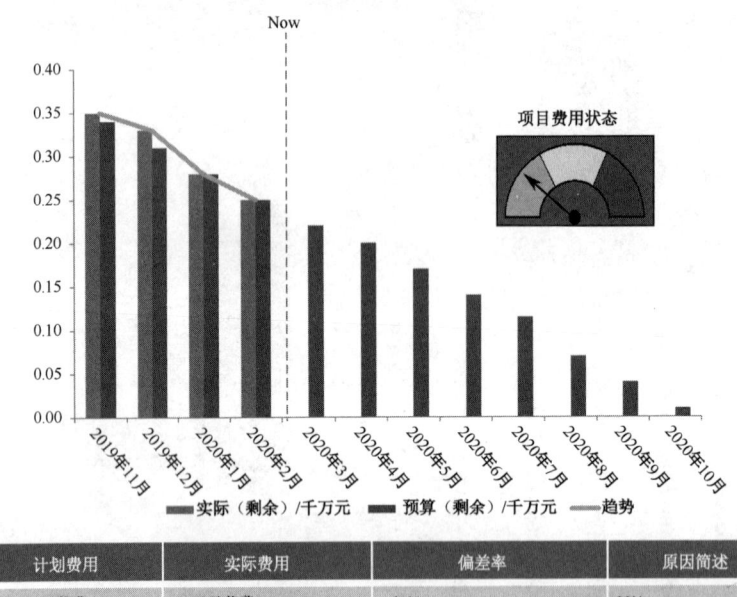

图 9-16　项目的费用情况

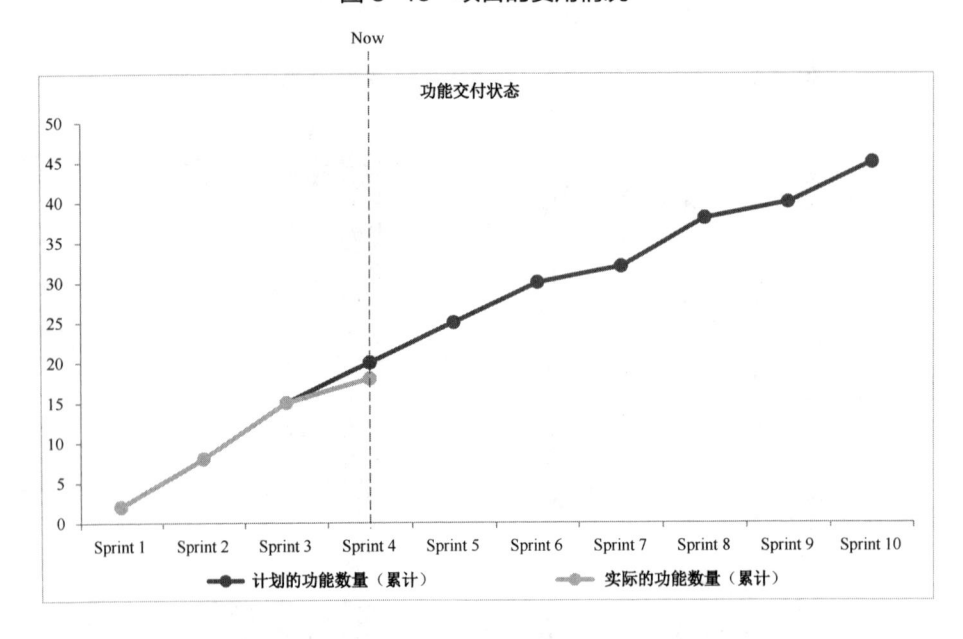

图 9-17　以 Sprint 为统计周期的功能交付状态图

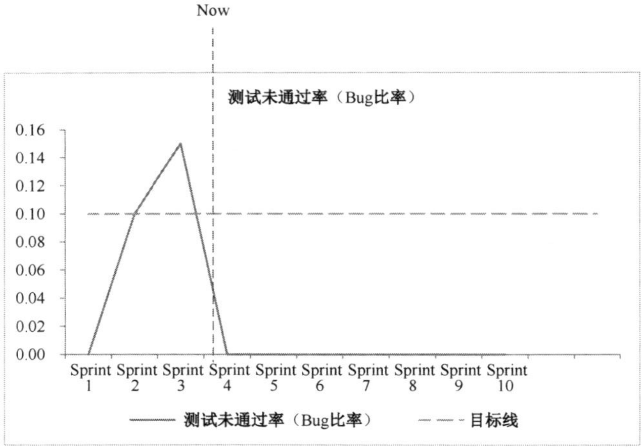

剧集九：项目管理与敏捷式开发过程　第 9 章

名称	高限	目标	低限	"智能物联网关"项目：Sprint 4 C/C++
语言	—	—	—	C/C++
代码行数(LoC)	—	—	—	2279
复杂度	15	10	—	1.3
注释百分比(%)	6	20	10	11.3
重复行数(%)	<0.5% of LOC	4	—	2
问题数	—	0	0	0
条件覆盖率(%)	—	80	40	86
行覆盖率(%)	—	80	40	82
单元测试成功率(%)	—	100	80	100
单元测试Case数量	—	—	—	32

代码质量状态

测试Bug状态

图 9-18　以 Sprint 为统计周期的 Bug 状态和代码质量状态

217

"我还有一个问题，这么多杂乱的事情，你平时是怎么管理自己的时间来串联这些事情的？"

王经神秘地笑一下："我有自己的工具，有些是现成的，比如手机上的事件提醒；有的是我自己制作的一些小工具，比如这个。"

王经打开了 excel 写的一个小工具，展示出来，如图 9-19 所示。

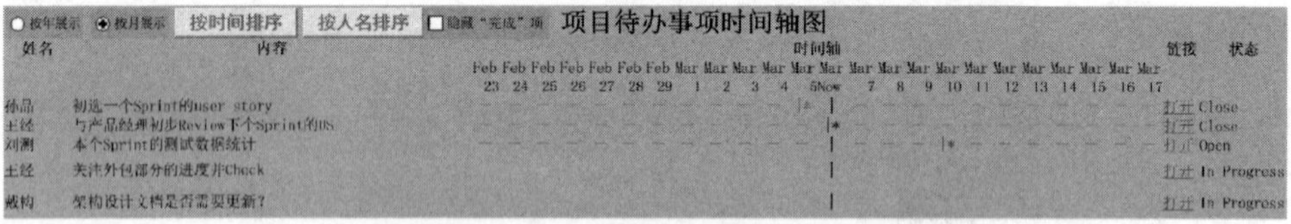

图 9-19　项目待办事项时间轴图

王经继续说："通过这样的小工具，定时抓取所有指定目录里的文档，文档里含有的任务事项类似字眼都会被汇总起来，然后自动生成这个以时间轴为尺度的表格，方便查看每个任务是否按计划完成，是提前了还是滞后了。"

吴健挺满意王经的工作，笑着说："哈哈，每一个岗位都有自己的技巧。想要做好项目管理，也是要有'十八般兵器'呀。"

第 10 章

剧集十：研发项目转向维护项目及运维项目

在旭霓公司的研发项目中，吴健考虑到了研发出来的产品逐渐成熟之后，研发项目终究要转向维护项目的问题。其实这并不奇怪，作为公司研发部门的负责人，很多计划要制订 3 年左右，所以也绕不开对这些问题的考虑。

吴健思索之后，找来孙品、王经、戴构三人一起聊聊这个话题。

10.1 维护与运维的区别

面对孙品、王经和戴构，吴健更多地是想听听大家的"输入"，所以征询大家对研发项目和维护项目的看法，并且强调"没有对错，各抒己见"。

戴构第一个接了话茬："现在也不是单讲开发，而是走向 DevOps，也就是开发运维一体化。"

王经笑了，纠正戴构说："戴工，你在互联网公司工作过，吴总和你都能给我们讲讲 DevOps 方面的知识，我也想学习一下，我们可以单独放一个话题来讨论。不过目前我们提到的是研发和维护，并不是运维。"

戴构:"啊,哈哈,是的是的。我给搞混了。那么,你给说说吧。"

王经:"我只说说对'维护'的理解,对'运维'的理解,一会儿还是你给讲讲。

"维护项目,主要是产品开发完成后,需要 IOT 改正、完善工作。对于软件项目来说,主要是改 Bug、增加一部分新功能和稳定性,还有进行算法替换等。对于包含硬件的产品项目来说,降成本往往是维护项目的一个重要原因。"

孙品补充:"对的,对于包含硬件的产品项目而言,降成本的确是很多维护项目要 IOT 事情。比如,更换功能和接口定义一致但更具性价比的芯片。当然,也有升级某个硬件从而诞生产品的高端型号的情况。

"关于运维,包含硬件的产品一般在公司里由工程技术部或售后部门负责,不放在研发部门里。而软件产品的运维,有的公司也会放到研发部里,但一般只是互联网公司会有。

"戴构你对这块比较熟,你给说说吧。"

戴构:"好的。的确,在很多互联网公司里,运维与研发、测试、系统管理作为平行的 4 大部门,当然也有那种具有大研发部的公司,把这几个职能放在一个很大的部门里。

"运维,在互联网公司里,主要工作一方面是监控,也就是对软件运行的状态进行实时监控,发现服务隐患;另一方面是故障处理,比如对程序 Bug、网络故障等服务异常制订处理预案并应对。在运维工作中的监控和故障处理,也包括了发现新的 Bug 并反馈给开发人员等工作。"

吴健同样也有互联网公司的工作经历,给出了他的补充:"在运维工作的过程中,可能会发现测试人员未测出的 Bug,这些 Bug 反馈回去之后,可能就到了维护项目中了。

"所以说，维护和运维也是有交集的。不仅是运维发现的问题会进入维护项目，维护后的软件新版本也会被部署到服务器上继续运维。"

大家都笑笑，认可彼此的说法。

10.2 维护项目为何存在，维护项目的难点在哪？

产品维护活动所花费的工作占整个产品生存期工作量的 70%以上，这是产品领域公认的观点。

所以，现代的软件管理，研发只是过程中的一部分，而在研发过程中，技术甚至不是最关键的，管理才是开发出好的软件的前提。当然，不是说不该研究技术，只是说在开发中应当以全局为重。

聊到产品维护这个话题时，孙品总结道："产品维护，这个'维护'可不是与'开发'对立的过程，因为维护包括了对产品 Bug 的修订、为了适应新的环境而进行的功能增加和修改。所以在很多公司里，维护项目甚至是作为开发项目来统一管理的。只不过对比新产品开发，维护项目少了一些过程，比如做新产品市场可行性分析、新产品开发过程中的 MVP（Minimum Viable Product，最小可行产品）和从零开始的架构设计等过程。"

孙品是产品经理，喜欢使用产品生命周期的相关图形来解释事情，对于产品维护项目，他也给出了自己的观点，结合他的解释，展示了这张图（如图 10-1 所示）。

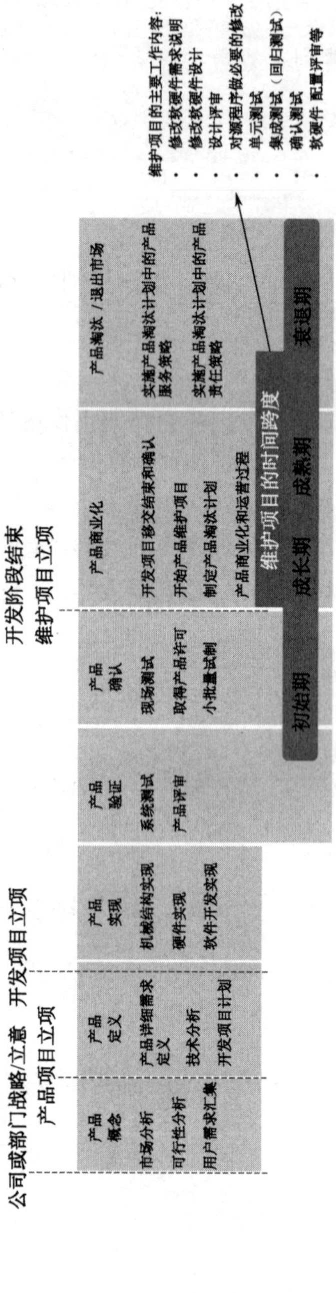

图 10-1 产品生命周期与产品维护项目

剧集十：研发项目转向维护项目及运维项目 第10章

王经搭话："维护项目也不是那么容易IOT，跟开发项目相比，各有各的难处。开发项目的难处在于产品设计以及如何实现设计方案，还算比较偏技术。而维护项目比较偏管理，也有几个难点，大概是3个吧。"

戴构笑笑说："第一个难点我猜是跟架构设计相关的吧。许多产品，比如软件的架构设计，在开发时如果并未考虑将来的修改，将为后续的维护带来许多问题。"

王经："是的，前期没有架构好，后期需要重构的时候，就不光是技术问题了，往往面临很多实际困难。

"ToC（面向消费者）的项目所有权因为是乙方的，重构的主动权还是在乙方手中。

"而ToB（面向企业）的项目所有权是甲方的，产品系统的所有权是企业客户的，作为供应商的乙方就是想优化和重构以前的软件产品，如果企业客户不愿意承担重构带来的系统风险，也很难开展。

"ToB（面向企业）的项目，甲方不愿意重构，还有深层次的原因：重新设计架构无利可图，尤其短期而言。对于软件提供商的乙方和企业客户的甲方来讲，重构都不能直接产生经济效应，甲方需要的是功能，欢迎功能升级，拒绝无功能升级的重构；乙方需要的是合同，新功能带来新合同，拒绝无收益的成本投入。

"从短期经济利益上而言不需要重构，而从长远目光来看，甲方拥有的产品能够长期稳定使用，乙方维护的成本降低和技术经验积累有所提高，其实如果产品的前期没有架构好，后期的重构是需要的。"

王经继续说："维护项目的第二个难点，就是文档质量差，这包括文档不全或不对应等问题。产品研发时文档写得不完整，会导致项目维护工作很难做。文档是影响软件可维护性的决定因素，往往文档比程序代码更重要。

"跟用户相关的文档，比如：①功能描述文档，用来描述系统能做什么；②安装手册，用来描述如何安装系统、配置硬件；③使用手册，用来描述如何使用系统（例子）、出错时如何恢复或重启系统；④参考手册，用来描述所有系统设施的使用方法、解释可能产生的错误信息的含义；⑤问题操作指南，用来描述操作员如何处理系统使用中出现的各种问题。

"还有跟开发相关的文档，比如系统或架构设计文档、详细设计文档、不同阶段的测试结果等内容。

"这些都是决定了后续的维护项目是好做还是难 IOT 因素。"

戴构笑着问："所以，敏捷开发是不是不需要写设计文档的疑问就很容易解开了——不管采用什么研发管理办法，文档还是要写的是吧？"

王经："当然了。敏捷不注重文档，更注重团队的交流，但并不是说不需要写文档。为了后续的维护项目，还是需要把必要的文档写清楚。

"不仅如此，在维护项目的过程中，也需要记录好文档，比如跟踪软件版本的进化过程，软件的变化一定要在文档中反映出来。因为维护也是一个过程，可能发生多次，不是一次性维护就结束的。"

王经继续说："导致维护项目不容易 IOT 第三个难点，就是程序设计风格差。如果没有统一的编码规则、良好的注释风格等，软件产品维护起来就相当令人头疼。

"很多工程师说'改衣服不如做衣服'就是这个原因，改别人的代码还不如自己写代码，因为如果之前的代码写得不好，就成了'把大褂改成西装'般的难度，还不如从头做。"

10.3 敏捷还适用维护项目吗，需要注意什么？

在上述讨论维护项目的难点时，王经与戴构的对话就已经提到了敏捷开发流程，大家对于敏捷开发流程是否依然适用于维护项目又展开了新的话题讨论。

孙品："在维护项目中，不能说敏捷不适用，我个人感觉是不完全适用，特别是 ToB 项目。原因很简单——企业客户并没有把软件交付过程看成是一种相互协作的过程，而是一种商品交易过程。所以花了钱肯定就要提出更快更多的要求。

"合同一签，因有变更发生所以要减少功能交付？客户不同意。要延时交付？客户也不同意。而作为出资方的甲方客户，则是能多要功能就多要；前期签合同时，功能往往想不全，后面却一点点追加上去了。这些情况在现实项目里太容易发生了。"

王经一边听一边点头认同，苦笑着说："你看，你把负责维护的项目经理的苦都说了。我的观点基本一致，敏捷不完全适用维护项目，但稍微乐观一点，算是苦中作乐吧——虽然以 Scrum 为代表的敏捷流程是为管理软件开发项目而推广的，它同样可以用于运行软件、维护团队。

"敏捷的核心是用更快的速度、更低的成本去交付价值，验证假设和响应变化，目标是要加速反馈循环。

"这个思想在维护项目中依然适用。而且很多工具也依然适用维护项目，比如在 Sprint 计划会议中按优先级排列要解决的问题、每日（站立）会议说说工作进度、Sprint 回顾会议总结成功的检验和待改进项等。"

对此，孙品也点头表示认同这种说法。

几个人通过讨论，共同总结了这种观点：敏捷流程基本适用软件维护项目，但软件维护项目与软件开发项目在使用敏捷流程的时候，关注的重点有所不同。不同点总结如图 10-2 所示。

几个人对于每个环节的不同都透彻地进行了讨论。比如，关于"提交和接收"环节，维护项目更要关注版本办理，王经就画了这样的图作为示例（如图 10-3 所示）。

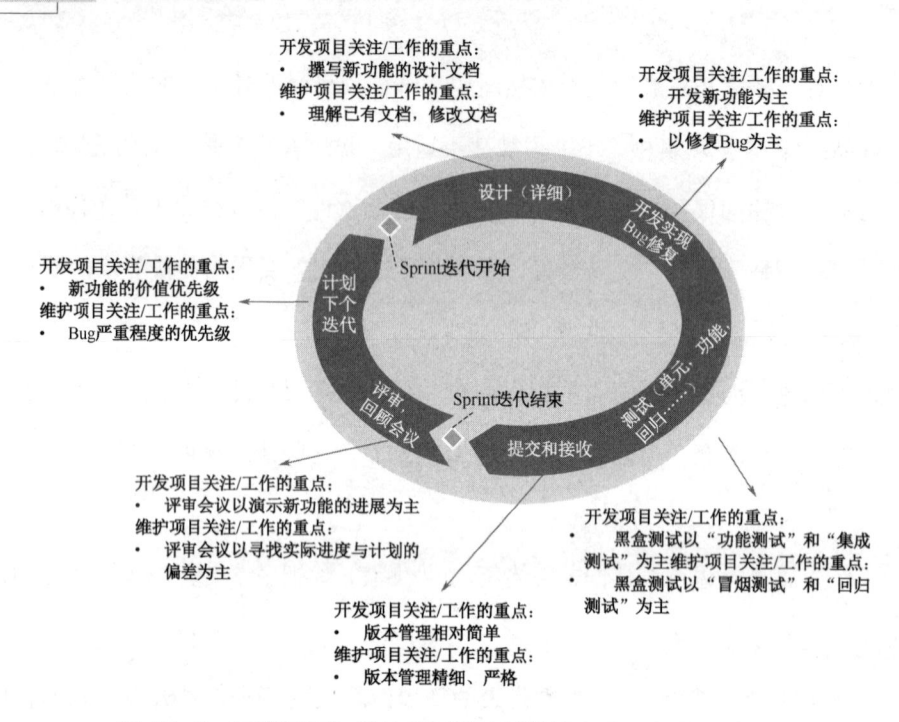

图 10-2 开发项目与维护项目使用敏捷流程有不同的关注倾向

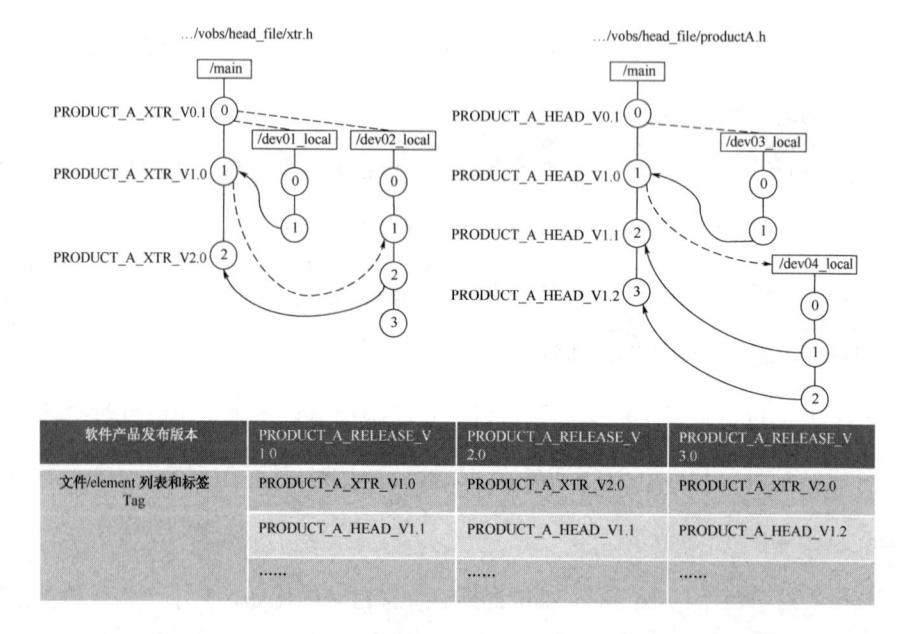

图 10-3 维护项目比开发项目更关注代码和文档的版本管理

对于大家的讨论和总结，吴健也表示满意，认同这种结合实际情况的"头脑风暴"，关键是这种互相凭借别人发表的观点进行完善补充的方式，的确起到了激励智力、引发积极思考和产生创意的效果。

10.4 DevOps，开发运维一体化

开发求变化，运维求稳定，这是"屁股决定脑袋"而自然形成的结果。但问题是，对整个产品的生命周期而言，开发和运维是承接关系，不可割裂。为了处理一个不可割裂的事物之间的矛盾，于是诞生了 DevOps（开发运维一体化）的概念。

DevOps 概念最早是在 2009 年的欧洲发展，也是 IT 大力发展的时代，因传统模式的运维有个问题——在开发、测试及运维端有信息鸿沟无法处理，加大了损耗，于是 DevOps 就这样产生了。换言之，DevOps 就是为了减少各个团队的时间成本，更高效地协同工作，最终打通这个信息鸿沟。

关于 DevOps 这个话题，旭霓公司研发部的几个人员也展开了热烈讨论。

王经："DevOps 一般用在互联网领域，因为互联网领域比较容易涉及'运维'这个话题。这几年 DevOps 很火，你也说 DevOps，我也说 DevOps，到底什么才是 DevOps 呢？"

戴构："我觉得 DevOps 没有一个标准的定义，也就是说——DevOps 领域没有权威，没有标准，DevOps 也没有一个'永恒正确的打开方式'。

"DevOps 其实是一种软件研发管理的思想、方法论，追求的是一种没有隔阂的理想的研发协作状态，可能涉及的角色有开发、测试、产品、项目管理、

运维等。

"所以我认为，帮助研发团队在保持质量的前提下提高交付效率的方法和方法论都隶属于 DevOps 的范畴。"

听了戴构的一番解释，孙品也有疑问了："没有标准和定义的东西，会让人困惑，拿 DevOps 来说，总该有一些特征来帮助解释 DevOps 吧？"

戴构："的确，有一些工具用来支撑 DevOps，可以算作特征吧。

"有两个词经常会伴随着 DevOps 出现，那就是 CI 和 CD。CI 是 Continuous Integration，'持续集成'；CD 可以解读成两个词，那就是 Continuous Delivery，'持续交付'，以及 Continuous Deployment，'持续部署'。

"从这方面来讲，DevOps 的一个关键原则就是'自动化你尽可能想到的一切'。所以，自动化是 DevOps 的底线，也算是 DevOps 的一个重要特征。

"有了 DevOps，团队可以定期发布代码、自动化部署并将持续集成和持续交付作为发布过程的一部分。"

孙品："总结你说的，那就是——自动化作为 DevOps 的重要原则或特征，加强持续集成、持续交付、持续部署，从而实现一种没有隔阂的'研发—运维'一体协作的状态。这样说对吧？"

戴构："是的，就是这样。"

王经接下来追问："我觉得还是有点空洞，总得有工具支撑这个过程吧？"

戴构："有的。

"开发过程的软件架构设计模式，主要是使用微服务的技术，比如典型的 spring cloud 和 dubbo，这都是 Java 语言下的微服务框架。其他语言比如 C 或 C++，目前的微服务框架生态就没有这么成熟，往往需要架构师根据业务需求自己设计微服务框架，或者说，按照微服务的理念自己设计架构。

"软件集成，主要是使用 Jenkins，这是目前主流的持续集成 CI 工具。当然啦，如果要讨论最好的工具，一定是要分具体的业务场景，不同的工具适合不同的场景。Jenkins 属于'On-Premise'阵营，也就是'本机端'，需要用户搭建自己的内网服务器来运行持续集成工具。对应'On-Premise'的是'Hosted'，也就是'托管'，是一个 SaaS（Software-as-a-Service，通过网络提供软件服务）服务，不需要用户搭建自己的服务器。'Hosted'的持续集成工具包括 Travis CI 等。而 AppVeyor 和 Azure Pipelines 这类持续集成工具则是既能'On-Premise'又能'Hosted'。

"软件交付部署，主要是使用容器技术 docker。容器技术其实有多种，比如 Linux 上的 LXC、OpenVZ，FreeBSD 的 Jail，Solaris 的 Zones 等，现如今大家提到容器技术，基本就是指运行在 Linux 系统上的 docker。解决什么问题呢？假如开发软件的时候用的系统是 Ubuntu，但是运维管理用的系统是 CentOS，运维在把软件从开发环境转移到生产环境的时候就会遇到一些 Ubuntu 转 CentOS 的问题。比如，有个特殊版本的数据库，只有 Ubuntu 支持，CentOS 不支持，在转移的过程当中运维就得想办法解决这样的问题。这时候，使用 docker 就可以把开发环境直接封装转移给运维环境，运维人员直接部署的 docker 就可以了，而且部署速度会非常快。"

戴构停顿了一下，继续说："持续集成和持续部署用到的工具有很多，也没有固定的组合方式，我可以把主流使用的工具和它们之间的关系画一下。

戴构画的如图 10-4 所示。

看着戴构画的图，王经又问了一个问题："微服务和容器有什么关系？"

戴构："微服务和容器其实没有关系，基于微服务的开发应用程序完全可以不用容器技术，而现在很多人喜欢把二者放在一起谈，主要是因为按照微服务的理念进行开发，如果使用容器作为基础设施进行部署，能够实现快速部署。"

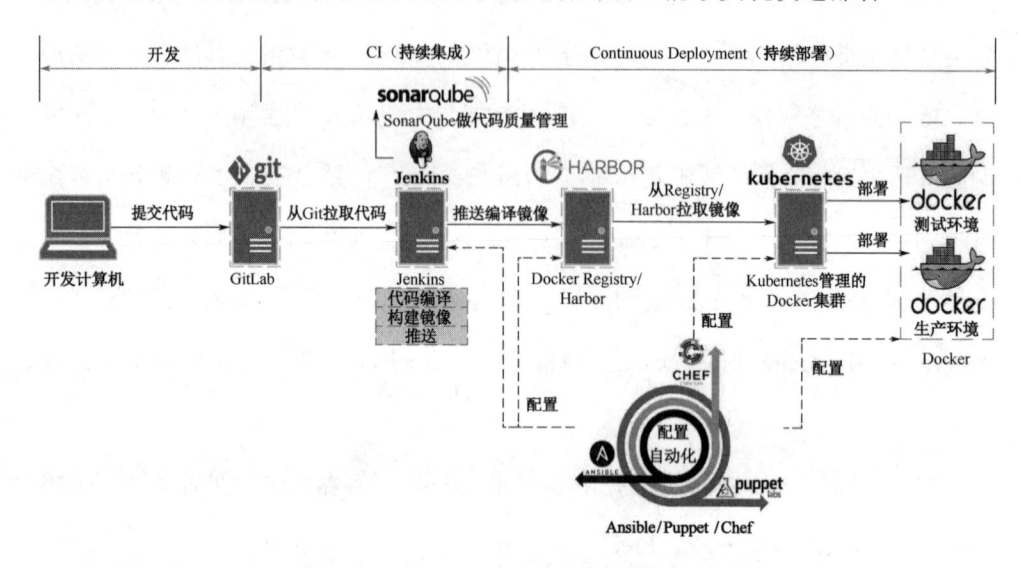

图 10-4　持续集成与持续部署的过程工具

孙品有了新的问题，也提问道："你所说的持续集成、持续部署等过程，感觉就是在开发完之后通过自动化工具把编译、部署等过程缩短，缩短了从开发侧交付到运维侧的时间，节省了运维侧需要 IOT 部署等工作量，这就是 DevOps 的全部吗？感觉开发和运维的关系仍然不密切,怎么就说是'开发运维一体化'了呢？"

这个问题戴构不知道怎么回答，看了看吴健，吴健点点头示意自己可以补充，于是接过了话题："这是个好问题。的确，DevOps 不仅仅是自动化地实现持续集成、持续部署这么简单，传统运维相关的很多工作也要放在开发阶段配合着并行来做，有了这方面的工作，开发和运维的工作才是真正一体化了。我也画张图来示意这个过程吧。"

吴健画的如图 10-5 所示。

吴健继续解释道："很多书上有这张图，我根据自己做过项目的经验稍稍附加了一点内容进去。

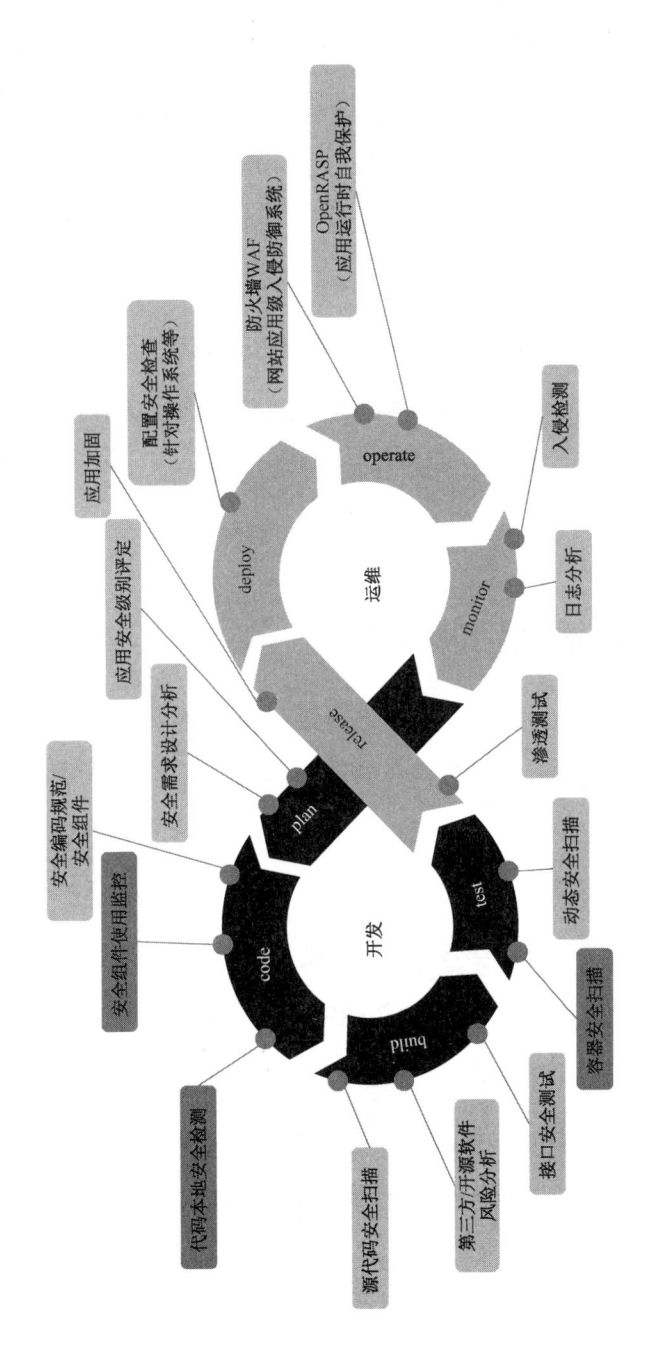

图10-5 DevOps 开发运维一体化过程配合

"可以看到，在传统方式中，开发和运维其实割裂得比较严重，而在 DevOps 方式下，比如'安全组件使用监控''容器安全扫描'这些内容，听起来像是运维人员应该 IOT 事情，但放在了开发阶段就去做，防止运维时才发现而导致更大的损失。'代码本地安全检测'这样的内容，听起来像是测试要 IOT 事，开发人员在自己计算机上就要做。

"而且，跟安全相关的内容，在项目的计划阶段就要纳入。多了这样一些环环相扣的内容，是不是觉得开发和运维真正是'心往一处想，劲往一处使'呢？"

这样一通讨论下来，大家对 DevOps 的疑问基本解开了。

10.5 敏捷还适用运维项目吗？

即将结束这个话题时，孙品突然想到了一个问题，并且提出来了，那就是："DevOps 是开发运维一体化，而开发过程中使用敏捷方式，那么敏捷跟 DevOps 是什么关系呢？"

王经接过了孙品的问题："我觉得吧，敏捷和 DevOps 可以不绑定在一起，也就是说可以没有关系。我们现在 IOT '智能物联网关'项目，开发过程用了敏捷，但因为不像互联网项目那样去运维，所以用不到 DevOps。

"当然，敏捷和 DevOps 也可以有关系。敏捷和 DevOps 的追求是一样的，都是为了高效。但是，二者的侧重点不同。敏捷的侧重点是在响应需求变化、更高效的开发，达到快速交付、接轨于市场的目的，是市场与开发间的配合。DevOps 则是开发、运维、测试的衔接，使三者统一节奏。

"总之，敏捷和 DevOps 有交集，但二者的跨度不同，也就是涵盖的阶段不同。

使用 DevOps 一般也使用敏捷开发流程，而互联网项目中因为必然要涉及部署，所以用敏捷开发流程做出来的软件产品使用持续部署等 DevOps 手段，也能加快产品的落地和应用。非互联网项目，因为涉及不到产品在服务器端的运维过程，所以谈不上 DevOps，但敏捷开发方式和 CI 持续集成这样的流程和工具还是能助力项目快速交付的。"

王经也针对以上解释画了一张图，如图 10-6 所示。

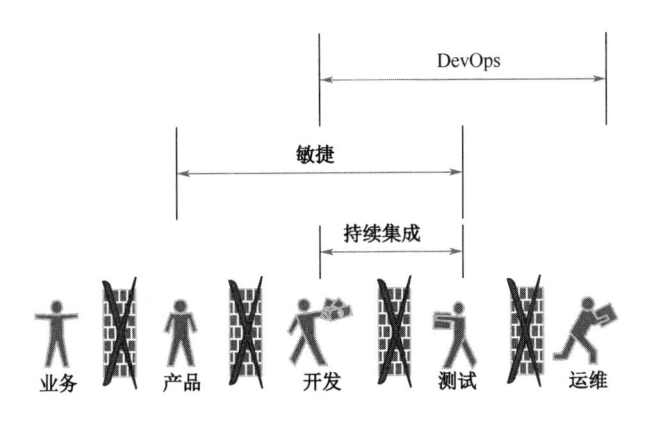

图 10-6 敏捷与 DevOps 的区别和联系

孙品总结道："嗯，清楚了。敏捷可以与 DevOps 结合，也未必一定要结合，互联网项目中二者经常结合在一起使用。"

第 11 章

总　结

现代的知识分工越来越细，一方面的确极大地提高了效率，另一方面也造成知识的割裂和难以系统化。作者在带团队的过程中也频频遇到类似的问题：团队成员难以了解自己的工作属于哪一个环节、自己工作的周围处于什么样的生态环境、自己的工作有什么意义以及如何跟其他成员配合。这诸多的问题不了解，也就难以判定自己工作的价值，更谈不上更好地发挥价值。

本书通过一个企业数字化转型案例，结合后续衔接的工业互联网项目，向读者述说了研发如何解决企业数字化短板的一个大故事。这里面凝聚了作者十几年工作的经验和最佳实践，用讲故事的方式串联起来。涉及的知识跨度很大——

从管理角度：企业数字化转型规划+研发管理+产品管理+项目管理。

从技能角度：发现企业弱项+部门建设+自主可控产品+敏捷项目流程。

把知识跨度这么大的内容揉在一起不容易，"用剧情来讲技术故事，串联管理和研发的各个环节、把知识体系讲透彻"，这样的组织方式是作者能想到的最好的展现形式。但"生活不是电视剧""电视剧也不是生活"，大多数技术开发或技术管理角色，都不涉及这么全面的环节，往往在数字化咨询和规划、产品管理、项目管理、技术研发或架构里面从事一个或少数几个角色，深耕行业知识和技能以及应付工作中的琐屑是职业常态。而本书所 IOT 就是跳过那些琐屑，把各个环节的干货知识提取出来。除了知识要有干货，还要成体系，所以本书用虚构的人物和项目为牵引线，编排剧情来把这些内容打包在一起，以飨读者。

读者调查表

尊敬的读者：

　　自电子工业出版社工业技术分社开展读者调查活动以来，收到来自全国各地众多读者的积极反馈，他们除了褒奖我们所出版图书的优点外，也很客观地指出需要改进的地方。读者对我们工作的支持与关爱，将促进我们为您提供更优秀的图书。您可以填写下表寄给我们（北京市丰台区金家村 288#华信大厦电子工业出版社工业技术分社　邮编：100036），也可以给我们电话，反馈您的建议。我们将从中评出热心读者若干名，赠送我们出版的图书。谢谢您对我们工作的支持！

姓名：_____　　性别：□男　□女　　年龄：_____　　职业：_____
电话（手机）：_____　　　　E-mail：_____
传真：_____　　通信地址：_____　　邮编：_____

1. 影响您购买同类图书因素（可多选）：
□封面封底　　□价格　　□内容提要、前言和目录　　□书评广告　　□出版社名声
□作者名声　　□正文内容　　□其他_____

2. 您对本图书的满意度：
从技术角度　　　　　　□很满意　　□比较满意　　□一般　　□较不满意　　□不满意
从文字角度　　　　　　□很满意　　□比较满意　　□一般　　□较不满意　　□不满意
从排版、封面设计角度　□很满意　　□比较满意　　□一般　　□较不满意　　□不满意

3. 您选购了我们哪些图书？主要用途？_____

4. 您最喜欢我们出版的哪本图书？请说明理由。
_____

5. 目前教学您使用的是哪本教材？（请说明书名、作者、出版年、定价、出版社），有何优缺点？
_____

6. 您的相关专业领域中所涉及的新专业、新技术包括：
_____

7. 您感兴趣或希望增加的图书选题有：
_____

8. 您所教课程主要参考书？请说明书名、作者、出版年、定价、出版社。
_____

邮寄地址：北京市丰台区金家村 288#华信大厦电子工业出版社工业技术分社
邮编：100036　　电话：18614084788　　E-mail：lzhmails@phei.com.cn
微信 ID：lzhairs/ 18614084788　　联系人：刘志红